将帅纪事

纪学 ◎ 著

中国言实出版社

图书在版编目（CIP）数据

将帅纪事 / 纪学著. -- 北京：中国言实出版社，

2017.6

　　ISBN 978-7-5171-2658-4

　　Ⅰ. ①将… Ⅱ. ①纪… Ⅲ. ①中国人民解放军－元帅
－生平事迹 Ⅳ. ①K825.2

　　中国版本图书馆 CIP 数据核字（2017）第 323423 号

出 版 人：王昕朋
总 监 制：朱艳华
责任编辑：严　实
文字编辑：张　强
出版统筹：冯素丽
责任印制：佟贵兆
封面设计：杰瑞设计

出版发行　中国言实出版社
　　　　　地　址：北京市朝阳区北苑路 180 号加利大厦 5 号楼 105 室
　　　　　邮　编：100101
　　　　　编辑部：北京市海淀区北太平庄路甲 1 号
　　　　　邮　编：100088
　　　　　电　话：64924853（总编室） 64924716（发行部）
　　　　　网　址：www.zgyscbs.cn
　　　　　E-mail：zgyscbs@263.net
经　　销　新华书店
印　　刷　北京中科印刷有限公司
版　　次　2018 年 5 月第 1 版　　2018 年 5 月第 1 次印刷
规　　格　710 毫米×1000 毫米　1/16　19.5 印张
字　　数　274 千字
定　　价　138.00 元　ISBN 978-7-5171-2658-4

目 录

最后的十年
——听康克清大姐说朱德元帅

　　100 年前诞生于四川仪陇县农家的一个孩子，后来成为人民军队的总司令，闻名中外的元帅，受到人民的尊敬和爱戴。他，就是朱德同志。尽管十年前的 7 月 6 日，朱德同志就怀着惴惴不安和深沉的忧虑，离开了他为之奋斗终生而又正处在动乱中的人民，但他和蔼的形象，他光辉的业绩，却一直活在人民的心里。对于康克清同志来说，自然更是如此。

　　朱总司令 100 周年诞辰前夕，我又一次见到尊敬的康大姐。她端坐在沙发上，时而用缓慢的江西口音讲述她所接触的朱老总，时而抬眼望望墙上悬挂的朱老总遗像，潮润的双眸在深情凝视，庄重沉静的面孔陷入无限的怀念之中。

　　大姐的心情，是可以理解的。我有幸听她讲过她和朱老总一起走过的战斗历程，知道这一对 1929 年结成的革命伴侣，跋涉过赣南、闽西和闽中的崇山峻岭，穿越过五次反"围剿"的烽火硝烟，历经了长征路上的艰难险阻，还有那延水河边的甘苦，太行山上的酸甜，西柏坡村的欢欣，北京城内的忧乐……直到 1976 年朱老总去世，在将近半个世纪的时间里，他们始终相随相伴，相濡以沫。作为学生，她得到过严师的教诲；作为同志，她得到过战友的关心；作为妻子，她得到过丈夫的体贴。她更熟悉朱老总，更了解朱老总，因而也更加怀念朱老总。然而，在大姐的心目中，他们最后十年的共同生活，却占着特殊重要的位置。因为那是"文化大革命"的十年，朱老总和许多革命家一样，受到了不公正的对待。但他在这种不公正的对待中，表现出无产阶级革命家的高风亮节，使他在"高举红旗贯平生"的一生中，闪射出尤为绚丽耀目、鲜为人知的光彩。

谈到"文化大革命"中的朱老总，康大姐说："运动刚开始时，他很少说话，常常一个人独坐默想。可以看得出来，他是不理解的，心情是苦闷的。"

显然，那场历史性灾难突然凶猛地降临时，他虽然是中共中央政治局常委，是全国人大常委会委员长，仍然不理解。但由于当时种种复杂的政治原因，他只能默默地思考，而在无言之中，又流露出内心的看法和不满。一次，他突然问道："戚本禹怎么成了中央文革小组的成员呢？"还有一次，他参加中央的会议回来，将林彪那个专说"政变"的讲话交给秘书，转身就走，一句话也没有说。

以往，凡是中央的文件，毛泽东、刘少奇、周恩来同志的讲话，他在交给秘书时都要坐下来讲讲怎样理解，怎样贯彻。这次不屑一提的鄙视态度，不正是心中不满的外现吗？对林彪，朱总司令是深知其人的。早在1959年庐山会议后，他就对康大姐说："林彪以前有功，但他不愿见人，更不能团结人，把军队交给他，不知以后会搞成什么样子呢！"如今，林彪又大谈"政变"，朱老总当然有自己的看法。他怎能不更多地思考党和国家的命运呢？

但这种思考和沉默的时间并不长。当林彪和江青相互勾结，煽动造反、串联、点名批判、关押从中央到地方的一大批领导同志，攻击刘少奇、邓小平及彭德怀、贺龙、陈毅、徐向前、聂荣臻、叶剑英等老帅的大字报贴上大街的时候，朱老总坐不住了。他拄着手杖，冒着寒风，在中南海院里看大字报，到北京大学去看大字报。面对那些造谣和诬陷，他要么脸上露出一丝冷笑，要么十分愤懑，实在气愤极了，才说："心怀叵测，心怀叵测呀！"

朱总司令的这种态度，使林彪和江青一伙又恨又怕，必欲置之死地而后快。因此，1966年12月的一天，戚本禹奉江青之命，召集中南海造反派的头头开会，布置揪斗朱老总。就在这天晚上，几十个人闯到朱老总住处。正巧这晚朱老总不在家，那些人在门前和墙上贴满"朱德是黑司令""朱德是大军阀""炮轰朱德"等大字报后才离开。接着，北京街头也出现了"打倒朱德"的大标语，还成立了"揪朱联络站"，策划召开"批斗朱德大会"。

对此，朱老总冷冷一笑，什么话也没有讲。当有人问他时，他坦然地说："历史终究是历史。历史是最公正的！"

为了诬陷和打倒朱老总，全国妇联机关也对康大姐进行了围斗，说她是"走资派"，逼她揭发、交代朱老总"反党、反毛主席的罪行。"康大姐理直气壮地说："我不是'走资派'，我没有反党反毛主席。朱老总和毛主席是一起战斗几十年的战友，他不会反对毛主席！"

这时，又有人质问道："你说，是不是毛主席和林副主席在井冈山会师的？"康大姐摇摇头，说："不是。是朱德与陈毅带领湘南起义后的部队，上井冈山和毛主席会师的。历史在那里摆着，不是谁想改就能改得了的。"

有一天，康大姐回到家里，见朱老总正看一张传单，传单上说：成立了一个"中国（马列）共产党"，在一个地方开过会，朱老总当了中央书记，传单上还列有其他负责人的名单。朱老总看过后笑了。康大姐问他笑什么，他说："根本没有这回事，这是造谣嘛！让他们造去，将来一定会弄清楚的。"康大姐还是有些不安地说："现在，你成了'黑司令'，我成了'走资派'，往后不知还会怎么样呢？"

朱老总充满信心地说："只要有主席、总理在，就没有关系，他们最了解我。你不要怕，'走资派'多了也好。都成了'走资派'，就都不是'走资派'了。形势不会总这样下去的。"康大姐听了这些话，心里感到很宽慰。

不久，毛泽东同志在中共中央军委的一次碰头会上说："朱德还是要保。"但林彪和江青一伙仍然歪曲红军时期的一段历史，说朱老总是"资产阶级军事路线的代表"。一天，康大姐在外边开过会回到家里，拿这个问题问朱老总。朱老总不慌不忙地说："这是党内的事情，我不能告诉你！"

康大姐着急了，大声说："人家说你是资产阶级军事路线的代表，到底是不是？我是你的老婆，不能糊涂。"

朱老总看到康大姐焦急的样子，笑了笑说："急啥子嘛！做什么事总都有个代表，是就是，不是，想代表也代表不了。当时不少部队刚从国民党部队起义过来，资产阶级军事思想是存在的，他们要找我代表，那就找嘛！"

朱老总的这番铿锵话语，从容的态度，显示出坦荡的胸怀。

听着康大姐叙述朱老总在"文革"开始后临变不惊、泰然自若的言语和举动，我忽然想到了大自然中的树。敬爱的朱总司令，在那场狂风暴雨中，您如同一棵参天的大树，不管怎样的风吹雨打，都不摇不动，巍然屹立。正如英国诗人拜伦在一首诗中歌颂的普罗米修斯那样：

> 你那抗拒强暴的毅力，
> 你那百折不挠的灵魂——
> 天上和人间的暴风雨，
> 怎能摧毁你的果敢和坚忍！
> 你给了我们有力的教训：
> 你是一个标记，一个象征，
> 标志着人的命运和力量。

然而，对于这样一棵大树，林彪和江青一伙不摧毁是不甘心的。1969年4月，党召开九大，82岁的朱老总抱病参加了这次会议。那几天，他正患气管炎，喘得很厉害。就是这样，林彪、江青一伙仍然不放过他，在会上多次对朱总司令进行围攻和批斗，逼他作检讨。这是多么残酷的折磨啊！即使如此，朱老总也没有屈服，更不对别人讲。

康大姐回忆到当时的情景时说："一次朱老总开会回来，问我认识不认识吴法宪、邱会作，我说不认识。他又说总该认识李作鹏吧，我想了想说，就是过去在你警卫班里当战士的那个李作鹏吧？他'嗯'了一声。我感到他突然问起这几个人必有原因，就问他什么意思。他叹了一口气，说：'这几个人，都"左"得不可收拾咯！'就再也没有说别的。"

康大姐告诉我，"文化大革命"开始不久，就听说要把朱老总和她赶出中南海。她问朱老总，朱老总说，有这个可能。果然，被他言中了。

原来，还在九大闭幕不久，朱总司令就接到一个"勒令"，要他和董必武、李富春、聂荣臻、陈毅、叶剑英、李先念、徐向前等人交代"反党罪行"。朱老总说："不要理它！"

到了十月，林彪擅自发出所谓"第一个号令"，扬言"要准备打仗。"

康大姐怀疑地问朱老总："真的要打仗吗？"

朱老总淡然一笑，说："战争又不是小孩子打架，凭空就能打起来的。打仗之前，总会有很多预兆、迹象。现在根本看不到任何战争的预兆、迹象嘛。'醉翁之意不在酒'啊！"

尽管朱老总看出了林彪的真实阴谋，是把一批领导人赶出北京，实行隔离监视，分而治之，但仍得在"第一个号令"之后，被"疏散"离开北京。当时，他身边没有人，就对康大姐说："康克清，你得跟我一起走啊！"

正在被"专政"的康大姐为难地说："对呀，我是该跟你一起走。可是，军代表要是不点头，我想去也走不了啊！"

朱老总沉思一会儿，无可奈何地说："那我只好打电话给恩来，让恩来去跟他们说了！"

听到这里，我的心不由得一缩。一个指挥千军万马的总司令，让妻子跟自己一起到外地去，竟然需要一个军代表的批准，而且自己连电话也不能打。这是什么样的年月啊！

就这样，朱老总和康大姐一起到了广东。关于在那里的生活，康大姐说得不多。但我从一个材料上看到这样的记载：

当朱老总坐了三个多小时飞机到达广州时，连个休息的地方也没有，不得不在候机室里久久等着，最后被送到了从化。那里，虽然是个风景优美的地方，但此时却是软禁朱老总的牢狱。在这里，朱老总完全失去了自由，没有人来看他，不准他到附近的工厂、农村去，甚至连散步也不能超过"桥头警戒线"。终日陪伴他的，只有老战友康克清和一个小孙女。不过，即使在这样的境遇中，朱老总仍然对前途充满信心，坚信那些为非作歹的人不会长久。他对康大姐说："军队还是党掌握的。有了军队，就什么也不怕！我最担心的，还是工农业生产。"

是的，全国人民的生活疾苦，时时萦绕在朱老总的心头。从"文革"一开始，他就在中央的一些会议上说，今年是第三个五年计划的第一年，我们应该使工农业生产有大幅度的增长。他反复强调，现在的"文化大革命"运动，搞到破坏生产的地步，要注意解决。后来，虽然他的活动受到限制，仍时时关注着生产，担心生产继续受到破坏。

1972 年 9 月以后，他以 86 岁的高龄，先后视察了七机部、一些工厂和农村。针对"四人帮"一伙把抓生产当成是"唯生产力论"的观点，他说："别听他们'革命'口号喊得比谁都响，实际上就是他们在破坏革命。不讲劳动，不搞好生产，能行吗？粮食不会从天上掉下来的。没有粮食，让他们去喝西北风！"

1976 年春旱，朱老总很着急。后来下了一场大雨，他十分高兴，要身边工作人员去量湿了多厚的土层。不久，他又亲自到郊区去调查，看到麦子长势好，才放下心来，归途中路过一个果园，当时正刮大风，他担心大风给桃、梨、苹果带来损害，就下车向劳动的群众了解情况，得知这场风对果树结实没有妨害，他才微笑着上车而回。

"1974 年 1 月，我到首都体育馆参加'批林批孔'会，回到家对朱老总说：'我刚才听了江青的讲话，一个突出的印象，就是她把手伸到军队里去了。'朱老总沉思一会说：'你不用害怕。军队的大多数是好的，地方干部大多数是好的，群众也是好的。"文化大革命"以来，军队里虽然出了几个败类，但从整个军队来说，他们是拉不走的。干部中，也有少数人被他们拉了过去，但广大干部战士是不会跟着他们跑的。江青这人是打旗子，又有一部分人捧她。她的本事有多大，你还不知道吗？你去问问工人、农民、战士和知识分子，谁愿回到半封建半殖民地去呢？别看那些人闹得凶，总有一天，干部和群众会醒悟过来，把他们推翻的。'朱老总的话，使我受到很大的启发和教育。"康大姐一口气说了这么多，把身子轻轻靠在沙发上，微微闭上眼睛。片刻，她又坐起来，仿佛当年率领她的女子义勇队战斗胜利后想到牺牲的同志一样，语调沉重地说：

"1976 年 1 月周总理逝世时，朱老总万分悲痛，两眼直直地望着灰蒙蒙的天空，热泪一滴滴顺着脸颊往下流，嘴里不停地说：'恩来，恩来在哪里？'我和他一起生活了那么多年，看到他掉泪，这还是第一次。"

随着大姐的叙述，我好像看到从周总理患病住院后，朱总司令就经常向身边的人询问总理的身体情况，还亲自到医院里去看望的情景。那一晚，有多少人看到扶着手杖的朱老总，举起颤抖的右手，站在总理的遗体旁，行了一个庄严的军礼，迟迟不愿离去。可是人们没有看到，在向遗体告别回来的路上，朱总司令一直在流泪；更不知道，朱老总决意要去参加周总理的追悼会，由于过分悲痛，两条腿怎么也站不起来，只得在电视机前，参加了追悼会。那些天，他吃不好饭，睡不好觉，整天念着"恩来"这两个字，还向康大姐及周围的工作人员讲述周总理光辉的革命历史和英勇斗争的事迹，说："周总理为国家为人民鞠躬尽瘁，死而后已，死后还把骨灰撒在祖国的江河大地上，周总理是一个彻底的无产阶级革命家……"

康大姐告诉我，周总理逝世后，朱老总就说："总理去世了，毛主席身体也不大好，我应该更多地做些工作。"

这一年的春节，他对人大常委会的几位负责同志说："总理不在了，我们要更加努力地工作。不然，我们既对不起党和人民，也对不起总理。"

他是这样说的，更是这样做的。从此，他以90岁的高龄，带着病开会，看文件，找人谈话，会见外宾，处理日常事务。

当"四人帮"大肆诬陷和攻击邓小平同志时，朱总司令在不同场合多次说："在毛主席领导下，由邓小平同志主持中央的日常工作，这个班子不要变动。"

一天，朱老总收到一封揭发"四人帮"的群众来信，他态度鲜明地给予支持，并马上转呈毛主席："收到人民来信一件，事关重大，请主席酌处。"

他收到成仿吾同志寄来的一本新校译的《共产党宣言》，急忙把老译本找出来，对照着阅读了一遍，第二天前去看望了成仿吾，称赞这是"做了一件有世界意义的工作"。

由于过度的紧张和劳累，朱老总的肺炎复发了。但他毫不在意，照样工作，照样会见外宾。直到生命的最后一息，想的还是人民，还是革命。

6月12日，朱老总会见马达加斯加民主共和国总统迪迪埃·拉齐拉卡。

6月21日，朱老总病重了。按照原先安排，他要去会见外宾。

人们劝他休息，改由其他中央首长代替会见。他没有同意，说："这是党的安排，我怎么能够因为身体不好，就随便不去呢？"

他还是吃了药，坚持会见了澳大利亚联邦总理马尔科姆·弗雷泽。

由于这次会见的时间改变，朱老总在有空调的房间里等得太久，加重了他的病情。

6月25日，经过医生会诊后，建议立即住院治疗。朱老总到次日要会见外宾，坚持说："不要紧嘛，等到明天我会见了外宾，再去住院也不晚。"

6月26日，朱老总病情突然恶化，他才不得不同意住院治疗。

7月1日，病情更严重，除肺炎之外，又增加了肠胃炎和肾病，高烧一直不退。

这天，他把秘书叫到床前，问道："今天是党的生日，报纸该发表社论了吧！念给我听听。"

七月初的一天，朱老总对到医院看他的李先念同志说："我看还是要抓生产，哪有搞社会主义不抓生产的道理呢？！"

"他是抱着深深的遗憾和不安离开人世的。因为他没有看到祸国殃民的'四人帮'被粉碎，因为他希望活到1980年，看到第五个五年计划实现。可是他都没能如愿……"

在说到这些的时候，康大姐的眼睛又一次润湿了，语调更加沉痛。这不难理解，失去亲密伴侣的创痛，是时间所无法平复的。但大姐是一位坚强的女性，她能控制自己的感情。她最后说：

"对先行者最好的怀念，是把他们的事业继续下去，把他们的理想变为现实！"

你说得对，大姐！朱总司令和其他所有的先行者一样，永远是一种巨大的精神力量，将长久激励我们奋勇前进！

1986年11月

人民不会忘记

——听浦安修大姐说彭德怀元帅

她是彭德怀元帅的夫人浦安修大姐。

比起五年前见到她时，她的气色好多了，脸上泛着红光，走路脚步轻松，谈起话来思路敏捷，不像一位已经 67 岁的老人。但仔细看，却有点儿疲惫和憔悴。

她太累了。从 11 月下半月以来，她就全心全力地投入了纪念"一二·九"运动的活动。先是参加中顾委组织的大学生座谈会，向青年人讲述当年的斗争情景，回答青年人提出的各种问题。清晨早早出去，晚上迟迟归家，中午和学生一起吃饭，连休息一会的时间也没有。后是参加她的母校和她长期工作过的北京师范大学的庆祝活动，和学生，和原来的同学、校友交谈，这对于她，确实是远远超过了负荷的工作量。

尽管很忙，她还是很高兴。浦安修大姐谈到这些的时候，话很多，也很动感情。和学生们的直接对话，参加的那些庆祝活动，不但使她看到了 80 年代青年人的美好心灵和爱国热情，也使她受到莫大的感染，仿佛浑身又增加了青春的朝气，回到了如火如荼的斗争年月。

那是怎样的年代啊！在中国共产党"八一宣言"的号召下，在全国团结抗战的潮流中，北平的青年学生奋起反对当局的压迫，反对日本帝为主义侵略中国，强烈要求停止内战，一致抗日，掀起了伟大的"一二·九"运动。他们走上街头，游行示威，到工厂去，到农村去，和工人农民结合，唤起人民群众心头的抗日浪涛。在这支声势浩大的队伍中，走着一个 17 岁的小姑娘。她剪着短发，身着普通旗袍，一路奔走，一路呼喊，飒爽俊秀的英姿，透出朝气和信心。这就是浦安修，当时北平师范大学附中的学生。

是啊，疾驰的历史风云激荡在她的心头！怪不得前些日子她要专程到樱桃沟去参加"一二·九"纪念碑的落成典礼呢。那天，寒风嗖嗖，冷天冻地，但在她的心里，回忆的热浪翻卷不息。50年前，她就到这里来过。那是"一二·九"之后不久，她参加了学生们以军事训练为目的的夏令营活动。他们喝开水，吃咸菜，夜间分成两队，互相进行偷袭演习。结束后，又步行回城，练习走路。浦大姐讲述了当时的情形后说："这些活动，以及后来的下乡宣传群众，使我受到了锻炼，认识到要从事革命工作，就得准备吃苦的道理。所以在延安，在太行山上，在西北战场，不论环境怎样艰难困苦，我都能坚持得住，没有怨言，更没有动摇。对这点，彭老总很满意，还赞扬过哩！"

看着面前这位老大姐灰白间杂的鬓发，听着她充满自豪的述说，我仿佛看到了她风华正茂年龄时的满腔爱国之情和绰约身影。

她是那个时代千千万万青年学生中的一个，同时她又有着自己独特的经历。1918年，浦安修出生在北京一个江苏籍小职员的家庭里。这个家中有四个子女，三女一男，虽然开始踏向社会时走的道路不完全相同，但最终殊途同归，都成为建设新中国的一员。大姐浦洁修，师范大学毕业后，先做中学教师，后参加民主建国会。几十年来，她赞同中国共产党的主张和政策，严格要求自己，努力为人民工作，现在担任北京市人大常委会副主任的职务。二姐浦熙修在姐妹中经受的坎坷是最多的。她中学毕业后，因得不到父亲的支持，没有机会进大学，当了一名小学教师。但她不甘心，靠着教书积攒起来的钱，又考进了北师大，以后当了新闻记者，加入了民盟。在抗日战争中，她接近共产党人，做了很多有益于祖国和人民的工作。在1957年的"反右派"斗争中被错划为右派，十年浩劫中含冤去世。弟弟浦通修，中学毕业后参加革命，当过教育部副部长，现在国家经委工作。有趣的是，洁修、熙修和安修这三姐妹，都是师大的毕业生，后来又参加了三个党派，但她们相处得很好，把她们思想联系在一起的，是建设一个繁荣富强的新中国的宏伟目标。

浦安修大姐11岁的时候母亲就去世了，父亲常常不回家，是两个姐姐供她上学的。中学时，她就偷偷阅读过许多进步小说，参加中华民族解放先锋队，成为学生运动中的积极分子。正因为经受过"一二·九"的严峻考验，所以她1936年9月考入北师大，10月就加入中国共产党，而且担负了交通员的任务。她还记得入党时介绍人对她说的话："现在，读书的时间不多了，将来是血与火的战争。"她对此早有思想准备，由于日本侵略者铁蹄的践踏，整个华北都放不下一张安静的书桌了嘛！果然，一年之后七七事变爆发，她和同学们一起告别北平到达山西，又辗转奔赴延安，先在陕北公学做女学生工作，后到中央组织部做妇女工作，后来和彭德怀同志在延安结婚……

她说到这里，站起身走出客厅，端回一大杯水，浇起花来。那些花都不名贵，像它的主人一样朴实。浦大姐的动作很轻，很细，脸上神情庄重。显然，她的心情并不在花上。啊，我看出来了，她是借浇花平息一下心中掀起的波涛呀！我不想打扰她。让她静一静心中的激动吧，回忆总会引起激动，但过分的激动，对老者的健康不是好事。

我收回目光打量着客厅。东面墙上，挂着一幅彭总的照片。那朴实的面孔，敏锐的目光，似在注视着屋内的一切。西边墙上，是彭总和毛泽东、周恩来同志三人一起亲切交谈的合影，旁边还有一幅手书的诗，开头两句是："是非当日已分明，创业奇勋久策成。"有人说，年轻人憧憬未来，老年人回忆过去。我们的这位老大姐，是怎样在这个氛围中度着她的晚年生活呢？

她也不能不回忆。坐在这样的客厅里，不能不回忆那些甜蜜伴随着辛酸在她心灵深处烙下的痕迹。

延安凤凰山下，那孔简朴的窑洞里，她和从前线回来参加中共六届六中全会的八路军副总司令彭德怀结成革命伴侣。在这之前，她听说过彭总平江起义、留守井冈山和艰苦长征的业绩，知道他的为人和处事，感到幸福而激动。彭总开完会告别新婚的妻子回太行山指挥部队去了，浦安修仍留在延安工作。一星期后，她和分配到前方去的同志一起踏上了奔往太行山的征途。腊月天气，一路上风餐露宿，她不慎得了关节炎，腿伸不直，走路都很困难。途中的一天，她偶然遇到彭总，这位军务在身的副总司令关心地对他的妻子说："把白酒点上火，用手撩起来揉搓膝盖就会好的。"她这样做了，果然有效。

烽火燃烧的太行山上，深冬的夜晚，她冒着寒风，踏着深深的积雪，从中共中央北方局驻地赶到八路军总部去看望彭总。同志们都已入睡，院子里寂静无声，彭总处理完当天的文电，夫妻双双一起对坐在火盆前，吃着暗红炭火里烤熟的土豆和核桃。彭总讲述苦难的童年，怎样在八岁时失去母亲，怎样跟随年迈的祖母讨饭，怎样给人打短工、放牛，怎样当煤矿窑工、修理工人，以及怎样入湘军，怎样找到共产党，走上革命道路。浦安修听着丈夫走过的坎坷艰难的人生道路，体味了那些时而沉重缓慢时而激愤昂扬的话语里，所包容的一颗永远不忘自己是劳动人民的儿子的赤子之心……

北京西郊的吴家花园，受到批判的彭总，并不后悔自己的所为，立誓要弄通社会主义经济问题。他读大量政治经济学的书籍，写了许多笔记，做了不少眉批，并请高级党校的教员做辅导，同时回顾自己走过的道路。浦安修每次下班回到家里，都能读到彭总写的痛苦和辛酸的回忆文字，有时相对无言，有时也沉痛交谈。她不止一次问道："你为什么要写那封信呢？不写不行吗？"得到的回答不是沉默，就是："这不是写不写的问题，是对不对的问题。共产党员不说真话，党中央怎样了解真实情况？""我写了一封信就出了这么大的问题，今后党内要多事了！我们的党，以后又会怎样呢？"她永远记得那忧虑的面孔，记得那铮铮的声音："我没有对不起党，对不起人民。"

北京师范大学操场的台子上，她被一群彪形大汉押去"陪斗"彭德怀。两年前彭总到"三线"去工作，他们约定在成都相会，没想到在这样的场合重逢。她想看一看尊敬的老总，亲爱的丈夫，可是被"喷气式"压得抬不起头，眼前一片昏黑。但她还是努力挣扎着，透过那些粗大的胳膊的缝隙，看到丈夫那颗不屈的头被按到地上，心中愤愤不平：这是颗湖南军阀要砍而砍不掉的头，这是颗国民党反动派以万金重赏购买不去的头，这是颗在枪林弹雨里千百次冲杀而高昂的头，却被"以革命的名义"按了下来。她暗暗发问：为什么会发生这样的悲剧呢？这是多么令人不解的历史颠倒啊！

　　在五年前冬季的一天，浦大姐向我讲述着她与彭总共同生活中的许多难忘情景时，眼眶里噙满了泪水。是啊！不论作为妻子，还是作为战友，她都既感到自豪，又感到不平。也就是那一次，她曾经深情地对我说过："在那是非颠倒的年月里，他的名字被泼污，他的功绩被抹杀，记载他形象和思想的照片、文字材料，有的被封禁，有的被销毁，甚至他的骨灰也曾更名换姓。关于他的一切，我只能珍藏在心的最底层，独自回想。""每天面对着幸存的德怀的照片和文稿，整理他的遗文。他戎马战斗的一生，他献身真理的热忱，他刚正不阿的品质，时时牵动着我的心，使我很难平静。他留给党的，留给人民和自己的祖国的，是多么纯洁的一颗赤子之心啊！"这种妻子的情，是别人无法知道和理解的。敬爱的老大姐，五年多的时间过去了，你仍然还是这样啊！但我也知道，你想得更多的，是怎样把绵绵无尽的怀念，化成巨大的精神力量，接过那颗纯洁的赤子之心，去照亮别人，更照亮你自己。

　　一位熟悉情况的老同志对我说过，彭总的思想作风，在浦大姐身上得到了体现。这思想作风，该就是永远不忘自己是人民的儿子的赤子之心吧？

　　不是吗？她敬彭总，爱彭总，敬他的业绩，爱他的为人和处事。彭总生前，她没有想到要从位高职尊的丈夫身上得到什么。早在他们结婚之后，她像许多女同志一样，不愿在自己丈夫领导的单位工作，想独立地在实际工作中经受锻炼。彭总很支持妻子的想法和做法。在太行山那样艰苦的环境中，彭总在八路军总部，浦安修在中共中央北方局，每到星期六去看彭总。直到1947年底，浦大姐才服从组织决定，到彭总领导的西北野战军去工作。确实是这样，她不但没从丈夫那里沾光，却是受到牵连，经受了巨大的思想上、精神上的重压。然而在彭总逝世后，她也仍然坚持这样的原则。彭总平反恢复名誉后，补发了数万元的工资，她将其中的一部分给了彭总的亲属，其余的全部捐给湖南湘潭县，为彭总家乡的小学盖起一座崭新的教学楼。《彭德怀自述》出版后，她又将两千多元稿费及翻译成少数民族文和外文以及几篇军事论文的稿费，共计三千多元，于1985年亲自送给太行山区的武乡县和左权县，支援那里发展教育事业，培养造就建设山区的有文化有觉悟的新一代。

浦安修这样做，可以说是遵循了彭总的遗愿。那里是彭总指挥八路军英勇抗战的地方。1959 年庐山会议以后，彭总曾想重返太行山，看望当年并肩战斗过的乡亲们。浦大姐很理解彭总的想法，他和那里的人民群众建立了多么深厚的感情啊！她亲眼见到，1943 年太行山连续两年闹旱灾时，彭总看到一些人家的烟筒没有冒烟，就挨户走访，默默注视着群众锅里的野菜，决定总部和直属部队每人每天节约 4 两（16 两一斤）粮。他自己虽然患着肠胃病，也和战士们一起吃野菜，把粮食节约下来发给群众，可是彭总直至含冤逝世，也没有能够实现他的心愿。对此，浦安修一直念念不忘。1982 年，她和彭德怀传记编写组的同志一起重返太行山区，看望当年的群众和老房东。每到一地，她都到中小学校去看望老师和学生，回来后把所见所闻报告给党中央和有关部门，撰写出《太行山老区教育状况调查报告》，动员一些大学为那里培养教师，给中小学校送书，送教学仪器，还向中央领导同志和有关部门反映为山区修建一条铁路。她心里想的是彭总未了的心愿，是一名老战士的责任感，是竭力为山区人民做一些有益的实事。怪不得这几年里，武乡县和左权县来京的群众和干部们，总来找浦安修呢。就是在这间会客室里，她接待过多少来自太行山区的干部和人民群众，她自己也说不清了。

说到两次重返太行山的情形，浦大姐又激动了："那里的人民群众真好，对党对军队的感情多深呀！"接着，她讲述了那里人民怎样热情接待她，让她看秧歌和高跷的表演。一位七十多岁的老人，当年曾给朱总、彭总吹过唢呐，这次又给她吹了一个多小时，还深情地说："老了，有多年没吹，再给您吹一吹，以后就不吹了！"她去看望老房东时，老大娘拉着她的手，泪水湿了衣襟，要求她常来看看。每到一地，群众都往她的口袋里塞红枣、花生和用红布包着的绿豆、红豆，甚至专门在路旁和招待所的门前等着她，就是为了说上几句话，送上一点表示心意的礼物。这一切，使她仿佛又看到"抗日的烽火燃烧在太行山上"的动人情景，久久不能忘怀。

"人民也不会忘记你的！"我看着老大姐兴奋的面孔，不由得这样说。

她却连连摆手，神情严肃地说："我没有做什么，比起那里的人民群众在革命战争年代做出的卓越贡献和巨大牺牲，比起老区人民的实际需要，我所做的实在是微不足道呀！"这简短的话语，使我看到了一颗和彭总一样纯洁的心。

顿时，我想到了那两句古诗："莫道桑榆晚，为霞尚满天。"还需要再说什么呢？面对着我们的元帅夫人，面对着我们尊敬的老大姐。什么也不用说了，她的历史，她的现在，她的行动，早已说得清清楚楚。

1985 年 12 月

17

征途上的爱情

——听汪荣华大姐说刘伯承元帅

　　在刘伯承元帅逝世的日子里，我又一次见到了他的夫人，尊敬的汪荣华大姐。

　　啊！哀痛使她苍老了那么多，那么快。记得上一次我来时，她脚步轻捷地倒水拿烟，然后坐在沙发上，面色红润，神情欢快地向我讲述着漫漫征途和征途上难以忘怀的往事。可现在，她的头发更加花白，脸色十分憔悴，一双眼睛有些红肿，眼角边的皱纹更密更深更明显，走起路来也有点儿蹒跚了……

　　但她又是坚强的。每当见到前来悼念刘帅和看望她的人，尤其是一些老大姐们，她就抚摸着对方的手，或者互相搀扶着，用缓慢而沉重的语调说："不要难过，不要哭！我不难过，我也不哭！"话是这么说，可她的心头她的双肩，承受着多么巨大的悲戚啊！就在她这么对别人说的时候，我看到她自己的眼圈却红了，泪水在眼眶里直打转。浸透真情的泪水，理智的话语怎么能压抑得住？

　　目睹这位红军女战士的举动，我看到的是同志爱，夫妻情。

　　的确，失去亲密伴侣的创痛，对任何人来说都是撕心裂肺的，何况她和刘帅又是一对征途上甘苦与共、相濡以沫的夫妻呢！

　　我曾不止一次听人讲过，也曾听汪大姐自己说过，她是投身革命行列后，和刘帅在中国人民求解放的艰苦岁月里相识相爱，结成革命伴侣的。

　　汪大姐出生于皖西北一个纯朴的农民家庭，父亲母亲都是面朝黄土背朝天的穷苦农民。她很小的时候，就遇到了革命洪流滚滚、广大人民觉醒的年代。她去听村里农协开会时大家的发言，她去看斗争地主豪绅的场面，从而懂得了一些革命道理。特别是她的姑父冯先卓对她的影响更大。这位在高中读书时就接触了马克思主义的共产党员，和妻子谈的共产主义，谈的共产党，谈的妇女只有闹革命才能摆脱封建礼教压迫的道理，给在一旁的汪荣华幼小的心灵里播撒了火红的种子。所以，她14岁时就投奔红军，宣传和发动群众，战斗在鄂豫皖，转战于通（江）南（江）巴（中），在团里做医务工作，在红四方面军妇女先锋队做宣传工作，在川陕省苏维埃邮政局任副局长。当红一、红四方面军在长征途中会合时，她认识了红军总参谋长刘伯承。

第一次见到刘帅的情景，汪大姐还记得清清楚楚。那是一个霞光灿烂、天空湛蓝的早晨，山寨杂谷垴的街头，站满了热情迎接中央代表团的红四方面军指战员。18岁的汪荣华就站在欢迎的人群里，她不认识代表团中那位戴着眼镜、魁伟英俊的军人，就问站在身边的陈明义："那个高个子戴眼镜的人是谁呀？"陈明义回答说："不认识吗？他就是赫赫有名的刘伯承总参谋长。"

那时的汪大姐并不了解刘帅。除了知道他是红军总参谋长外，还不知道他是一位军事家，在中央红军后有十万追兵、前有金沙江水的千钧一发之际，是他巧妙地从国民党县长手里弄到船只，抢占了渡口，使红军顺利渡过金沙江，甩掉了敌人的围追堵截，被毛泽东风趣地赞扬为"一条龙"。当时年轻的红军女战士，更不知道刘伯承也出身于贫寒的家境，早年丧父，全家靠他干农活、担煤为生。因为祖父当过吹鼓手，考秀才时被县官赶出了考场。他19岁时离开家，参加辛亥革命，参加讨袁护国战争，参加孙中山建立的中华革命党，在战斗中有勇有谋，被誉为川东名将。加入中国共产党后，参与组织领导了南昌起义。南昌起义失败后，党派他去苏联学习，回国后在中共中央长江局任军委书记，进入中央苏区不久就出任红军总参谋长，协助周恩来、朱德在前方指挥作战。遵义会议之后，他率先遣队斩关夺隘，为全军开路，使中央红军过金沙江、跨彝民区，得以与红四方面军会合。所以，当刘帅从汪大姐身边走过时，她和其他人一样，以战士对红军领袖尊敬爱戴的目光看着他，可谓是征途上的相识了。

几个月之后，汪大姐从中共川陕省委工作队调到总参谋部四局工作，和刘帅见面的机会多了，还经常一起行军。有一天，汪大姐掉队了，刘帅看到她行走困难，便像经常对待其他干部战士一样，把自己的马让给她骑。可汪大姐感激地辞谢了，加快步伐赶上了前进的队伍。是这种倔强引起了刘帅对这位女战士的爱慕？还是通过接触有了深刻的了解？现在已经不得而知，汪大姐也没有透露。反正就是在这之后不久，刘帅派警卫员送给汪大姐一封信。信是用工工整整的蝇头小楷写成的，有好几张纸，用今天的话来说，算是一封求爱信吧。汪大姐读后又激动又有些害羞，心里想得很多。她过去听人说过刘帅，在亲自接触中又感到刘帅平易近人，质朴诚实，品德高尚。但是不是答应求爱，她顾虑重重。她觉得自己是农家女儿，只读过一年私塾、两年学堂，不论资历还是学识，都配不上刘帅。第一次相约在河边散步时，汪大姐把自己的想法全说了出来。刘帅听后，说："这有啥子关系嘛！正因为我们穷，活不下去，才起来革命，才走到一起来了。至于文化水平低一点，可以学习嘛，你自己努力，我尽力帮助你。"在这诚恳的态度、诚恳的话语面前，汪大姐也捧出了她的爱，一位少女的爱，一个红军女战士的爱。

当时，正是张国焘大搞分裂活动的时候。他反对北上，命令左路军南下。随左路军行动的朱德和刘伯承反对张国焘的做法，受到打击和迫害。刘帅被撤去总参谋长职务，说是到"红大"去当校长，实际上是当军事教员。虽然由于这样的环境和条件，他们不能结合，但在对张国焘错误的斗争中，汪大姐被刘帅的原则性和高尚品质感动了。她紧紧和所爱的人站在一起，真心诚意地支持他，鼓励他。而在繁忙的行军路上，刘帅也抓紧空隙时间，帮助她学习军事、政治和文化，告诉她学习语文要注意"广看、精读、多写"，学习书法注意"间架笔姿""临帖认真，持之以恒"。在朝着共同的目标并肩前进的征途上，他们的爱情更牢更深了。正如有的同志所说："就像天上那圆圆的月亮，穿过长征路上万里风云，闪射出皎洁的光辉。"

汪大姐怀着幸福和喜悦的心情，说到她和刘帅结婚时的情景。那是长征胜利后一个花好月圆的日子，1936年的中秋节。新婚之夜，刘帅深情地对汪大姐说:"只要我们有共同的理想,志同道合,就能永远战斗在一起,白头到老。"

汪大姐深情地回忆道:"婚礼极为简朴,没有鲜花和丰盛的酒宴,只有战友们的衷心祝愿;没有崭新的被褥,只有跟着我们爬雪山、过草地的简单行李;更没有红烛新房。在我们相识的这段时间里,从杂谷垴相见,到共同走过雪山草地,经历了人间罕见的艰难困苦。在这样的环境里结婚,我们感到是那样的幸福,那样的富有意义!"

是啊,还有什么比在征途上结成的伴侣更值得骄傲,更值得珍惜,更感到幸福的呢!而对于刘帅和汪大姐来说,这只不过开始了爱情的一个新的阶段。从这里,他们又踏上了新的征途,带着他们共同的理想和信念,带着他们共同的爱情。

汪大姐告诉我,他们婚后不到一周,就接到中央要刘帅到保安去的命令,她也同往。路上遇到敌机,一颗炸弹在他们的身边爆炸。刘帅臂部负伤,汪大姐赶忙为他包扎。他却安慰她:"负伤没啥哟,革命哪有不流血的。"当他看到妻子的腿也流着血,就催她赶快包扎,然后互相搀扶着前进。在一个陡峭的山坡下,汪大姐咬着牙往上爬,可受伤的腿怎么也使不上劲。这时,刘帅忍着臂部的剧痛,伸出双手把妻子托了上去。汪大姐站稳后,立即回转身,把刘帅拉上去。两个人又搀扶着来到了山冈上的林子里,稍事休息后继续赶路。在一个山沟里,他们高兴地遇到了周恩来派来接应的部队,这才顺利到达保安。从那时到刘帅告别人世,整整半个世纪。在这一万多个日日夜夜的征途上,他们经历过抗日战争的烽火,沐浴过解放战争的硝烟,有着多少揪心的离别和离别后的揪心,有着多少惊喜后的团聚和团聚后的惊喜,但他们一起走过来了。

然而,阳光下的道路也不平坦。在所谓的"反教条主义"运动中,刘帅受到了不公正的对待,先是做"检查",后是离开了他酷爱的工作岗位。战争年代仅存的一只左眼又得了青光眼疾,视力急剧减退。特别是在动乱中他又丧失思维,长期卧床……在这些年月里,汪大姐以战友的关心,以妻子的柔情,陪伴着刘帅,体贴着刘帅。她陪他由南京到北京来做"检查",她陪他到医院治疗。她守候在他的病床前,年复一年,月复一月，日复一日，无微不至地照顾、护理，煎汤喂药，洗漱换衣。同时，她还要承担着教育子女的任务。

汪大姐和刘帅一样，严格要求子女。她按照刘帅"不能让孩子搞特殊化，也不要给他们很多钱"的教诲，让孩子们住机关宿舍，到大食堂吃饭，只有星期天、节假日才回来团聚。孩子们也都养成了习惯，不因私事用车甚至打电话，如今他们和他们的爱人都勤奋地工作在普通的岗位上，住在各自所在单位按规定分配的房子里。刘帅逝世后，为了陪伴孤单的妈妈，他们才轮流住在家里。

汪大姐的子女有的比我大，有的和我差不多，有的比我小。在接触中我看到，他们不论大小，都非常自爱自重，尊重他人，没有自视优越的表现。一次，汪大姐打来电话，向我表示道歉，要我原谅。我开始有点儿莫名其妙，这是为什么？原来是为她的女儿、女婿向我讲了几句说明情况的话，根本就没有不礼貌的行为。后来见到汪大姐，她又当面反复说："孩子们不懂事，没处理过这种情况，请你原谅，并向有关领导道歉！"对此，我很受感动。她这样要求子女，还能教育不好吗？

按时间推算，1986年的中秋正是汪大姐和刘帅的金婚纪念。可不巧的是，他们的这个值得回忆、值得庆贺的日子，却是在医院里度过的。我没有看到那场面，但可以想象得到，汪大姐怎样脉脉含情地凝视着病重卧床的刘帅。那一刻，她都想了些什么呢？也许她想到了长征路上的第一次相见，想到了新婚的那个月夜，想到了那些烽火硝烟、云遮雾漫中的欢乐和患难，也许她什么也没有想，只是为刘帅的病情揪着一颗悬浮焦急的心……那该是多么感人肺腑啊！

更为不幸的是，就在他们的金婚刚刚过去不几天，刘帅就永远离开了人间，永远离开了他为之奋斗的党、军队和人民，永远离开了他可爱的儿女，永远离开了他挚爱的妻子汪大姐。

对刘帅的逝世，我们的党悲痛，我们的军队悲痛，我们的人民悲痛，我们的汪大姐尤其悲痛。

汪大姐在那些日子里的心境，是语言无法表述的。在瑟瑟秋风、萧萧秋雨的深夜，她独坐室内，面对着刘帅的照片，感到浑身冷清。她想听他说话，但照片上的刘帅只是看着她，一句话也不说。这使她思绪万端，哀痛不已，泪水涟涟。当她清醒地意识到是在送亲爱的丈夫远行时，便喃喃地说："伯承，你走了，永远地走了！我无法躲避开面对着的这个难以改变的残酷现实。""从今以后，除了你的名字，你的照片，你的业绩，我再也见不到你和蔼的面孔和高大的身躯了！"

啊，这是多么撕心裂肺的声音！

从这里，我又一次看到了我们的刘帅和汪大姐在漫漫征途上的坚贞爱情！

1986 年 11 月

不仅仅是父女之情

——听贺捷生同志说父亲贺龙元帅

　　和贺捷生同志是熟人了。多次同这位大姐姐般的女同志一起谈过文学，谈过历史，谈过各自的工作。我总是敞开心扉向她说自己的看法、想法，她一方面像对小弟弟一样含笑听我说话，一方面也谈她的看法、想法，可以说是无拘无束，畅所欲言。

　　可是今天，当我请她谈谈她的父亲贺龙元帅时，她的脸色顿时严肃起来，语调也流露出明显的沉痛。

　　这完全可以理解。女儿总是热爱父亲的，何况又是这样一位叱咤风云的父亲，一位共和国赫赫有名元帅晚年却又蒙冤含恨离开人世。

　　在捷生的心目中，父亲是个真正的男子汉。高大魁伟的身躯，炯炯有神的浓眉大眼，特别是那胡子，挺神气挺威武。他不满黑暗的旧社会，就挥刀杀盐局，冒死拉队伍；他认准目标，就率军起义，追随中国共产党，九死而不悔。然而，他又是一位可爱的父亲，教育儿女们爱党爱国爱人民，和儿女们一起玩，打扑克可以偷牌，输了还能耍赖，引逗得孩子们发急叫喊，他自己则哈哈大笑……捷生说到这些时，目光里蕴含着幸福的回忆，回忆的幸福。

　　当然，最令她难忘的，还是那场"文化大革命"中的父亲。继刘少奇、邓小平之后，贺龙是又一位被"打倒"的最高领导人之一。他是中共中央政治局委员、中央军委副主席、国务院副总理、国家体委主任。林彪出于篡夺党和国家最高权力的野心，把矛头指向一大批老干部，贺龙便是其中重要的一个。

　　林彪、叶群先是授意人写"揭发"贺龙的材料，说他"篡军夺权"，并经林彪之手将这些材料送给毛泽东；接着又亲自出面在军委扩大会议上讲："贺龙这个人手伸得很长，不仅军队到处伸手，而且地方也到处伸手。贺龙搞大比武，是个大阴谋。罗瑞卿的后台就是贺龙。贺龙是个大土匪，是土匪出身，拍肩膀，介绍老婆，搞旧军队一套……贺龙是反毛主席的。"

毛泽东一开始似乎并未相信，不但在中南海游泳池见贺龙，并让贺龙看了林彪报送的关于他的一些材料。当贺龙提出要与林彪面谈时，毛泽东也同意了。

周恩来想保贺龙，当一些人闯入贺龙住宅，抢走机密文件，还不断叫嚷揪斗贺龙时，他把贺龙夫妇接到自己的家中住下，邓颖超亲自过问食宿。可是，堂堂总理也没有保住赫赫元帅，最后不得不把贺龙送到西山，握别时说："贺老总，你好好休息，到秋天我去接你回来。"这是1967年1月。

可是到秋天，即1967年9月，江青、康生、陈伯达、叶群向毛泽东、林彪报送要求成立专案组审查贺龙的报告，得到了毛泽东的同意。自此，不但贺龙被迫害，他的子女们也遭了殃。贺捷生是长女，当然难逃厄运。在单位，是控制的对象，在家也遭到监视，几乎每天都有"查户口"的人敲门而入。后来，她又被送到工厂去劳动，干她难以承受的体力活，有了病也得不到治疗。

的确，捷生的身体很弱。她虽然出生在战斗胜利之时，但毕竟是个烽火连天的艰苦岁月。她来到人间二十多天，就躺在母亲背上的箩筐里，跟随红军长征，涉江河，爬雪山，走草地，其生活的困苦贫乏是人所共知的……

对沉重的劳动，捷生能够忍受，她不能忍受的是父亲的冤屈。她不相信她的父亲反对共产党，篡军夺权；不相信她的父亲反对毛泽东。她听说过，1927年的时候，父亲已是军长，但在革命与反革命生死搏斗的关头，他视高官厚禄为粪土。周恩来找他谈话时，他当即表示："党叫我怎么干，我就怎么干，暴动无论成功还是失败，我都干！失败了，我就上山！"毅然参加了中国共产党领导的南昌起义。小时候，她就看到父亲十分尊敬毛泽东，甚至到了虔诚的程度。她和弟弟妹妹写作文写到毛泽东时，父亲连怎么写都做特殊的要求。这样的人，怎么会篡军夺权，怎么会反对毛泽东呢？

作为女儿，捷生真想走遍四方，把这些告诉所有的人。可是她已失去了自由，只能仰望长天，一遍又一遍地对自己大声说。她惦念她的父亲，但又不能见到他。她哪里知道，这时的贺龙元帅正被审查，从周恩来的保护下落入康生为组长的专案组的掌握之中。由于遭到无情的摧残，于 1969 年 6 月 9 日上午 8 时 55 分含冤去世了。

关于贺龙元帅在那段时间里被迫害及致死的情形，我也曾听他的夫人薛明大姐讲过。那是怎样的生活啊！不但把他隔绝起来，还断绝了水的供应，他们夫妇只好接雨水喝；逼他"交代"历史上的所谓"罪行"；衣服破了，只得补着穿；有了病没有药品，还被反治疗，把轻病搞成重病，过早地结束了他的生命……

最初听到这些惨不忍闻的事实，我真的万分惊愕，以至晚上久久不能入睡，在灯下写了一首《元帅之死》的诗：

> 他默默地死去
> 在嗖嗖的冷风里
> 凝重的灰暗的夜空
> 一颗流星划过天际
>
> 小小囚室的门上
> 横一把大锁紧紧锁住
> 水泥地板上的阴湿以及
> 没有元帅军衔的军服
> 包裹着的魁伟身躯
>
> 静悄悄凄清的月光
> 照着他眼角未干的泪滴
> 仿佛当年驰过燃烧的村庄

勒马注目残垣断壁间
妇孺哀哀的哭泣

血的火的心的泪呀
迸射出一个个疑问
为什么在他指挥解放的土地上
又有囚禁他的牢狱
我们的人民和历史啊
这该作怎样的解释

弥留时刻的他
肯定无力高声呼喊
更不能拼命把门撞击
属于他的只有沉默
无声地飞出囚室小窗
融进浩浩无垠的天宇

他默默地死去
无声中留下一串霹雳
日日夜夜在人们心头回响
把一段历史注释……

　　贺龙所受的迫害，捷生后来都知道了。越是如此，她的心里越是滴血，越是气愤。所以，1971年9月13日林彪出逃摔死，对捷生的看管稍微松些以后，她就经常给毛泽东、周恩来写信，为父亲疾声呼喊，鸣冤叫屈，有的通过邮局，有的直接送到中南海。这些信毛泽东、周恩来究竟收到多少，有什么表示，已经无从查考了。不过，她终于盼到了好的消息。1973年2月，毛泽东说："我看贺龙没有问题。策反的人，贺把他杀了。我有缺点，听一面之词。"12月又说："我看贺龙同志搞错了。

我要负责呢。"1974 年，周恩来病中亲自调卷重新审查，推翻了用逼供信的办法捏造的"证据"，报经党中央批准，于 1974 年 9 月 29 日发出了《关于为贺龙同志恢复名誉的通知》。

说到这里，捷生又向我谈起了她的湘鄂川黔之行。

"文化大革命"尚未结束，贺龙元帅已经平反。可"四人帮"极力封锁。他们不平，我自己平。就是在这样错综复杂的日子里，捷生踏上了父亲战斗过的地方。她出生在这片土地上，却没能在这里成长。但她仍然有着深深的情，深深的爱，父一辈的情爱，女一辈的情爱。而那里的人民群众，也以同样的情爱对待她。那情景，令她至今难忘：

……在昏暗的灯光下，一些领导干部向她打听贺龙平反的消息；

……饱经忧患的乡亲们向她叙述贺龙元帅当年在这里战斗的业绩及许多美好的传说；

……她和群众见面，有人为了见到她这位贺龙之女，竟跋涉几十里、几百里山路。

……在洪湖，群众自发集会请她讲话，播放冒险秘密保存的电影《洪湖赤卫队》插曲……

那也是难忘的日子！她跋山涉水，从一处到另一处，没有车就步行，丝毫不觉得累。她的出现鼓舞了人民群众，人民群众的盛情款待和深情讲述，也让她看到，赢得民心的人，是永远打不倒的。不管那些人给贺龙泼多少污水，都改变不了他的形象！当然，那些她到过的地方，也有一封封飞往北京的告状信。对此，她不但没有看在眼里，相反，当她回到北京后，更是信心百倍地投入新的斗争。

1975 年 6 月 9 日，是贺龙元帅逝世六周年祭日，党中央决定这一天为他举行骨灰安放仪式，但却作了不治丧、不致悼词、不献花圈、不登报等规定。贺捷生不满意这样的规定，便于 6 月 7 日写信给周恩来，同时附上她写给毛泽东信的抄件。她在写给毛泽东的信中述说父亲的功绩、冤情及自己对骨灰安放仪式规定的意见。信中说："当时贺龙同志处于林彪及黄吴叶李邱等辈之魔掌中，蒙冤含恨，渴无饮，饥无食，病无医药。知情者尽知，致命非病。"对即将举行的骨灰安放仪式的种种规定，"捷生百思而不可解。林彪诬陷贺龙，颠倒历史，动员舆论，血口文章满天飞，流毒全国。今日为执行中央通知，恢复贺龙同志的名誉，反而不能讣告国人，举行公祭，挽回影响，使举国声讨林贼之恶，伸张正义。受贺龙一案所累之干部群众甚多，惨死者、长期坐牢者大有人在，许多同志至今犹受歧视，既失去健康，又失去工作。贺龙后事尚且如此，等而下之，如何了结。"

周恩来读了贺捷生的信已是 6 月 9 日，他立即给毛泽东写信，提出"如果主席另有指示，当与政治局设法补救"的建议，且是特急件送出，并注明"纪念会今日下午四时开"，同时转去了贺捷生的信，毛泽东圈阅了周恩来的信。这天下午，周恩来抱病参加会议，并亲致悼词，叶剑英主持仪式，主持中央工作的邓小平因会见外宾，特派夫人卓琳代表参加。

捷生说到贺龙元帅骨灰安放仪式时，仍然十分动情。当时，周恩来很疲倦，衣服显得不那么合身，领子都耷拉下来。他握住贺捷生的手，说着关切的话。这位元帅之女，顿时激动万分。长征到达陕北时，周恩来曾抱起一岁多的她，亲着小脸说："红二方面军吃苦了，你也是长征小英雄啊！"还问了她的名字，母亲回答说："叫捷生，是打胜仗时生的。"周恩来说："这名字很好，胜利老是跟着你。"此时，她想说什么，可怎么也说不出来，安放骨灰仪式的第三天，即 6 月 11 日，她才能致信周恩来表达了她的心情：

"前日，您扶病登八宝山，致悼于贺龙同志灵前，与祭者均为震惊。捷生百感交集，惴惴不安。总理教导，语重心长，捷生当永生铭记。总理与先父生死与共，已近五十年，既是引路之良师，又为同仇之战友。遥遥征途，携手相扶，相知之深，情谊之重，无可比拟。因而，捷生切望而又万难设想您竟能莅临主持丧仪，恍若如愿之梦。容捷生代先父向您叩谢，祝愿您健康长寿，为党、为国、为人民保重！"

这年冬天，捷生又去了湘西。时值大雪纷飞，一片银白。这是贺龙出生成长的地方，杀盐局的地方，南昌起义失利后拉队伍的地方……女儿走在这陌生而熟悉的群山田野间，想到父亲那次回湘西时也是大雪满天，时时情动于心，泪涌于眼。这时"四人帮"正把矛头指向邓小平，全国的政治气候像大自然的气候一样，天低云暗，雨雪交加，更使捷生心情压抑。从湘西返回的路上，她写了一首诗：

> 洞庭雪波鱼吹浪，
> 湘江碧流千帆扬。
> 芙蓉国百花香，
> 亲朋邀归何时往。

> 大雪满天回故乡，
> 亲朋相见泪千行。
> 醴水河情意长，
> 乌岭披白痛断肠。

> 接龙桥畔雾迷茫，
> 亲朋送我走他乡。
> 千道山万道江，
> 父辈伟业代代唱！
> ……

俗话说，诗言志，歌咏言。这诗，淋漓地抒发了这位革命后代的情愫，表达了她的决心。从此以后，她把父女之情，融进了革命之情，国家之情，民族之情。

对此，我是了解一些的。在 1976 年那个清明节，她把悼念周恩来的花圈送到了天安门广场；她把关于电影《创业》的信经邓小平送到毛泽东手上；她为一个被称为"黑画展"的展览奔走……

当我把这一切联系起来，再看捷生那不高的个头，瘦削的身躯，文静的模样，不禁油然敬佩她的坚强。她身上闪耀的，不正是贺龙元帅爱憎分明、胸襟磊落、肝胆如铁的品性吗？

1992 年 5 月

元帅也是诗人

——听陈丹淮等说父亲陈毅元帅诗词

在我的心目中，陈毅元帅是和诗词连在一起的。

记得是上中学的时候，在一本刊物上读到《赣南游击词》，尽管那时还不知道南方的三年游击战争，更不知道这位共和国元帅的赫赫战功，但读起诗来生动形象，朗朗上口，很快就记熟了，常常背诵以自娱。后来，随着知识的增长，再读到陈毅的诗词，就能与作者联系在一起进行思考，更深地体味到了诗中的意蕴以及它所透示出来的人格。

真正较多地读到陈毅的诗词是在他逝世之后的 1976 年前后。那是一个风云激荡的非常年代，正义战胜邪恶，新生取代陈旧。陈毅的诗词得到了广泛的流传。先是张茜同志抱病编选的《陈毅诗词选集》不胫而走，后是由人民文学出版社公开出版发行。不久，毛泽东给陈毅谈诗的一封信又公开于世，一时间，陈毅的诗词为人们见面议论的热门话题。

就是在那段时日，我在不同的场合多次见到陈昊苏。他是陈毅的长子，也酷爱诗词，并时有作品见之于报端，因此我们见面总有共同的话题：谈陈毅的诗词。在他是一种真情，父子的真情；在我，也是一种真情，对元帅和诗人敬爱的真情。交谈中，他向我谈到不少陈毅与诗的事情。

按说，知父应数子。可毛泽东给陈毅写信谈诗、评诗和改诗的事，陈昊苏当时并不知道。到了"文化大革命"中，陈毅受到打击迫害，一段时间无事可做，便闭门埋头读书。一次，为了查找李贺的诗集，陈毅才把毛泽东写给他的信告诉他的子女。1971 年初，陈毅病重多次住院，都把毛泽东的信带在身边；陈昊苏说，他就是在医院里第一次看到的那封信。

他还告诉我，陈毅和毛泽东在井冈山斗争时期就有了诗的交往，毛泽东曾把《西江月·井冈山》《如梦令·元旦》等词抄给陈毅，因而，陈毅不但是最早的读者之一，还得以珍藏身边，时时吟诵。可惜，因三年游击战争的环境太艰苦，几次历险，没有能够保留下来。重庆谈判时毛泽东把《沁园春·雪》抄送柳亚子，很快传到全国。此时正在山东前线作战的陈毅，捧读华章，立即和了一阕，题目就叫《沁园春·山东春雪压境，读毛主席柳亚子咏雪唱和词有作》，词中说："两阕新词，毛唱柳和，诵之意飘。想豪情盖世，雄风浩浩；诗怀如海，怒浪滔滔。政暇论文，文余问政，妙句拈来着眼高。倾心甚，看回天身手，绝代风骚……"

陈毅写作诗词，绝非至此始。他从少年时代就爱好文学，尤其是诗歌。他因在法国参加学生运动被驱逐回国后，考入北京的中法大学，此间不仅加入了中国共产党，而且对文学的兴致极高，还参加了"文学研究会"，写作发表了不少文学作品。此后虽然成为职业革命家，可并不忘情于诗，不论在戎马倥偬、战火频仍的岁月，还是在政务缠身的年代，总能"一闲对百忙"，写出数量可观的诗词作品。

我曾细细读过陈毅的诗词，发现诗词对于他是十分得心应手的事情。他用诗词抒发胸中的激情，记录走过的道路，经历过的事件，或述战争，或赠友人，或写见闻，都折射出时代的光彩，响着时代的声音。战争年代，从红军的葛坳突围，攻克汀州龙岩，反围剿战斗，到坚持赣南游击战争，以及抗日战争、解放战争时期的许多重大战斗，在陈毅的诗词中都有记载，从那有名的《赣南游击词》《梅岭三章》，那深情的《记淮海前线见闻》，都让人看到时代的呼啸。特别值得一提的是，1943年，陈毅同志奉召前去延安，沿途的泗洪道上，过微山湖，经冀鲁豫，以及太行山、汾河平原、吕梁山，都留下了诗章；到延安后，更是诗思如泉涌，写出了十来首诗，抒发他的感受。

新中国成立后，陈毅有很长时间担任外交部部长，到过很多地方，不论国内国外，凡行经之地，都高吟低唱，以诗遣怀，有的用旧体，有的用新体，运笔自如，触景生情。在西安半坡村，他赞美"彩陶纷陈世所奇"；在西藏，他歌颂雅鲁藏布江"其源甚远流亦长"；在内蒙古，他描写"牧肥农好矿更稠"。在世界各地，他利用出访之机，歌颂新中国与各国人民的友谊，及其当地的风物。访缅甸，他《赠缅甸友人》："我住江之头，君住江之尾。彼此情无限，共饮一江水"；登卢梭岛，他赞"自我暴露最勇敢，民主思想启后人"；游埃及金字塔，他颂"艺术光垂数千载，雄哉伟哉"；他写"沙漠雪山初觉醒，重洋两海泛春波"，还有"大雪压青松，青松挺且直，欲知松高洁，待到雪化时""西山红叶好，霜重色愈浓。革命亦如此，斗争见英雄"等抒情之作，脍炙人口，诗味久长。

更有意思的是，陈昊苏还谈到，陈毅甚至打算用诗的形式写他的长篇回忆录，只是由于繁忙的工作，使他的计划未能付诸实行。如果真的时间允许，如果陈毅真的用诗写出他的回忆录，恐怕在文学史诗史上，也是一个创举。想到此，不由得令人惋惜。

一个偶然的机会，我在延安见到陈毅的第二个儿子陈丹淮，他是作为国防大学学员到延安实地教学的。在一间屋里，我看他和许世友的儿子许援朝一起进行图上作业，我们不时交谈一些战争年代陈毅、许世友等老一辈如何运筹帷幄、决胜千里的。一天，我们同游宝塔山，我发现一块诗碑，上书陈毅的诗《延安宝塔歌》："延安有宝塔，巍巍高山上。高耸入云端，塔尖指方向……"我读过一遍后，去告诉了丹淮。

我看到，陈丹淮久久站在诗牌前，默默地凝视着。显然，他不是在读诗，诗，他肯定不止一次读过，说不定会背诵呢。他是想象父亲当年怎样经过重重封锁来到延安呢？是想象父亲怎样向毛泽东报告华东前线的战况呢？还是想象父亲写作《延安宝塔歌》的情景呢？那一刻，我却想，父一辈的经历和业绩，子一辈可以牢记，可父一辈的情思，子一辈恐怕未必能完全体会到。

陈丹淮是陈毅第一个远离家门的孩子。他1961年考入哈尔滨军事工程学院。临行时，陈毅以父亲对儿子，也是老一代对新一代的深情，挥笔写了一首《示丹淮，并告昊苏小鲁小珊》的诗，诗序说："1961年7月，小丹远行就学，余适因公南行，匆匆言别，不及细谈。写诗送行，情见于辞，不尽依依。望牢牢紧记，并告诸儿女。"诗的开头说："小丹赴东北，升学入军工。写诗送汝行，永远记心中。"全诗浸透了浓情深意，撩动人心。这年八月，正是陈毅六十寿辰，丹淮写了一首五言百行诗为父亲祝寿，从父亲"井冈领红兵"写到自己参加人民解放军的激情。十年之后，在陈毅七十寿辰时，陈丹淮又从部队寄了一首《永遇乐》的祝寿词："寿日皆欢，今度尤殊，七十古稀。霜天淡云，松江初寄，正家门始离。萧瑟复到，滦峰重贺，不觉十年满期。忆风云，善恶终报，两鬓皆白何惜！"陈毅对儿子的祝寿词十分满意，听小女儿小珊读后，重复了"忆风云，善恶终报，两鬓皆白何惜"几句，动情地说："好！丹淮这首祝寿词虽说格律方面没有着意讲究，所抒之情却是真挚感人的！尤其是：'忆风云'这句，我非常喜欢！"他还提议将丹淮的这首祝寿词连同他写的《示丹淮·并告昊苏小鲁小珊》，再加上张茜和昊苏写的几首诗放在一起，编成一部家庭诗集，可这个愿望终未能实现，着实是件憾事。想到这些，我就完全理解了丹淮在宝塔山上面对陈毅诗牌那一刻的心情。

关于陈毅和诗，还有一件事也是美谈。早在"文化大革命"之前，出版社就编了一本陈毅的诗词选集，要求出版，陈毅却说："等等。挑选一下。"这一挑选就搁下了，以至于生前未能见到自己的诗集出版。值得欣慰的是，他没有来得及做的事，由他的夫人张茜同志代其完成了。

1972年1月，陈毅被癌症夺去生命之后，张茜抱着严重的不治之症的折磨，含泪整理陈毅的遗作诗词，终于在生前将编选工作完成，才使得读者能读到一本符合陈毅思路的《陈毅诗词选集》，这是多么值得感谢啊！有许多次，每当我捧读这本诗词选集，就想到张茜编成陈毅诗词选集后的题诗："强扶病体理遗篇，争取分阴又一年。把卷忆君平日事，淋漓兴会溢行间"，眼眶禁不住湿润。这是一本真正的诗集，它飘动历史的风云，它闪耀时代的光彩，有着艺术的力量，人格的力量。

1991年10月

寻找闪光的脚印

——听罗荣桓元帅镌在山东的足音

有许多次，我走在山东的大地上，从鲁西、鲁南的平原、山地，到胶东的海滨城市，每到一处，总能觅到罗荣桓元帅留在这里的足痕。

这位出生于湖南省衡山县寒水乡的共和国元帅，仿佛和山东有着不解的情缘似的，从青年的学生时代，到壮年的战争岁月，都曾在这里学习、生活、战斗过。尽管那些旧址已经不复存在了，但镌刻着他汗水、思考、勋业以及这一切所闪射出的光芒，并不会随着时间的流逝而泯灭。

在风景秀丽的青岛，我的眼前总是浮现出山坡上一幢幢红瓦灭砖的楼房，掩映在疏密有致的绿叶繁花之中，远处烟波浩渺的碧海，吹送阵阵潮润的轻风。这就是 1924 年的私立青岛大学。22 岁的罗荣桓和他的同学从北京风尘仆仆来到这里，入工科预科读书。此前，他是说服父亲到北京补习功课，准备投考大学的，而今终于如愿以偿。再加上优美的环境，静谧的课堂，使他感到庆幸。因此，学习很认真刻苦，功课总是保持在 95 分以上的好成绩。这时的罗荣桓还有实业救国的思想，认为要使中国富强，必须发展工业。

可那是一个什么样的年代啊！日本侵略者的魔影笼罩着美丽的风景。所以，在盛开的日本樱花丛中，在炫耀武力的日本军舰上，都使罗荣桓无法静下心来读书，而是想着中国的命运。特别是第二年四月，在上海工人大罢工的影响下，青岛三万多纱厂工人，为了抗议日本资本家阻止工人建立工会，开除、逮捕和私刑拷打工会积极分子，举行声势浩大的罢工，山东军务督办张宗昌下令拘禁工会工作人员，于是引起了又一次大罢工，遭到镇压和枪杀。日本帝国主义和张宗昌的血腥罪行，激起了青岛各界人士的义愤，进行罢工、罢市、罢课，游行示威，罗荣桓和他的同学也参加了。不过，它最后还是被日本帝国主义勾结中国军阀镇压了下去。

这轰轰烈烈的抗日爱国运动，转变了罗荣桓的思想。他对同学说："我也想当工程师——当个建筑师。我原来以为实业能救国。可是，随时随地都有恶势力阻碍着，使你的美妙计划成为泡影。现在看起来，首先要跟恶势力搏斗，否则，什么事也做不成。"

正是基于这样的思想，罗荣桓告别青岛，告别山东，奔赴广州，决心投身于推翻黑暗统治的斗争。

树立了伟大的目标，而又脚踏实地朝着这个目标奋进，就一定能达到这个目标。当罗荣桓13年后再一次来到山东时，已是一位身经百战的红军将领。

1939年3月2日，他和陈光代师长率一一五师师部和六八六团等部队进入鲁西郓城地区。3日晚，他指挥部队打下樊坝，全歼守敌伪保安团，向山东的人民献上第一个见面礼。随后，又胜利地进行了陆房突围。八路军浴血奋战的大无畏精神，不但振奋了山东，也振奋了全国。

山东的梁山，本来是个很平常的地方。它在运河以西，黄河南岸，古时曾多次被溃决的黄河水所包围，汪洋百里，故称水泊梁山。因为一部《水浒传》，它便闻名于世。由于沧桑巨变，如今只不过是平地上隆起的几个一百多米高的小山包。近年新修的聚义厅、断金亭、黑风口、宋江寨、宋江马道等，使它成为一处风景旅游之地。在这里，我听说了一个罗荣桓在战斗之中读《水浒传》的故事。

那是1939年8月1日，日军第三十二师团的一股，在少佐大队长长田敏江的率领下，护送炮兵野尻小队连同两门意大利野炮到另一支部队去，经过梁山。陈光激动地对罗荣桓说："吃掉它，不能让它跑掉！"

罗荣桓权衡敌我情况，又同陈光一起勘察了地形，将战场选在独山庄，然后由陈光进行部署，他则随师部移至后集的天帝庙。在这里，他手摇大蒲扇，拿出一部《水浒传》读起来。独立旅政治部主任欧阳文听说要打仗，赶到师部打听消息，见罗荣桓在看《水浒传》，不免有些惊讶。罗荣桓则笑着说："在梁山脚下看《水浒传》，打鬼子，多有意思啊！"

确实是这样。我们的元帅们，在激烈的战斗将要开始前或进行之中，总有他们特殊的举动。朱德、陈毅弈棋，彭德怀、刘伯承看地图，而罗荣桓则是看书，这次又是在这样的地方读这样的书，真是"羽扇纶巾，谈笑间，樯橹灰飞烟灭"的大将风度，怪不得给人们留下了难以磨灭的印象。

果然，到了第二天的中午，长田敏江率领的日伪军到达八路军埋伏的地方，立即被前后夹攻，死伤四十多人，退守独山庄。到了夜间，罗荣桓、陈光下令六个连队从三个方向发起攻击。日伪军退到车马店，用密集的炮火进行顽抗。在这关键时刻，罗荣桓命令一团集中力量，一鼓作气，争取第二天十点以前全歼残敌。师直三个连队的战士，在火力掩护下，上房刨开房顶，向房内扔集束手榴弹。敌人支持不住了，打开南门向豆地里乱跑，终于被歼，长田敏江也被击毙。

梁山战斗后，驻山东日军的最高指挥官尾高龟藏气急败坏，纠集5000重兵，调动一百多辆汽车、四十多辆装甲车，开进梁山地区，轮番进行"扫荡"，寻找八路军主力作战。八路军就化整为零，利用青纱帐与敌人周旋。罗荣桓带着一部电台和少数工作人员，白天进入高粱地，晚上找个村子休息。有几次，他们离开住地才五六里地，敌人就包围了他们住过的村庄。后来，罗荣桓、陈光等就住进东平湖里的小岛上，指挥军民同敌人"捉迷藏"，为平原地区开展游击战积累了十分宝贵的经验。

微山湖以西的苏、鲁、豫、皖四省的边界，抗日战争时期称湖西地区。我来到这里，就情不自禁地想到罗荣桓在此纠正"肃托"错误、力挽狂澜的情景。

1939年8月，湖西地委组织部长王须仁诬指湖西干部学校的教员魏定远为"托匪"，施用残酷的肉刑，逼迫魏招认是"托派"，并逼供出第一批"托派"名单。如此恶性循环，越肃"托派"越多，一大批优秀干部被杀害，更多的人被关押。谁不同意这种做法，就遭到同样的下场。副支队长兼第四大队长梁兴初、苏鲁支队长彭明治，都是因为提了意见被抓的。罗荣桓得知后，就和张经武、郭洪涛连夜赶到那里，采用快刀斩乱麻的办法进行了果断的处理，救出被关的干部，撤销了主要领导人王须仁、王凤鸣的职务。在一种倾向潮水般卷起时，能这样坚持实事求是的作风，确实需要胆识的勇气。

我曾拜访过在湖西"肃托"中的受害者之一郭影秋同志，他向我叙说过和罗荣桓的一次对话。当时，他是苏鲁豫支队独立大队的政委，被关在单人牢房中。在罗荣桓到达之前，审讯者拿着一张纸在他面前摇晃，说是山东分局来的电报，分局统战部部长郭子化已交代自己是"托派"，而且供出郭影秋也是"托派"。郭影秋只好说："我是由郭子化介绍入党的，既然他是'托派'，那我只好承认我也是。"他回到牢房越想越觉得不对头，又翻了供，可王须仁当面将另一人打死，以此相威逼。

罗荣桓见到郭影秋就问："你认为肃托怎么样？"

"我认为肃托是正确的，可我是被冤枉了。"郭影秋受到此时条件的限制，这样回答。

"是谁冤枉了你？"罗荣桓问。

郭影秋答："是郭子化。"

"郭子化怎么会冤枉你呢？"

"郭子化在山东分局自首，承认自己是托匪，而且还供出我也是托匪。可是，我不是……"

"郭子化自首，还供出了你，你是怎么知道的？"

"审讯我的人说分局来了电报。"

"岂有此理！"罗荣桓气愤地拍着桌子，站起来说："郭影秋同志，我不是来审讯的。分局根本没有发过那样的电报，郭子化同志也从来没有自首过，这完全是捏造！郭子化同志也来了，你等一下就会看到他。"

郭影秋深情地说："罗荣桓同志再晚来四小时，我和李贞乾、郝中士、梁兴初几位同志，也被拉出去枪毙了。罗荣桓同志到了湖西之后，所谓'肃托'斗争才被制止。"

1940年以后，罗荣桓和他指挥的部队，在巩固鲁西地区的同时，把注意力逐渐转向了鲁南。首先将矛头指向抱犊崮与天宝山区中间的白彦，经过三次攻打，占领这里，接着北上沂蒙，东进滨海，突围留田，沉重地打击了日伪势力，巩固了山东这块抗日根据地。时隔近半个世纪的今天，我行走在蒙山的群峰间，漫步于沂水的碧波畔，虽然难以寻觅到当年的故垒遗址，但仿佛仍能听到隆隆的枪炮之声，看到被毛泽东誉为"草上飞"的罗荣桓的身影。历史，永远记住了那光辉的一页。

岂止如此，就在当时，中共中央已有了评价，并于1943年3月，任命罗荣桓为山东军区司令员兼政委、一一五师政委兼代师长，把山东党政军民一元化领导的重任赋予了他，而恰在这时，他积劳成疾，不得不卧床休息。他虽然要求休息半年，但毛泽东、朱德复电说："你的病如果还不是很严重，暂很难休息。"于是罗荣桓抱病受命，肩起重任，领导党政军民击破日军的重点进攻，开展春季、夏季和秋季攻势，进行政治、军事、经济、政权、统战、整风审干等工作，最后组织五路大军举行大反攻，打败日本侵略者，迎来了抗日战争的辉煌胜利。

我曾在临沂城寻找过，这是罗荣桓奉命离开山东的地方。在这里，他与陈毅一起交接过工作，并把自己的一床虎皮褥子送给陈毅。陈毅深情地抚摸着柔软光滑而富有弹性的虎皮，哈哈大笑道："人说老虎的屁股摸不得，这回，我可要睡在老虎身上啦！"这战友的情谊，这豪爽的笑声和话语，好像就在昨天，令人感奋和深思。

站在黄县的龙口码头，望着烟波浩渺的海水。我尽管知道这已不是四十多年前的码头，已不是四十多年前的海水，但我仍然能够想象得到当年的动人场面。

在这码头上，罗荣桓握着许世友的手问："你留在山东了，有何打算？"

许世友豪迈地回答："准备打仗！"

罗荣桓对许世友的话很满意。点了点头，将自己的战马送给许世友。许世友则把自己佩戴的手枪回赠给罗荣桓。

当穿着长衫的罗荣桓和他穿着旗袍的夫人林月琴站立甲板上，向送行的人们久久挥手时，他的心里都想到了什么呢？是对齐鲁大地的依依不舍？是对未来重任的沉沉思考？还是二者兼而有之？我凝视码头，远眺海面，怎么也说不准。

1979年5月草于北京
1988年7月改于北京

历史见证人

——听聂荣臻元帅说南昌起义

尽管无情的时光流走了 60 年漫长岁月，但说到那次震惊中外、流芳千古的南昌起义，我们功高勋著的聂荣臻元帅还是异常激动："组织、指挥南昌起义的领导人，如今只剩下我一个了！"

聂帅的语调兴奋而又凝重，深沉的目光穿透薄薄的镜片，落在人们的身上。他右手五指轻轻叩击沙发的扶手，陷入了遥远的缅怀。

他的这种感情是完全可以理解的。此刻，他可能想起了英姿勃发的周恩来，沉着稳健的朱德，叱咤风云的贺龙，老成持重的刘伯承，精明干练的叶挺……这些与他一起策动起义、并肩战斗过的战友们，都已先后作古，化作璀璨的明星，闪耀在人民解放军和中华人民共和国辉煌壮丽的史册上。他也可能想起了那枪炮声、喊杀声和千里转战的崎岖路途。是啊，那是一群永远值得怀念的民族精英，那是一页永远值得纪念的光荣历史！

聂帅是那群精英中的一个，是那页历史的见证人。他看到了轰轰烈烈大革命的发展，以及由于蒋介石的叛变和党内右倾机会主义导致的失败；他看到了国民党反动派高举血光闪闪的屠刀，杀向革命，杀向进步，杀向中国共产党人；他看到了包括他自己在内的共产党人，不但没有被吓倒、被屈服，反而从惨痛教训中懂得了军队的重要性。毛泽东询问军委有准备没有，周恩来亲自领导上海工人武装起义，朱德说共产党要自己干，而聂帅自己则到处奔走，从事武装斗争的发动工作……正是因为有了这些人这些思想，中国共产党才纠正了自己队伍内部的右倾机会主义，确立了独立领导武装斗争的总方针。南昌起义，是在这个总方针指导下，向国民党反动派打响的第一枪。这就是聂帅说的："当时的情况充分表明，在一个半殖民地半封建的国家里，对外受帝国主义的操纵，没有民族独立；对内受反动势力的压迫，没有民主权利，处于这样的重重压迫之下的中国人民，只有坚决地进行革命的武装斗争，去反对武装的反革命；并且要紧紧地掌握武装力量，不让反革命抢劫革命的果实。"

是在听了周恩来的传达后，聂帅才知道要发动南昌起义的。1927年7月中旬，由张国焘、周恩来、李立三、张太雷、李维汉组成的中共中央5人政治局常委在武汉开会，做出了举行南昌起义的决定，并派周恩来前往南昌担任前敌委员会书记。这天晚上，周恩来向聂荣臻等几个军委的领导传达了中央会议的精神，并由聂荣臻、贺龙、颜昌颐三人组成前敌军委，聂荣臻任前敌军委书记。从此，聂帅就协助周恩来进行南昌起义的组织准备和筹划工作。

关于这次起义，聂帅过去曾写过文章，在他厚厚的《聂荣臻回忆录》里，也有专门的记述。所以，他在谈话中总是不时地说，他的回忆录写到了。尽管这样，他还是谈到周恩来向他传达中央会议精神的情景；谈到他如何执行周恩来交待的任务，提前赶往九江做起义准备工作；谈到他把中央关于起义的决定通知叶挺、刘少奇等人，并上庐山向共产国际顾问鲍罗廷介绍起义的计划和准备……

听着聂帅的讲述，我们的眼前闪过了一幕幕情景：他冒着酷暑和危险赶赴九江；他在7月20日的会议上，顶住一些人立即动手的主张，反复解释说，临来的时候，恩来交待得清清楚楚，没有中央的命令绝不能自由行动；他向部队干部介绍整个形势，说明任务，告诉他们要做好一切准备；随后，他又根据周恩来的指示，到马回岭去拉二十五师的部队。3天时间里，他进一步扩大中央关于起义决定的传达范围，日夜进行个别或集体谈话，拟定起义的各项具体计划……多么紧张的日夜奔波和操劳！可谓赴汤蹈火，殚精竭虑！

难道这一切，仅仅是由于聂帅风华正茂、精力旺盛吗？不！别看他当时的年龄只有28岁，却已经是一位成熟的共产主义者了。他出生于四川省江津县一个聂姓大家族，但他出生后家庭即行破落。他从小看到的是农民的艰辛，生活的疾苦。稍大后不得不到外祖父家读私塾。上中学时，恰值五四运动爆发，他积极参加学生游行和销毁日货的行动。1919年，他怀着"实业救国"的憧憬，漂洋过海，赴法勤工俭学。在那里，他接受了马克思主义，加入了中国共产党，决心为共产主义奋斗终生。后来，他又到莫斯科东方大学和苏联红军学校学习。回国之后，先在黄埔军校，参加北伐战争，后到中央军委工作。就是这时，他奉命作为周恩来的助手参与组织领导南昌起义。可见，是崇高的理想和坚定的信念，鼓舞和激励着他这样做的。

起义的那天，聂帅不在南昌城里，而是在马回岭的二十五师。8月1日下午，他看到周恩来按约定信号从南昌发出的一列火车，就知道已经行动了，便带领部队急速向南昌开进。对于当时的情景，聂帅还记得十分清楚。他说："我是8月2日黎明时到达南昌的，进城时买个大西瓜，一下子吃了一大半……在南昌城里，我找到恩来的住地，记得是在一所学校里。我将情况向恩来做了汇报，他说：'行动很成功！我原来没有想到这样顺利，把二十五师大部分都拉出来了。'接着，他把南昌起义胜利的情形告诉了我。"

在说着这些，特别是买西瓜吃西瓜的情形时，大家都笑了起来。聂帅自己也笑了，笑得那么自豪，那么开心，好像又回到了60年前起义胜利的南昌街头。

说到起义后酷暑烈日下艰苦的南下，聂帅的话语变得有些沉痛。这是因为，起义部队在南下途中经过壬田、会昌、汤坑激战，受到了损失。接着，在三河坝战斗中，起义军主力受挫。撤到流沙后，周恩来高烧昏迷，连稀粥也吃不下，有时神志不清，还喊"冲啊！冲啊！"

这时，敌人又追来，部队被打散，聂帅与叶挺一起，保护周恩来从海陆丰的甲子港乘上一条小船，在茫茫大海里搏斗两天一夜，才到达香港。起义军受挫之后，十一军的两个师由于党的工作基础强，并没有溃散。二十四师余部在董朗率领下到了海陆丰，与当地农民运动相结合。二十五师因指挥不当，损失较大，最后只剩下一千五百多人，有些军官纷纷离队。就在这时，朱德、陈毅将残部组织起来，带到湘南，发动起义，最后上了井冈山，与毛泽东率领的秋收起义部队会合一起。在香港，聂帅安置好周恩来治病后，便积极和组织联系。当他听到从二十五师来人说的情况，便立即向中央军委写了报告提出自己的建议。聂帅这个写于 1927 年 11 月 4 日的报告至今还在，他在报告中提出的"现在只好闯进湖南去，与湘农民会合"的建议，正同朱德、陈毅率领南昌起义余部所采取的行动不谋而合。

"从某种意义上说，南昌起义并没有失败！"聂帅的目光投射到对面的墙壁上，沉思一会儿，进一步解释说："起义所代表的大方向，即用武装斗争反对国民党反动派的屠杀政策，是完全正确的，也取得了胜利。只是由于我们的党年轻，我们这些人年轻，缺乏斗争经验，特别是缺乏武装斗争的经验，因而遭到了严重的挫折和损失。"

聂帅的这些话言简意深。南昌起义，是中国共产党独立领导革命战争的开始，从此诞生了中国人民自己的军队。中国共产党的很多干部，也从南昌起义的实践中获得了进行革命武装斗争的经验及有益的教训。这之后，毛泽东领导的秋收起义，以及广州起义、平江起义和许许多多规模大小不等的起义，犹如点点星火，汇聚成革命武装力量的熊熊烈焰，最终烧毁了旧世界，建立了新中国。怪不得聂帅在建军 51 周年的时候，抚今追昔，即兴抒怀，吟诗道："江汉惊涛咒右机，南昌斩拔蒋家旗。五十一年怀旧事，千秋定国赖戎衣。"

那么，我们今天说起南昌起义，难道仅仅是为了纪念历史上曾经发生过的伟大事件，并以这个事件发生日期做了我们的建军节吗？还是聂帅说得好："这是为了用我军的光荣历程和革命传统教育全军指战员。"

历史，不仅仅属于昨天，它也属于今天和明天。南昌起义、秋收起义、广州起义、平江起义等所具有的意义，所体现的那种精神，无论到什么时候，都是宝贵的思想财富和巨大的精神力量。所以，历史，是不应忘记的。不应忘记它的经验，不应忘记它的教训，不应忘记它的启迪，不应忘记创造它的人们。

也许正是因为这个道理吧，和所有老一辈无产阶级革命家一样，聂帅非常喜欢列宁的那句话："忘记过去就意味着背叛。"因此，他孜孜不倦地讲述着那个血火交织的年代和那个年代血火交织的斗争。他讲这些的目的，又不单单是为了昨天，也是为了今天和明天。"我们应当加强信心，面向未来，坚定不移地沿着社会主义道路前进。我们的信念是不可动摇的。我相信，经过艰苦奋斗，一个强大的现代化的社会主义中国一定会屹立于世界，世界共产主义运动也一定会经过迂回曲折的道路继续发展，马克思主义所揭示的历史发展规律最终是不可抗拒的。"

这，就是聂帅的心声！

1987 年 7 月

回顾为了前瞻

——听徐向前元帅说广州起义和长征

徐向前元帅朝等在会客室里的我们走来。86 岁高龄的他，身板挺得很直，透出训练有素的军人气质。我们迎上前去，向他敬礼问好。他紧紧握着我们的手，连声说："谢谢！谢谢！"脸上浮起喜悦的笑容，目光慈祥而亲切。

我端详着徐帅，凝视他饱经沧桑的面孔，心中顿时涌起六十多年的风风雨雨，硝烟战火。啊，我们中华人民共和国功高勋著的元帅，我们中国人民解放军骁勇睿智的天骄！现在，不少人喜欢到外国去寻找标准，动辄就是巴顿，就是隆美尔、朱可夫式的军人，其实他们谁能有我们中国的元帅们打过那么长时间的仗，指挥过那么多次胜利的战役和战斗呢？

就说面前的徐帅吧，他 23 岁进入黄埔军校，在校期间就参加了东征。毕业后到冯玉祥部国民第二军的第六混成旅，先任教导营教官，后当参谋、第二团团副等职。大革命失败后，他参加广州起义，奔向海陆丰，任十团党代表、红四师师长。其后又奉党的指示前往大别山区，先后担任红三十一师副师长、红四军军长。到 1931 年红四方面军成立时，他已是这支精锐红军的总指挥，率领部队战黄安、攻商（城）潢（川），大战苏家埠，取胜潢（川）光（山），粉碎了敌人的多次"围剿"。以后西行转战三千里，越秦岭，走关中，渡汉水，创建了川陕革命根据地，领导军民打败敌人的"三路围攻"和"六路围攻"。还有艰苦卓绝的万里长征，还有抗日战争、解放战争，多少次"谈笑间，樯橹灰飞烟灭"啊！

我记起曾读到过一本《在徐帅指挥下》的书，记载了 1947 年冬到 1949 年 4 月这一年半时间里，徐帅指挥十八兵团攻运城、克临汾、战晋中、取太原，歼敌 30 万，彻底摧毁反动军阀阎锡山 38 年的统治，闪烁着徐帅多谋善断的指挥艺术，谱写出我们军史上光辉的一章。的确像他自己说的一样："戎马大半生，幸存至今。我的经历是同我们的党，我们的军队，我们的人民的奋斗历史联结在一起的。"

标志我们人民军队建立的，是中国共产党所发动、领导的南昌起义、秋收起义和广州起义。徐帅，就是广州起义的参加者。

南昌起义前夕，徐帅遵照党的指示，撤出武汉军校，到张发奎部队的指挥部任上尉参谋。南昌起义爆发后，张发奎变了卦，抛弃标榜的"革命"旗号，在一天夜里集合军官讲话，宣布说："CP 分子三天以内保护，三天以外，不负责任！"徐帅连夜离开张部，从九江经武汉到达上海，根据中央军委指示，前往广州参加党准备在那里组织的起义。起义之前，徐帅到了由修蒲团、缝衣服、做木器、修秤、打铁等手工业作坊工人组成的工人赤卫队第六联队，对他们进行秘密军事训练。当时的情景，徐帅还记得很清楚："说是进行军事训练，其实是既没有枪，也没有手榴弹，更没有练兵场，只能关在屋子里'纸上谈兵'。每天晚上，我到工人家里，召集一些赤卫队骨干讲解军事常识。大家围着张破桌子，我用铅笔在纸上画着，讲解怎么利用地形，怎么扔手榴弹，怎么冲锋等。因房子狭窄，一次只能集中十几个人，便分期分批地训练。"就这样，他在不长的时间里就训练了一批骨干。

广州起义的枪声是 1927 年 12 月 11 日凌晨打响的。徐帅领导的工人赤卫队，虽然只有两支手枪、几枚手榴弹和铁棒、铁尺、菜刀等武器，但他们英勇顽强，首先冲进敌人警察局，缴了一班人的枪，严密控制住附近的大街小巷，并和起义总指挥部取得了联系。根据总指挥部交待的任务，徐帅又带领联队把薛岳司令部的弹药搬运到起义总指挥部。他说："我们找一辆小汽车，来回运送。有些地方在战斗，汽车从枪林弹雨里穿过。一天下来，饭也没顾上吃，但却运了很多弹药，保证了作战部队的需要。"第二天午后，薛岳部开进城攻占了观音山（即越秀山），徐帅奉命带领联队配合叶剑英当过团长的教导团二连发起反击，收复、控制了观音山这个制高点。徐帅回忆到这些时，语气里流溢出激动和自豪，仿佛又置身于当年的鏖战之中。

从广州起义，谈到坚持东江游击战争，谈到大别山区的工农武装割据，谈到鄂豫皖和川陕革命根据地的斗争，谈到长征，谈到抗日战争和解放战争。徐帅总是强调党的领导，强调人民群众的支援，强调广大指战员坚定的信念、坚强的纪律和团结，对他自己的功劳和贡献，却极少提及。对牺牲的烈士，则是哀恸不止。他深情地说："60年来，中国人民解放军在党的领导下，走过了艰难而曲折、伟大而光荣的战斗历程。无数中华民族的优秀儿女，蹈险履难，前仆后继，献出了他们的宝贵生命。"

沉痛的语言，表现了沉痛的心情。是啊，怀念伟大的日子，回顾光荣的道路，怎么能忘记在这条路上倒下的和走过来的前人呢？当然，对他们最好的纪念和敬仰，是在新的历史条件下，继承和发展他们所创造的光荣传统，搞好今天的物质文明和精神文明建设。

我们请徐帅谈谈红军的长征。那发生在50年前的人类历史上闻所未闻的故事，直到今天，还震撼着中国和世界人民的心，成为一笔取之不尽用之不竭的精神财富。作为长征的过来人，徐帅当然会有很多感受。

听到我们的请求，他微微闭起眼睛，好像陷入了思考。过了一会儿，他才说起红四方面军的强渡嘉陵江，因为红四方面军的长征是从这里开始的。那是1935年3月，为了策应中央红军实现依托老区、发展新区的"川陕甘计划"，四方面军发起了强渡嘉陵江战役。徐帅领导部队造船只，架便桥，进行政治动员，研究敌情，制定作战方案，同时以一部分兵力向南进攻，迷惑敌人，利用黑夜秘密渡过江去，接着打下了剑门关。我曾从史书上读过攻打剑门关的纪实，那飞动的红色指挥旗，那"哒哒哒"的轻重机枪声，那迫击炮弹爆炸的咚咚声，还有军号声、马嘶声，以及战士们的喊杀声，汇成一支雄壮的交响曲，而这支交响曲的指挥，就是徐帅。

"由于伪装隐蔽得好，过江好长时间敌人才发觉，所以我们的损失不大。"他这样说。八十多岁的老人，对五十多年前的事情还说得那么清楚，真是非凡的记忆！

关于长征为什么能够取得胜利，徐帅说："长征的胜利，一靠坚定的信仰，二靠坚强的团结，所以红军英勇顽强，不怕任何艰难困苦。"徐帅这样强调信仰，是因为他有着亲身的体会。这位老一辈革命家，出身于一个衰败了的书香之家，当过学徒，读过师范学校，做过小学教员，1924年考取了黄埔军校。这期间，他逐渐接受了马克思主义，于1927年初参加共产党。蒋介石发动四一二反革命政变后，徐帅从武汉辗转到上海，与党接上了关系，根据党的指示，参加了广州起义。在那样的情况下，没有坚定的信仰，是根本做不到的。红军指战员战胜长征路上的千难万险，就是靠的这种信仰。我听王震、杨得志、萧克等老同志讲过信仰问题，今天徐帅讲的也正是这一点。可见，我们的老一辈是非常看重信仰的。从同一条路上走过来的人，有着共同的体会。作为后辈，我每听一次，心中都会翻卷起滚滚的波澜，久久不息。

而徐帅所说的红军长征胜利也靠团结，又是有所指的。红一、红四方面军会师之后，张国焘即在许多重大问题上和中央发生分歧。他怀有野心，想当头头，达不到目的就搞分裂，致使四方面军的干部、战士两次翻雪山，三次过草地，吃了更多的苦。当中央红军单独北上后，四方面军有人不明真相，打电话请示，说中央红军走了，还对我们警戒，打不打？徐帅对接电话的陈昌浩政委说："哪有红军打红军的道理！叫他们听指挥，无论如何不能打！"

这是关键时刻的关键话啊！假如不是他说了这样的话，后果是不堪设想的。由此可以看出，徐帅为维护红军的团结做出了多么巨大的贡献！长征的历史记住了他，我军的历史记住了他！

长期以来，有多少人知道这句话呢？而徐帅对此从不炫耀，或者根本就没有放在心上。相反，他却严格地解剖自己，多么宽阔的胸怀啊！

岂止如此，近几年来，徐帅系统地回忆了他戎马大半生的经历，从青年时代起，一直到社会主义建设时期，把他所走过的道路，所经历的事件，以及经验教训，写成了回忆录《历史的回顾》。我曾细细地读过徐帅的回忆录，文字质朴，叙事简洁，强调党的领导，强调人民群众和广大战士的作用，而对自己的功劳和贡献，则没有提及。可是，对军事上的失利，往往流露出自责；对死难的烈士，哀痛不已。例如西路军的失败，徐帅沉痛地写道："西路军的两万多人，遭到几乎全军覆灭的命运，在我军历史上，绝无仅有。回顾这段历史，确有'不堪回首话当年'之叹。我是西路军的主要指挥者，这支部队的两个主力军（九军、三十军），又是我和其他同志从鄂豫皖带着发展起来的。西路军的失败，长期使我愧悔交加，余痛在心。"这和那种文过饰非、争功诿过，甚至不惜歪曲历史本来面目的做法，是多么鲜明的对比啊！何况，西路军的失败，并不是徐帅的过错。唯其这样，他才更受人尊敬和爱戴。

这时，有位同志又问徐帅第一次见到毛泽东、周恩来、朱德和彭德怀等人的情景。他连想也没想就回答说："我是先见到的彭德怀同志。他率领的三军团进到黑水、芦花地区，听说我带的部队正向维谷开进，就亲率一个团前来接应。可是维谷渡口的索桥被敌人破坏，我们只能隔河相望。这河虽不宽，可水流急，说话听不清，就相互招手。我从笔记本上撕下一张纸，写上'彭军团长，我是徐向前，感激你们前来迎接'几行字，捆在石头上，像扔手榴弹一样扔过河去。第二天早晨，我才过了河，与彭德怀同志见面。"

徐帅兴致很高，边说边用手比画着招手、撕笔记本、扔纸条的动作，虽然缓慢，但很有力。

就是在芦花，徐帅见到了毛泽东、周恩来和朱德等人。毛泽东和他进行了交谈，还代表中华苏维埃政府授予他一枚光闪闪的五星金质奖章。对这枚奖章，徐帅不止一次说过，现在又重复那句话："这不是我个人的荣誉，是对英勇奋战的红四方面军全体指战员的高度评价和褒奖。"

有人提出请徐帅再讲讲长征路上斗争的一些具体情况，他慈祥地笑了，缓缓地说："不要以为我什么都知道，有很多具体的事我也不清楚。就如一个战士夜行军，怎么知道经过了哪几个村子，村子里有多少人呢？"这个比喻，把大家都逗笑了。其实，这样的意思徐帅在他的回忆录里就曾说过："回顾历史，既容易，又很难。说容易，是因为历史上的事，自己亲身经历过，写出来就行。说难，则是因为你经历过的东西，不见得就是全面掌握和深刻理解了的，不仅需要大量历史资料的认证、补充，而且更重要的是，必须运用唯物辩证法的观点去分析，去概括，得出合乎历史本质内容的结论来。"这是多么认真负责的态度！

　　从交谈中我发现，徐帅最关心的，还是人民解放军的革命化、现代化和正规化建设。他回顾了新中国成立后军队进入新的历史时期所走过的曲折道路：建国初期，党中央和军委坚决实行从"小米加步枪"向诸兵种合成作战方向的转变，完成从低级阶段向高级阶段的过渡，为把我军建设成为一支强大的正规化、现代化国防军而奋斗，虽是起步阶段，但出现了可喜的势头。1953年下半年，军委召开的全国军事系统党的高级干部会议全面总结军事工作，确定加强我军现代化建设的方针和任务，起到了统一思想、统一计划、统一步调的作用。接着，他又以缓慢的语调指出，我军的现代化建设，因受到几次损失，所以长期徘徊不前。

　　第一次是1958年的"反教条主义"，不仅伤害了刘伯承等同志，而且严重干扰了起步不久的我军现代化建设。第二次是1959年的"反彭黄斗争"，取消了军队正规化、现代化的口号。第三次是林彪出任国防部长、主持军委日常工作以后，用"突出政治"冲击了一切。第四次是十年动乱，使军队建设出现了大倒退。在谈到这些的时候，徐帅是很沉痛的。作为和这支军队同甘苦、共患难的老帅，他为这支军队的忧而忧，为这支军队的乐而乐。

　　徐帅虽已高龄，仍时刻关注着军队的建设。他说："要振兴中华，要搞改革，搞现代化，人民军队的建设只能加强，不能削弱。""我军的革命化、现代化、正规化建设，经过20年的曲折，才又走上了正常发展的轨道，真是来之不易呀！我相信，只要我们认真接受历史教训，坚持四项基本原则，坚持改革、开放，继承和发扬我军的光荣传统，自力更生，发奋图强，面向世界，面向未来，沿着新时期的建军道路奋勇前进，我军就一定能够早日实现国防现代化的目标，为人类和平事业做出更伟大的贡献。"

　　徐帅在说这些话的时候，脸上闪耀着奕奕的光彩，目光里迸发出由衷的期冀。啊！自豪地回顾过去，冷静地思考现在，深情地憧憬未来——这就是徐帅在建军60周年时对我们的瞩望。

　　美好的瞩望，深情的瞩望！

1987年7月

深厚的友情

——听人说叶剑英元帅与香洲烈士陵园

　　沿着铺满木棉花和凤尾竹的绿阴，我走向珠海城。这里过去称香洲，属中山县，后划归珠海。

　　在离城很远的地方，我就看到了狮山。它犹如一头蹲卧的猛狮，雄踞城隅，俯视大海。这座屹立在粤江口滨海处的峻峰秀峦，清幽挺拔，苍翠葱茏，吸引了我的目光和心潮。

　　然而，狮山引诱我的，绝不仅仅是绮丽的景色，而是它的英名，是长眠在这里的先烈。

　　踏着先烈们流尽鲜血的泥土，我走进烈士陵园的大门。高高的门楼，古朴、素洁而大方。"香洲烈士墓"的横额，在阳光下熠熠生辉，它是叶剑英元帅的手书。两旁的柱子上，镌刻着一副楹联："热血染香洲，流芳万载；悲泪沾狮山，景仰千秋。"我注目横额，品味着楹联，眼前出现了那风云激荡年代的情景，想到捐躯的先烈，感到有许多话要说……

　　说什么呢？说过去了的沉沉乌云、尖厉枪声？说今日的明丽阳光、欢快歌笑？说乌云与阳光之间的漫漫路程、崎岖泥泞？还是说生命的价值和昭示？但当我肃立在烈士墓前，目光穿透厚厚的黄土，拥抱那些永远年轻的生命时，又觉得一切话都是多余的。历史，早已把要说的话都说得清清楚楚了。

　　这里，屹立着 27 座墓冢，埋着 27 位英灵。他们中，有营参谋、连长、教官、书记、副官、排长，也有助教、司书、司务、班长。他们倒下时，都正当风华正茂的年龄，家中有慈祥的父母，有的还有娇美的的妻子，可爱的儿女，但他们为了人民的自由和幸福，死得慷慨从容。不过，他们毕竟死得太早、太突然了。

那是 1925 年 4 月 25 日深夜，设营香洲（今珠海市）的独立营正在酣睡之中。这是一支革命的武装骨干力量。大革命前夕，孙中山先生在中国共产党的支持和帮助下，改组国民党，建立黄埔军校，创立建国粤军。张民达任建国粤军第二师师长，叶剑英任参谋长兼新编团团长。随后，孙中山、廖仲恺又决定在第二师成立一个拥有八个连九百余名士兵的实力雄厚的独立营，由叶剑英兼任营长，设营练兵于香洲。

革命武装力量的壮大，引起帝国主义、封建军阀和官僚买办资产阶级的恐惧和仇恨。一伙反革命分子，趁师长张民达在讨伐陈炯明的过程中不幸落水殉难，师参谋长兼独立营营长叶剑英东征未归之际，于沉沉夜色黑"伪奏号音"，制造混乱，残酷杀害了独立营的 25 位官兵，另有两人身负重伤，医治无效，亦不幸身亡。这就是震惊遐迩的"香洲兵变"。兵变后，叶剑英同志闻讯，立即率军乘江固号、广贞号两舰赶回香洲。他连日抚集余众，收殓烈士尸骨，并将叛乱者十余人由澳门引渡香洲，就地正法。为了表彰先烈的功绩，激励后人的斗志，寄托自己和战友们的哀思，叶剑英同志又积极筹措款项，组织人力，为死难烈士营建陵墓，安葬在这狮山之阳。风风雨雨，直到如今。陵墓上方的山上，矗立着赍志亭。它是叶剑英同志在安葬死难烈士之后修建的。有一方石碑，碑上刻着叶剑英同志所写的碑文。正面的两根柱子上也有楹联，上联是："浩气贯苍穹，英魂有恨填香海"；下联是："伤心悲世道，吊客何堪问佛山"。虽然已经过去了半个多世纪了，但这亭，这碑，还让人望而情动，"悲世事之变幻，痛亡友之冤抑，伤人心之莫问"，"后来之者亦将不胜其悲叹欤！"

人们肃立碑前，读着碑记，感受到一种磅礴的气势，一种发自肺腑的真情实感。叶剑英同志在碑记中首先指出香洲反革命兵变的原因，不是由于中了反间计、上级虐待卜级或是军官克扣士兵粮饷所致，而是由于革命武装力量的成长壮大，引起了反革命势力的"怀疑不安"和仇恨，是反革命分子精心蓄谋的有组织有计划的行动。他在叙述了兵变和平息兵变的经过之后，热烈地赞扬了牺牲者高尚的志趣、豪迈的气概、坚贞的操守和伟壮的精神，并为他们未能"尽节疆场，杀贼立功，重光家园"

而无限痛惜。同时，作者还怒不可遏地痛斥了扼杀革命志士的刽子手的罪行。他慷慨激昂地写道："嘻！世路崎岖，人心叵测，自图其安，而予人以至危；见有贤智之高出乎己者，曾不思见贤思齐，而反忌其有所建树，不惜牺牲国之英才，而讳人之功业莫出乎己上也。此其人之不肖，宁为天地之所容，鬼神之所许耶？"多么痛快淋漓的斥责！在这之后不久，他又念山河依旧，人事全非，不禁怆然泪下，挥笔写了一首词……

当时，身为建国粤军高级指挥官的叶剑英同志，怎么会为这二十几位部属的牺牲如此悲痛呢？我听说，在他领导独立营练兵期间，既规定了严格的制度，进行政治和军事训练，又以谦恭和蔼的态度与下层的军官和士兵相处。啊！是他与部属结下了深厚的情谊。

是啊，叶剑英同志就是这样一位元帅。对于牺牲了的战友和部属，他都牢记心间，永不忘怀。他在戎马闲暇时写下的诗词中，有不少都是怀念之作。看到方志敏的照片，他想到英雄"忍将奇迹作奇功"；而对广州起义烈士张子珍的墓，他赞扬"君是当年好战士"……记得他在建军50周年纪念会上讲话，说到许多老一辈元帅、将军们已离开人世时，声音哽咽，悲痛不已。这是多么丰富的感情，多么可贵的品格！

陵园的同志告诉我，解放后，叶剑英同志多次来珠海，每次来，都必定是登狮山，看陵园。1956年他来时，为陵园题写了"香洲烈士墓"的横额。1963年他来时，在赘志亭前停留了三个多小时。就在我来拜访这里之前不久，叶帅又一次来到香洲。那天天气很热，八十多岁高龄的老人，健步登上狮山，看过赘志亭，又来到烈士墓前。整整半天，他用微微发颤的手，深情地抚摸每一块墓碑，对照碑上的名字，讲着墓里人的事迹和品质。人们怕他太劳累，几次劝他去休息，他都不肯。

当我告别狮山，走出很远，再回头张望那翠绿的山峰，以及隐约可见的烈士陵墓和纪念碑亭时，情不自禁地吟咏叶剑英同志那首《满江红·追悼建国粤军第二师独立营香洲殉难军官士》词：

镇海狮山，突兀处，英雄埋骨。曾记得，谈兵虎帐，三春眉月。夜半枪声连角起，繁英飘尽风流歇。到而今堕泪忍成碑，肝肠裂。

革命史，人湮没：革命党，当流血。看模枪满地，剪除军阀。革命功成阶级灭，牺牲堂上悲白发。更方期，孤育老能养，酬忠烈。

1980 年 5 月草于珠海

1984 年 7 月改于北京

他是怎样的人

——听几位将军谈林彪

　　和历史上曾经有过的现象一样，林彪是一个从极高处摔到极低处的人。

　　一想到林彪，我的眼前就出现截然不同的画面：威风凛凛的将领，指挥千军万马，纵横驰骋；堂堂皇皇的接班人，手举小红书，掀起疯狂的海洋；仓仓皇皇地出逃，夜空如墨，葬身荒漠……开始，我对此不完全理解，细想想，也不奇怪：时代，时时选择着人；历史，总是无情地辨识、鉴别和淘汰着人嘛。

　　多年来，由于工作的关系，我接触过一些老同志，或者采访，或者代为整理回忆及悼念的文章。他们都曾是林彪的直接下级，在回味往日的经历时，难免不涉及林彪。从零碎的只言片语中，我看到了林彪这个人的军事才能和人品性格。

　　萧克是我尊敬的一位老前辈，他不止一次向我讲过他的经历。这位1926年就参加国民革命军和共产党，1927年就任国民革命军连长的老将军，经历过北伐战争、南昌起义和湘南暴动。在红四军时，他和林彪的接触是比较多的，林彪当营长，他是该营的一名连长，他接替林彪当营长，林彪则是这个团的团长，林彪当纵队司令时，他则是参谋长，他当师长，林彪当军长，可谓共事于烽火连绵之时。

　　谈到林彪军事方面的事，萧克说："他是从见习排长逐级提拔上来的，平时注意训练，管理也严格，临阵有决心而且灵活，继承了北伐时期'铁军'的战斗作风。我感到林彪在军事上还行，但不是如后来被有人所吹嘘的'十全'人物。大庾之战，战前不看地形；吉潭之战，没掌握部队，使部队受了损失。他喜欢读兵书，《曾胡治兵语录》和张乃燕写的《第一次世界大战史》等书他都读过。林彪也读社会科学的书。"

萧克是一位认真负责、治学严谨的长者，对过去的事，都采取历史唯物主义的态度，决不人云亦云。有几次，我见到有人要求题词作序或对某个问题某本书发表意见，他都认真思考，能说真话时就说，不方便时就婉言谢绝，无论如何不说违心之言。他对林彪的评论是客观的可信的，而且，我从不少老同志的言谈中都得到了相同的评价。一次，在人民大会堂召开一部党史人物图书的出版座谈会。会前，我对萧克将军说到他的一篇文章中关于林彪的一段的看法，他说，历史就是历史，历史人物都是在一定的历史阶段活动的。发言时，他和耿飚、叶飞等都提到红军时期的林彪，说有的仗打得是好的，取得了胜利，与林彪的机动灵活指挥有关，有的仗没有打好，责任也不能全加到林彪身上，有的战斗损失较大，林彪应负一定责任。说到这些时，我发现老同志的看法是共同的。

在纪念湘南起义 60 周年时，我作为记者去参加纪念活动。此间，萧克、欧阳毅将军和曾志等同乘一辆大轿车从郴州到宜章去。他们三人都是湘南起义的参加者，交谈的话题自然离不开已经过去半个多世纪的战火年代。萧克说他的游击队，曾志说湘南特委，欧阳毅则说了一段和林彪有关的趣闻。

当时，林彪当连长，欧阳毅在连部当文书，和林彪住在一起。有一天，他们同在一间屋里，欧阳毅在摆弄一支手枪。那时的枪不但少而且低劣，大多是在战斗中缴获或打土豪得到的。欧阳毅不小心把枪弄走了火，子弹从林彪的头上飞了过去。林彪先是吓了一跳，接着大大骂了欧阳毅一顿。讲到这里，欧阳毅将军说："我当时真的吓出了一身冷汗！"

"你当初真要是把子弹打到了他的脑袋上，后来可就少了他这个元帅和接班人啰！"萧克幽默地说。

曾志接着说："也少了一个野心家和叛逃者。"

全车的人都大笑起来。

李聚奎将军也曾在林彪的领导下工作过。从江西的反"围剿"到长征开始以后红一、红四方面军会师，李聚奎担任红一军团第一师师长，而林彪此时是红军一军团的军团长。李聚奎指挥一师在兴国西北的高兴圩、狮子岭打第五次反"围剿"的最后一仗时，就是林彪要他撤下来的。部队坚持一个月左右后的一天，林彪到达一师师部，简单了解部队的情况后，小声对李聚奎说："你马上布置一下，把阵地交给五军团的第十三师，你们撤下来，把队伍带到兴国的东南地区集结。"然后又神秘地说："可能有大的军事行动。"当李聚奎问"有什么行动"时，他说："以后再说。"

李聚奎还谈到，长征途中过金沙江时，他和林彪顶撞过一次。红军到达川滇边境的金沙江边，李聚奎赶到杨得志率领的红一团所在地龙街渡口，准备从这里过江。可是架了两天桥也未成。在"诸葛亮"会上，杨得志同意李聚奎说的用牲口拉着铁丝过江然后顺着铁丝架浮桥的办法，把自己骑的一头黑骡子拉到江边，拴上铁丝赶下水，让它向对岸游去，但骡子游到江心，划了个半圆又游了回来，几次都未成功。李聚奎正想向军团司令部报告情况时，接到了林彪的电话，李聚奎刚开口说架桥的情况，林彪就说："你不要讲情况了，干脆回答我，队伍什么时候能过江？"

李聚奎在渡口折腾了两天，心里本来烦躁，一见林彪不愿听情况，就急了，大声说："要是干脆回答的话，那桥架不起来，什么时候也过不了江。"

这下惹怒了林彪，他在电话中妈的娘的骂了一通，才问："你说，为什么架不起桥来？"

李聚奎把河宽、流速、没有器材等情况报告了一番，并请示可否另选渡口，转到军委纵队过河的绞平渡过江。林彪这时才说："你们再想想办法，我向军委请示。"果然，李聚奎很快接到军团司令部的电话通知："桥不要架了，部队吃饭休息两个小时，然后出发到绞平渡，从那里渡江。"

当问到这样的顶撞有没有受到报复时，李聚奎摇了摇头，说："没有。至于我在'文化大革命'中挨整，是他出于夺取最高权力的需要。要打倒所有老干部，并不只是我一个人。"

相比较而言，杨得志在林彪的直接指挥下时间更长一些。1928年湘南八月失败后，杨得志所在的特务营合编到红二十八团没几天，团长王尔琢被叛徒袁崇全杀害，林彪当了团长，到抗日战争初期的平型关大战后。杨得志在谈到林彪时，颇有感慨地说："尽管这样，和林彪的直接交谈仍然不多。这一方面由于我们的职务相差太多。他当团长，我当战士，我当团长时，他已是军团长，而有什么战斗任务，又是一级一级下达的，他不会直接向我下达命令，我有事也不可能直接向他报告；另一方面因为林彪这个人阴沉，难于接近，大家都有点怕他，所以虽然在他领导的部队里工作了近十年时间，能记起来的见面却很少。"

杨得志谈了一件事是平型关大战时当面接受林彪交待任务的情况。抗战开始后，杨得志从抗大回到已经改编为一一五师的部队，到六八五团任团长。当他渡过黄河在侯马赶上部队乘火车向平型关前进时，在介休车站接到通知，要他到林彪的住处去。林彪在太原阎锡山的招待所见到了杨得志，开门见山就问部队的情况，然后要求加快北上速度，把部队早一点开到平型关一线，别的什么话也不说。

部队到平型关不久，林彪也赶到了。当时副师长聂荣臻还在后面，林彪就领着参谋人员看地形，定下初步的战斗设想。在以后召开的干部动员会上，林彪作了战斗部署：独立团和骑兵营插到灵丘与涞源之间和灵丘与广灵之间，截断敌人交通线，阻止敌人增援；以三四三旅两个团为主攻，三四四旅一个团到平型关北面断敌退路，一个团作师的预备队。攻击部队全部在平型关东侧面设伏，准备给敌人以猛烈打击。这次战斗是按林彪的部署打的，取得了人所共知的胜利。

对林彪的军事才能，老同志的看法是共同的，在人品性格上的看法，也相差不多。萧克说林彪"为人阴沉，过分自尊。"杨得志说："林彪是个性格孤僻阴沉的人，平时很少说话，从不对下级敞开胸怀说什么。在中央苏区时这样，在长征路上也是这样，他常常一个人在一边，休息时也单独在一边，好像有什么心事，或时时在思考问题似的。"

听杨得志这么说，我想到了康克清大姐有一次说的话。在长征路上，她看到林彪行军休息时一个人躺在担架上，不和任何人说话，回去就对朱德说："林彪休息时怎么也不和部队在一起。"朱德则说："你不要去管他的闲事。"

读聂荣臻回忆录也能得到这样的证实。书中讲到中央苏区的林彪时这样说："林彪当时才 27 岁，性格基本上是内向的，平时不太讲话，与他推心置腹地交换意见很困难。"

人从生到死，都在走着一条路。林彪也是如此。这个从湖北黄冈县走出的孩子，17 岁参加共青团，19 岁考入黄埔军校并加入共产党，由一名见习排长到中华人民共和国的元帅，到毛泽东选定的写进中国共产党党章的接班人，所走过的是一条复杂的道路。就客观而言，时代造就了他，同样，是特殊的年代膨胀了他的野心，使其走向与其愿望相反的结果，颇能给人提供深沉的思考和启迪。

近几年，流传过一些记述林彪生平浮沉的书，我这里写的，只不过是几个原来在他指挥下战斗过的将军的只言片语。

1990 年 8 月

睹物思人

——听郝治平大姐说罗瑞卿将军的几件遗物

俗话说：睹物思人。本来，任何一件小小的革命遗物，都是一粒炽烈的火种，能点燃起明亮的火花，照出逝者生前思想品格的一隅。经罗瑞卿将军的夫人郝治平同志指点解说，摆在我面前的这些照片和文物，就像一个个电影镜头，映现了无产阶级久经考验的忠勇战士、我军杰出的领导人罗瑞卿同志，在烽火年代的生活和战斗画面，显示了他那英武、质朴、爱憎分明、坚贞不渝的品德和情操。

一

这一块怀表，虽然不是罗瑞卿同志亲自从敌人手里缴获的，却是他亲自交给中国人民革命军事博物馆的。看着这件江西苏区第一次反"围剿"的战利品，我就仿佛回到了五十多年前的战斗岁月。

那是 1930 年 11 月，蒋介石调集 10 万兵力，对中央革命根据地发动了第一次"围剿"。中央红军 4 万人，在毛泽东同志的直接指挥下，除留一部分兵力在赣江西岸活动外，主力则由分宜、清江一带移至便于退却的赣江东岸，集结在宁都县城以北的黄陂、小布地区。当时，担任红四军十一师政委的罗瑞卿同志，坚决执行"诱敌深入"的战略方针，带领部队来到小布附近一个河滩上，参加毛泽东同志亲自主持召开的隆重誓师大会。他站在队列前面，聆听毛东同志对形势的估计，对胜利条件的分析。会后，他带领部队到达指定的地方待命，同时进行政治鼓动工作。12 月 30 日晨，敌十八师进至黄陂、小布以西五十余里的龙冈。红军按统一的命令，四面包围，发起攻击，于当晚全歼敌十八师的两个旅和师部，敌师长张辉瓒以下 9000 人全部被俘。张辉瓒的一块怀表也成了红军的战利品。经上级批准，这块怀表由十师师长王良同志保管使用。1932年，王良同志在一次战斗中牺牲。他临终之前，将这块怀表交给了罗瑞卿同志。

从那以后，罗瑞卿同志牢记战友的嘱托，把红军胜利的这一见证物，时刻带在身边。在长征中，罗瑞卿同志带着这块怀表跨过了波涛汹涌的金沙江、大渡河，翻越了人迹罕至的雪山草地。在抗日时期的频繁战斗中，罗瑞卿同志总是把这块怀表和机密文件、重要书籍放在一起，走到哪里，带到哪里。一次，日军大规模"扫荡"，情况十分严重，部队进行轻装。罗瑞卿同志将怀表和一些东西深深埋在地下，细心做上记号。等到反"扫荡"一结束，他就赶忙把怀表挖了出来。新中国成立后成立军事博物馆，他首先带头献上这块怀表，以便让更多的人了解我们的红军是怎样在毛泽东同志的指挥下打胜仗的。

二

罗瑞卿同志是 1929 年秋天到达中央苏区的。开始他担任支队党代表；不久，担任纵队政治部主任、师政委。在这期间，他坚决贯彻古田会议精神，生活上和士兵平等，战斗中冲在前边，并且重视宣传、组织群众的工作。他的心，不但和干部、战士的心连在一起，也和根据地人民群众的心连在一起。一枚小小的铜币，就是一个很好的见证。

一次，红四军二纵队政治部主任罗瑞卿同志请一位邮差工人到白区去买报纸。罗瑞卿同志知道这位老工人生活很苦，就把买报剩下的两块银圆送给了他。老工人再三推辞不了，只得收下保存。后因生活所迫，他把这两块大洋换了 40 枚五分的铜币花用。用到还剩下最后一枚铜币的时候，再也舍不得花了，就作为纪念物收藏起来。后来，红军长征离开了中央苏区，国民党反革命派反扑过来，烧杀抢掠，茅草过火，石头过刀。这位老工人冒着风险，想方设法把这枚铜币保存下来。1950 年，这位老工人从报纸上看到了罗瑞卿的名字，就把铜币寄给了罗瑞卿同志，附信中叙述了在国民党统治下十几年的苦难生活和当时对革命事业必定胜利的坚强信念。

可是，谁能想到，这枚小小的铜币，当年躲过了国民党反动派的追搜逼抄，却没有逃过林彪、"四人帮"一伙的黑手。在罗瑞卿同志横遭迫害的年月里，铜币和它的主人同陷囹圄，直到林彪摔死之后，才重见天日。如今，这枚铜币已经陈列在军事博物馆里。

铜币啊，你和你的主人有着多么相似的命运！当然，你也和你的主人一样，一切灰土尘埃都遮不住你们熠熠的光彩！

三

一本题名《抗日军队中的政治工作》的书，把我们带到了当年的延安。凤凰山下，在毛泽东同志住的窑洞旁边的一孔窑洞里，正是罗瑞卿同志在精心写作这本书的地方。这是毛泽东同志交给他的任务。

那是在1938年，国共两党的抗日民族统一战线刚刚形成。当时，总结人民军队政治工作的经验，不仅是我军提高政治素质、军事素质的需要，也是对国民党军队进行宣传的需要。罗瑞卿同志接受这一任务之后，就夜以继日地进行"战斗"。他紧握笔管，时而凝眉沉思，时而奋笔疾书。那时，他一定会想到具有伟大历史意义的古田会议决议，一定会想到杀声震天的反"围剿"战斗，也一定会想到铁流二万五千里……他写下的是毛泽东的建军思想，是我军的丰富经验，是他自己做政治工作的切身体会。

在写作过程中，毛泽东同志为了使他集中精力，特地要他搬到自己身边来住；罗瑞卿同志也不失这个好机会，经常向毛泽东同志汇报，听取教诲。那粗糙的稿纸上，洒满了罗瑞卿同志的汗水，也凝聚着毛泽东同志的心血。每天，每夜，罗瑞卿都写啊，写啊。书稿终于写了出来。毛泽东同志亲笔题写了书名，周恩来同志把书稿带到重庆印刷出版。这本书当时所起到的作用，已经清楚地记在中国革命的史册上。

四

延安火热沸腾的生活，珍藏在多少老战士记忆的宝库里。这里，雄

壮的军号声,撩动着朵朵瑰丽的彩霞;嘹亮的歌声,在千山万岭间回荡:

> 铁打的胳膊铜打的肩,
> 一镢下去尺二三;
> 草根儿咯叭声响,
> 土块儿似浪上下翻。

在那些年月里,为打破敌人的经济封锁,从领导到普通工作人员,都参加了生产劳动。毛主席开地,周副主席纺线,朱总司令种菜。在他们的号召和带动下,解放区掀起了轰轰烈烈的大生产运动。

这张记载当年大生产场面照片上的罗瑞卿,先为红军大学教育长,后为抗日军政大学副校长。他积极响应党中央的号召,和学员们一样,扛起铁镢去开荒,去挖窑洞。他身高体壮,双臂有力,抢起镢头像雨点似的劈向梢林、茅草、狼牙刺,脸上、脖子上的汗水,滴湿了灰旧的军装。劳动中,他是大力士;休息时,他又是活跃分了,和学员们一起说笑、唱歌;还常常应学员们之请,讲中央苏区和长征途中的战斗故事。一次,在劳动间隙,他给学员们讲了中央苏区第二次反"围剿"时的情景,然后说:"我那次受伤,吃饭都困难,我是咬紧牙关啊!现在我们有困难,也要咬紧牙关,胜利一定是我们的。"他的话,犹如温暖的春风,给人们增添了力量。

五

罗瑞卿同志还是一个体育爱好者。他喜欢各种体育活动,特别是对篮球和排球,不但爱看,而且爱打。他是篮球场上的出色队员,也是排球场上的扣球好手。他任抗大副校长时,对学校的篮球队十分关心和支持,经常过问队员们的生活、思想和技术状况,使抗大篮球队成为打遍延安城的劲旅。球队和外单位比赛时,罗瑞卿同志只要有时间,总要去观看,站在球场旁边,鼓掌,喊加油。在抗大,有过"罗副校长提着马灯看篮球赛"的美谈。那时,延安没有灯光球场,罗瑞卿同志在天黑后就提着马灯，给球场照明。

1941 年，罗瑞卿同志任太行山任八路军野战政治部主任。部队住在农村里，他工作很繁忙，还是坚持打篮球。当时，他和郝治平同志刚结婚不久。每天晚饭后，他就抱着篮球，边走边喊："打球了！"许多人应声而出，涌向村边一块平坦的地方。接着，就是一场激烈的争夺战。比赛结束后，他经常带着撕破的衣服、碰破的肘臂和膝盖的伤痕回家，算是给新娘郝治平晚上的见面礼。

啊！那是多么难忘的生活！战斗的欢愉，甜美的爱情，和谐地统一了起来，成为一个完整的共同体！

34 年之后，1975 年 4 月，罗瑞卿同志在《忆往事书赠治平》诗中回忆当年的生活时说："婚后在太行的岁月，确属艰苦难言的岁月，但也是我们感到十分美满幸福的岁月。这是我们的骄傲，亦足见我们相爱之革命基础及其情真心挚。"就在这次书赠郝治平的诗中，罗瑞卿同志写诗道：

> 多年经历诚可贵，
> 八载磨练更同心。
> 我等虽然遭陷害，
> 历史终能辨假真。

说得多么好！历史，这饱经沧桑的老人，是最公正不阿的啊！有人却要揪掉他的花白胡须，妄想把他改扮成一个百依百顺的天真小姑娘。这种狡诈、粗暴而又愚蠢、卑怯的行为，又怎能迷乱他识云破雾、善辨人妖的敏锐目光！现在，翻着跟头的过客，跃进了肮脏的去处；而真正的战士，却在磨炼中益增光彩！

是啊！"历史终能辨假真"。以上这些对往日回忆的片断，不正是历史老人向我们展示的一点分辨吗？

1978 年 10 月

胡子和手杖

——访王震将军

在中南海中央顾问委员会那间简朴的会议室里，王震将军召集红二方面军老同志的座谈会还没有开始，最先来到的张平化正与几个搜集党史资料的人和记者交谈。这位二方面军的老战士，在谈到他的老首长王震时，说："我给你们讲个王胡子带兵去抓我的故事吧。"

那是 1931 年，张平化在湖南酃县任县委书记和县大队党代表。当时，根据地在搞肃清"AB 团"的运动。由于"左"的错误影响，乱抓乱关乱杀了不少人。有的人在"逼供信"之下，不负责任地提供假情况，张平化也被人供出来，成了"AB 团"分子。情况反映到省委，省委就决定把张平化抓起来，执行抓人任务的就是王震。

作为省委委员和红六军团领导人，王震带领一支部队和新任命的县委书记、县团委书记来到了酃县。他没有先抓人而是到处看，找人了解情况，然后才和张平化谈话，说："你既当县委书记，又当县大队党代表，忙不过来，组织上准备调动你的工作，不让你当县委书记了，集中精力做好党代表的事情。"

张平化高兴地同意了，从此到了军队。

延安整风时，在一次座谈会上，任弼时以此为例，谈到肃清"AB 团"时扩大化的错误。张平化吃了一惊："还有这么回事？自己可是从来没有听说过呀！"会后他问王震："当时你为什么不把我抓起来呢？"王震说："我看你不是坏人。在四面都是反动势力包围的环境里，能把一个县搞好，巩固了根据地，坏人是做不到的。"

我坐在张平化身边，听着他富有感情的讲述，许许多多关于王震的传说，又涌上了脑际，浮现在眼前。

当我刚穿上军装，成为一名战士时，有位老同志在聊天中说到这样一件事：50年代初刚实行军衔制后不久，在火车上，一个年轻军官擦得乌亮的皮鞋被人踩了一下，这个年轻军官大发脾气。坐在旁边身着便衣的王震将军不动声色地掏出手绢，要给他擦干净，这军官还是不愿意。王震将军火了，亮出自己的姓名，把那个军官给撤了职。后来读书，看到这样一段描写：在西北战场上，一次彭德怀来到王震的指挥所。这个指挥所靠近前沿，弹雨纷飞，很不安全。王震对彭德怀说："你到这里来干什么？赶快回去！"彭德怀则说："你王胡子能来我为什么不能来？"说罢，二人哈哈大笑。

我曾去过新疆，有位"老新疆"对我说，王胡子在这里的时候，因为建设草原的问题，和一位领导同志意见不一致，谁也说服不了谁，把官司一直打到毛泽东那儿。

"文化大革命"中，一位医院的同志对我说：有一天，王震到医院去看病，一个过去的部下上前向他问好。他当着许多人的面，大声说："怎么好得了！他们（指"四人帮"）说我是三反分子，我看他们才是真正的三反分子呢！"

这些传说的可靠程度如何，我没有去核实过。但我觉得，即使是编出来的，也都符合王震的性格，是出于对他的热爱和尊敬，同时借着这些传说，寄托自己的感情，说出心中想说的话。我从中看到了这位将军可亲可敬的形象和坦荡的胸怀。

我又回想起最初见到王震时的情景。那是1983年春，徐立清将军逝世的时候，报社请王震写一篇怀念的文章，他答应了，我则受命去协助他进行文字整理。

那天，我走进他的客厅，迎面看到一张他陪同毛泽东、朱德等检阅八路军南下支队的大幅照片。看着这张照片，我就想起了曾经读过的那段历史。

抗战后期，为了打击肆意蹂躏我国南方国土的侵略者，与东江纵队打通联系并依托五岭山脉创建根据地，王震和王首道一起，率领三五九旅主力离开南泥湾，告别延安，无畏地向南进发，跨过黄河，横渡长江，直打到河南、广东、广西。抗日战争胜利后，南下支队回到中原，与李先念的部队会合在一起。国民党发动全面内战，这支部队又在王震将军的指挥下，由中原突围，胜利返回延安。在整整两年的时间里，全体指战员以无比惊人的毅力和顽强的革命意志，凭自己的双脚，在大半个中国的土地上南征北战，行程二万余里，战胜了敌人重重围追堵截，冲破无数艰难险阻，被誉为第二次"长征"。把一支孤军带去又带回，该需要怎样的胆略和指挥艺术啊！怪不得有位老同志说："这是王胡子的本事和功劳！"

我正这样想着，王震从里间屋走了出来。他瘦削的身上，着一件藏青色中山装，稀疏的头发，有点花白，虽是梳向后边，却不那么柔顺地向上挺起，手里握着一根手杖。不知为什么，他在沙发上坐下之后，那根手杖也不放下，仍然拿在手里，玩弄着。仿佛这不是手杖，而是一件好玩的东西。

真像人们说的那样直爽！他坐下之后就开门见山地说，他参加了徐立清的追悼会，心里很难过。随之，讲到他和徐立清的相识、共处以及同时进军新疆的工作情况。他对徐立清的思想作风和工作作风，讲得很多、很细，甚至一些对话他都记得清清楚楚。可见，他对战友的印象是深刻的。

在讲述中，王震还常拿徐立清和他自己相比，一再说，徐立清比他有文化，做起工作来比他细致、周到、耐心。这当然是谦虚之词。每当说到这些时，他就会顺便说起自己的一些经历。从这些零碎的谈话中，我知道了他出生在一个穷苦的家庭里，很小的时候就在平汉铁路的机车上当司炉，和十几个工友住在一间木板壁的小楼上。这样的楼很容易失火，上楼的人要是拿了灯火，其他的人就发出警告："小心火烛！小心火烛！"1928 年，他和十个流亡的学生一起住在武昌，没有钱，没有吃的，他每天到轮渡码头或是黄鹤楼上去卖削荸荠，得到一点微利，来维持大家的生活。后来，这些学生走散了，他也回到故乡，参加红军，走上了革命道路……像许许多多老前辈一样，王震在血与火的冲杀中，成长为人民军队的出色战将。他把青春献给了中国人民的解放事业，人民的解放事业也锤炼了他，使之成为共和国大厦的栋梁。

开始谈话的时候，他的语调低缓，好像没有力气似的。但是，出乎我的意料，他越说声音越大，话语也越来越有力量。随着声音的抑扬顿挫，他手中的那根手杖，不时地变换着位置，有时在右手，有时在左手，有时立在胸前的两腿之间，有时举起来放到肩膀上扛着，说到激动之处，手杖捣在地板上，发出咚咚咚的响声。我仿佛觉得，他的这根手杖，好像是一根魔杖，能传出他此时此地的心曲。

最后，他简明地讲述了怀念文章中要说的意思，嘱咐写得短一点，说是长了没人看。他还告诉我："你先帮助我整理出来，我自己修改，然后再请邓力群帮助把把关。"（邓力群同志时任中宣部部长）

想到这里，我转过脸去，看到张平化也在沉思。他见一些人的目光在注视他，就感慨地说："在那样的情况下，如果换一个坚决执行省委决定的人，把我关押起来，大概早就没有我了，可是王胡子没有这样做！"

这时，红二方面军的一些老同志陆续到来了，萧克、廖汉生、杨秀山、旷伏兆，还有女将军李贞，老大姐陈琮英、甄先任、甄先佛等。接着，王震也来了，仍是那身藏青色的中山装，仍是挂着那根手杖。他逐一地和大家握手问候。来得稍晚点的是余秋里将军，他穿一身军装，先向在座的老同志敬标准的军礼，然后握手。这些老同志，虽然都住在北京，但一则各有工作，二则年龄大不愿走动，并不常常见面，所以今天相聚，就显得格外亲热。

座谈会的主角，当然是王震。五十多年前，他和任弼时、萧克一起，率领红六军团离开湘赣边区，与贺龙领导的红二军团会合，共同走上长征的道路。现在在座的人，都是当年他们的部下，因此在说起红二方面军的长征时，大家都有说不完的话，一次行军，一次战斗，以至于某一个同志，都能引起所有人极大的兴趣。他们互相补充，互相纠正，谈得津津有味。是啊，这些前辈们，亲身经历了中国革命历史的各个阶段，熟知其光荣而艰巨的过程。他们本身就是一部最真实、最可靠的历史！

王震说话很少，翻来复去摆弄他的手杖。可以看得出，他一方面在听别人讲话，一方面在思考，只偶然在别人发言时插上几句关键的话。

在这里，我发现一个很有趣的现象，许多人在发言时，当着王震的面也很少称呼他的职务，或者像通常一样在姓的后面加上一个"老"字，以示尊重，而大多人则直呼其王胡子，叫得那么亲切，语气里包含着一种说不清的敬意。而王震将军呢，也总是微笑地听着，好像他的名字本来就叫王胡子似的。多么亲密的关系和情谊啊！

座谈会临近结束的时候，王震紧紧握住那根手杖，深情地说："在纪念我们的胜利时，我怀念那些为了胜利而牺牲的先烈们，我感激和慰问苏区的人民！政府和人民要关怀烈士子女的成长，给以慰问。"

听着这有力的话语，我想到，他自己不就是这样做的吗？他关心老红军战士的身体和生活，他抚养烈士的遗孤，严格教育和关心他们。在这方面，也有许多传说。

啊！这个胡子，这根手杖！

1986 年 8 月

真情

——访杨得志将军（之一）

　　他是一位典型的军人。半个多世纪以前，他由于一个筑路的民工，跟随朱德、陈毅率领的部队奔向井冈山，投身于中国人民革命战争的滚滚洪流，从南方走到北方，从国内走到国外，从普通战士成长为赫赫名将，爬过无数的山，涉过无数的水，经历过无数次血火交织的战斗，真可谓威震沙场，名扬中外！

　　他就是杨得志将军。

　　还是上小学的时候，我就从他回忆抢渡大渡河的文章中，知道了他这位红军团长的事迹；刚穿上军装不久，我在军事比武的场地上，看到了他这位军区司令员的身影；在拥挤肃静的大礼堂内，我听到了他这位总参谋长带着湖南口音的讲话……我读到的，我看到的，我听到的，印在脑海中的都是：一位勇猛果敢的军人，一位威风凛凛的将军！

　　然而，当我和他坐在一起，又觉得他是那么平常。敦实的身材，红润的面孔，乌黑浓密的头发，亲切随和的笑容，像一位和蔼可敬的长者，更增加了我对他的敬重。特别是他肺腑中流溢出的没有任何矫饰的话语，使我看到了他火焰一般炽热、水晶一般透明的真情，足可以与童心相媲美的真情。

　　有好几次，他向我谈起他苦难的童年，谈起他的亲人：那当过童养媳的善良母亲，走乡串户的铁匠父亲，纯朴勤快的姐姐，聪明忠厚的哥哥。他对他们总是怀着无限深情。他说他的姐姐在他离家的前夕，整夜在月亮地里为他做鞋，第二天把新鞋给他打进小包袱里，挎到他的肩膀上，一句话也没说，只是流泪；他说他的父亲送他上路时，替他背着行李，满含泪水的眼睛疼爱地望着他，分手时站在老榆树下，帮他扣好上衣扣子，嘱咐说："孩子，要做个有志气的人！"说到这里，他的语调变得深沉惋惜："想不到这次分手，我再也没有见到辛苦了一辈子的铁匠父亲。"

在这些亲人中，他说得最多的要数他的哥哥杨海堂了。他们哥俩一起在安源煤矿挑过煤，一天到晚在煤山上爬，在煤堆里滚，一身一手一脸墨黑墨黑，连吐出的口水都是黑的。他们哥俩一起在筑路工地挑石灰，白天挑 80 公斤的重担，晚上住在低矮的工棚里。他们哥俩又一起投奔工农革命军，跟着朱德、陈毅上了井冈山。1928 年湘南"八月失败"，他的哥哥与部队失散。七年之后，红军长征路过宜章时，他还向当地老乡打听，仍然没有下落。讲到这些，他沉痛地说："我一直不知道我的哥哥杨海堂是血洒战场，还是饮恨于敌人的刑场。"

当然，他说得最多的还有他的战友，他的领导，他的部下。在他的回忆录《横戈马上》一书中，他写到的为革命献身的人何其多啊！他当战士时的班长，他当连长、营长、团长、旅长、师长、司令员时的战士和各级干部，他们中有多少人为革命流尽了最后一滴血啊！就是和他一起参军的 25 名筑路工人，一年多后就剩下他一个人了。正如他所说的："在我之前、之后以及同时投入革命洪流的同志，在党和毛泽东同志领导下，历尽艰险，浴血奋战，为中国人民的解放事业做出了不可磨灭的贡献。他们之中，有的英勇地牺牲了，有的默默地离开了我们。"但他们的名字，都长久地牢牢地记在了他的心间，时时撩拨着他的心弦，每每说起来，都哀痛不已。

一次，在纪念长征胜利的座谈会上，我看到了这样的情景。

不大的会议室里，坐满了人。鬓发斑白的老红军和朝气蓬勃的新战士一起，讨论长征的伟大意义，共同缅怀先烈的革命精神。身为总参谋长的杨得志在发言的时候，又说到过乌江时的情景。他和政委从前卫营挑选了八名熟悉水性的战士先行试渡，不幸竹排在江心被汹涌的激流冲翻，八名战士被卷进漩涡，再也没有浮出水面……他的眼睛湿润了，话语也停住了。看得出来，他在极力控制自己的感情。

过了好大一会儿，他才又说起了草地上的一幕。拂晓正待出发时，参谋长告诉他，一营的一个班全牺牲了。他忙问原因，回答是："现在还搞不清，可能是瘴气中毒。"他要去亲自察看，可牺牲的战士已经被掩埋了。悲痛中，他嘱咐在每个战士的坟上作个标记，在他们的拐棍上刻上名字，立在墓前……讲到这里，他再也控制不住自己的感情，眼中的泪水滚落了下来，喉头发紧，嘴唇颤抖，无法说下去了。

会场上静极了，没有一点声音。我看到，几百双睁得大大的眼睛都潮湿起来，不少人的泪珠滴在胸前。

他擦着擦不干的泪水，一块手绢全浸湿了。女服务员快步送上毛巾，他接过来擦拭着泪眼，抽抽咽咽的声音持续了很久，很久……

还有几次，他向我谈到他那些去世的战友和领导，每一次都语调沉缓，话语切切，讲述着他们的功绩和品质。起初，我叹服他惊人的记忆，几十年时间过去了，人和事竟然记得那么准确无误。例如他说遵义会议前的一次战斗，他所领导的团共牺牲了 299 人。一查史料，千真万确，他记得一个不多，一个不少。慢慢地我才发现，这绝不仅仅是记忆。再强的记忆力，也会在时间的流逝里减弱的，只有铭刻在心头，才永远鲜明。对历史，他之所以不能忘怀，是因为在他的心里，对战士、对领导有着一片真情。

第一次是他回忆罗瑞卿。那是 1978 年初秋，正要出国访问的杨得志，在赴京途中就想着抵京后先去看望他的老首长、老战友罗瑞卿。没想到，一下飞机就听到了罗瑞卿逝世的噩耗。他万分悲痛，心情久久不能平静。我们去访问他时，他从五十多年前第一次见到罗瑞卿，讲到罗瑞卿当支队党代表他当战士，罗瑞卿当师政委他当排长、连长，解放战争时罗瑞卿当野战军政委他当司令员，几十年战斗生活中结下的深厚情谊。说到罗瑞卿的功绩品德，他充满敬意；说到罗瑞卿蒙冤受屈，他语重声咽。尤其令人感动的是，当他说到罗瑞卿"文革"中遭受迫害、1973 年回到北京，他们在久别后第一次相见时，激动得流下了泪水。但他紧接着又反复声明，他们那次见面时，只说了林彪一伙的阴险毒辣，没有谈起"四人帮"，因而坚持要把根据他的回忆整理的文章中那句说他当时就"表示了对'四人帮'的不满"的话语删掉。他强调，那样写不符合事实。多么老老实实的人！

　　第二次是韩先楚逝世时。在杨得志办公处的一间客厅里，我见到他两手抱着一只茶杯，久久地沉思着。过了好长时间，他才迸出一句话："我和先楚同志相识以后，就关系密切，相知很深。"沉重的话语，透露了沉重的心情。从他的叙述中，我知道，他们两人是1936年由东征前线回师陕北后，在西征的路上认识的。在后来的抗日战争中，他们曾有过短暂的并肩战斗，杨任副旅长并代理旅长，韩是该旅的一个团长，共同打了个漂亮的胜仗。在朝鲜前线，他们一起打击侵略者；在军事学院，他们同室学习文化和军事理论；在庐山会议上，他们一起议论形势，分别去看望已经受到批判的彭德怀；在十年浩劫中，他们心心相通，竭诚稳定部队……这种在战争年代共患难、在和平时期同忧乐中建立的友谊和感情，杨得志都记住了，记得那么牢固，那么真切！怪不得在韩先楚逝世后他一直以为战友还在，不知什么时候会拖着那条受过伤的左臂，伸不直的左手，推开他的门走进来，和他相对而坐，忆过去，讲现在，说未来呢……

　　第三次是悼念他尊敬的黄克诚。在寒风呼啸、雪花纷飞的严冬，他为失去一位可敬的老首长而哀痛不已。他想到和黄老一起战斗的岁月，想到黄老经受过的不公正对待，想到黄老历尽艰辛没有磨损的无私无畏的锋芒，屡经坎坷更显其忠诚纯正的品格。他哀恸萦怀，悲痛万端地说："纷纷扬扬飘落的雪花，为大地披上银装。黄老，你在这个时候恋恋不舍地告别了人间。是你携着纯洁晶莹的雪花而去？还是纯洁晶莹的雪花为你送行？我仿佛看到，你与雪花溶为了一体。"当时，他因出国访问，不能亲自去向黄老的遗体告别，不能去参加追悼会，便以文章作为悼念。这又是多么真挚的感情的外现啊！

　　…………

　　每一次听他的讲述，我都能感到他那发自肺腑的真情。有人有一种错觉，误认为军人的感情，像他们终日做伴的枪炮一样冰冷，甚至说军人不流泪，军事指挥员没有眼泪。其实不然。杨得志将军就不是这样。他戎马一生，是我军的一位高级军事指挥员，但他是有眼泪的，是流眼泪的。在艰苦的长征路上，他看到连队班以上干部围成圆圈为战士挡风御寒，看到炊事班为给战士们做饭通宵未睡，看到政委把夹被和油布铺到他的铺上，还留个纸条，上面写着：睡一会儿吧，多盖些东西。他流泪了！半个世纪之后，说到那些牺牲了的战友、部下，他又流泪了……当然，无论在弹雨纷飞、硝烟弥漫的战场，还是今天行进的路上，这泪水都不是无休止的哀怨，不是久久的流连徘徊，而是怒火中烧、继续前进的强烈感情的写照。

一位帮助他整理回忆录的文友告诉我，每次和他谈完事情，他都要问吃得怎么样，睡得怎么样，还有什么困难。我自己也有这样的经历，每次见到他，他都问我有事吗？我知道，他手头有很大的权，包括职位在内的很多事情，只要他说一句话或使一个眼色就能办成。尽管我从来没有向他提过任何要求，可他的询问仍然使我感到是一种关心，说明他心里想到了别人，想到了部属，让人感到温暖。

这就是我们的将军！

他有一本"备忘录"式的笔记，是祖国人民慰问志愿军的纪念册，上面记载着他对过去事件的回忆和一些体会、感想以及他的心境。看得出来，那是在戎马倥偬和军务紧张的空隙里，匆忙之间记下的。我有幸读过其中的一部分，特别是他在朝鲜战场上记下的一则，引起了我的注意，他写的是：在春节临近的时候，他想念远在国内的妻子儿女，想到他们如何过节，会不会有什么困难？这是多么真实的感情！也许有人会说，作为一个高级指挥员，在敌我对抗的战场上，怎么会思念家庭和亲人呢？这又有什么奇怪的？如果一名军事指挥员，在战斗间隙连他的妻子儿女也不思念，怎么会去爱他率领的军队，爱他保卫的人民？所以我说，这丝毫无损于他的形象，相反，更让人觉得他可信、可亲、可敬。难道不正是这样吗？

有位同志在一篇记述他的散文中说，他和战士们在一起倾心交谈，谈昨天，谈今天，谈明天，很少见他如此动情。这大概是事实，因为他就是这么一位将军。

啊，满怀真情的将军！啊，将军的满怀真情！

1986 年 10 月

理智和感情

——访杨得志将军（之二）

　　人常说，军人不流泪，军人没有眼泪，然而，1928年入伍入党，1955年被授予上将军衔的杨得志将军却告诉我们："其实，并不是这样的……"战争年代，他曾一次次热泪涌溢；和平时期，他又一次次心热眼湿。血和火的考验铸就了他的英雄气概，那么，又是什么能牵动他心中的缕缕情愫。

　　北京的六月，天气已经开始热了，可清晨微凉的风却不紧不慢地将树梢吹得沙沙作响。翠绿油亮的叶片，抒唱着一支生机勃勃的歌。和往常的每个清晨一样，杨得志准时醒来，准时穿好衣服，准时走出房门，手里拿着那台小巧的袖珍收音机。他的脚步轻快有力，踏出咚咚的响声。橘红色的霞光沐浴着他中等敦实的身材。

　　虽然杨得志已是73岁的人了，可身体结实，头发乌黑，面色红润。是小时候劳动的锻炼，还是几十年军旅生活的馈赠，他自己也说不清楚。不管怎样，他就是靠这健壮的身体，担负着中国人民解放军总参谋长的重任。每天他都忙极了，不是参加会议，就是批阅文电、听取汇报、找人谈话、下部队了解情况……而近一段时间，萦绕在他心头，占用时间和精力最多的则是部队精简整编的问题。

　　他正准备做早操，收音机里传出女播音员脆亮庄重的声音：

　　"邓小平在军委扩大会议上宣布，我国政府决定，中国人民解放军三年内减少员额一百万……"

　　杨得志停住脚步，凝神静听，一动不动的身躯，如同钢铁浇铸；两道浓眉一耸，眼圈却有些潮红，深沉的目光落在不远处的一棵树上，久久没有移动。

　　其实，对他来说，这原本不是什么新闻。作为中共中央政治局委员、中共中央军委副秘书长和总参谋长，他是这次百万大裁军的重要组织者之一，他亲耳聆听了中共中央军委主席邓小平在军委扩大会议上所作的震动世界的重要讲话。

　　就在六天前，即6月4日邓小平接见出席军委扩大会议的代表。同他一起到会的，还有中共中央总书记胡耀邦，以及李先念、彭真、邓颖超、徐向前、聂荣臻等领导人。

　　会场的气氛分外活跃，陆海空三军的高级干部，用发自内心的真诚掌声，欢迎自己的军委主席。身着中山装的邓小平，用他睿智的目光扫视着全场所有的人。

　　杨得志打从心里敬重邓小平。尽管在半个多世纪的军旅生涯中，他没有直接在邓小平的指挥下打过仗，但闻名遐迩的刘邓大军的太行山转战、中原大逐鹿、挺进大西南……都令他对邓小平的文韬武略无限钦佩。特别是邓小平任总参谋长和军委主席以后，在精心设计全国改革开放蓝图的同时，又精心设计了军队现代化建设的蓝图。他就是在这历史发展的重要时刻从邓小平手里接任总参谋长职务，并在邓小平领导下主持总参谋部工作的。

　　在热烈的掌声中，邓小平开始讲话了。他使劲吸一口烟，轻轻弹掉烟灰，熟悉而浓重的四川口音，平静飞出他的胸腔，如同在战争年代作战方案定下之后，他在作政治动员，从容镇定语调铿锵，透出政治家、军事家的非凡风度。

　　"……为什么我们下这样大的一个决心把军队减少一百万？减少一百万，实际上并没有削弱军队的战斗力，而是增强了军队的战斗力。即使国际形势恶化，这个裁减也是必要的，而且更必要。如果国际风云紧张，我们更要走这一步……"

　　为了阐明这个观点，邓小平分析了国际形势，阐述了我国的对外政策，论证了人民解放军实行改革体制、精简编制的根据和意义。强调指出，世界战争的危险是存在的，但维护和平的力量进一步发展，在较长时间内不发生大规模的世界战争是有可能的。中国要集中力量搞经济建设，把我国建设成为社会主义现代化强国，经济建设是我们的大局，一切都要服从这个大局。中国人民解放军减少员额一百万，是中国政策和人民有力量、有信心的表现。它表明拥有十亿人口的中华人民共和国，愿意用自己的实际行动对维护世界和平做出贡献。

杨得志知道，主张精兵是邓小平一贯的思想。早在邓小平经历了"文化大革命"的磨难，于1973年复出时，就顶着狂风恶浪，在1975年领导全面整顿，提出军队要"消肿"。当然，那时难以实现。到1982年，又进行过一次精简。但是部队的编制仍然不能适应现代化建设和未来作战的要求。于是作为中央军委主席的邓小平又在1985年领导全军实行战略转变，再一次提出军队要精简的任务。邓小平的提议是在军委会上通过的。

作为总参谋长的杨得志，既是这次百万大裁军的组织者之一，又是具体的执行者。早在1984年2月，他就和总参谋部的有关人员一起，开始对军队进一步改革体制、减少定额的问题进行了研究。

这是一项繁重而容易引起争论的工作。要反复地调查，要听取各方面的意见，要分析外国军队的做法。特别是涉及到具体精简的单位，更是众说纷纭、意见相去甚远。谁都不愿自己所在或所属单位被减掉被合并，于是找出各种各样的理由，以说服领导和工作人员。还有的单位到处托人打电话说情。

在那些日子里，杨得志简直到了怕见熟人、战友，怕接到此类电话的程度。不是怕他们的意见会动摇自己的决心，而是害怕一遍一遍地重述那些道理。好在大家都能顾全大局，在明白精简的意义后也就不再多说什么，更不提过分的要求了。

拟订和论证百万大裁军方案的过程，对杨得志来说，是一个理智战胜感情的过程。从理智上说，必须精简整编，可是感情上，却有些舍不得，减掉哪个都感到心痛。从某种角度说，这比起战争年代制订战役或战斗的作战方案要难多了。

精减军队员额，仅仅减人不行，还得拆庙，也就是说，要撤销一部分机关、部队和保障单位，合并一些性质、任务相同或相近的单位和机构，统一整编。这就要合并大军区。早在几年前，就提出这个问题，但没有定下来。随着我国战略重点的变化，新的技术装备的发展对未来战争的影响，此举已势在必行了。但撤销哪个合并哪个呢？这个问题折磨着杨得志。

雄立中原的武汉军区，是他当过近五年司令员的单位。1973年毛泽东在发布八大军区司令员对调的命令后，抱病接见了他们。当杨得志握住这位伟人苍老但仍然有力的大手时，听到老人家对他说："多熟悉一些地方和部队，准备带兵去打大仗。"他理解毛泽东的做法，在当时有着多么重要的含义，他像一生中每次调动工作一样，履行着军人的职责：只问是什么，不问为什么，十天之内从济南赶到了武汉。他遵照毛泽东的指示去熟悉辖区内的情况，长江两岸、赤壁古战场、中原旧战地……都留下了他的足迹。他在武汉军区抓训练和战备，抓部队和机关的建设，可在当时的政治形势下，却被加上各种罪名。在那个最复杂不平常的年代，为周恩来、朱德、毛泽东的相继去世，他同武汉军区官兵们一起流过悲痛难抑的泪水；粉碎"四人帮"时，他又同武汉军区的战友们一起开怀畅饮。几年的时间里，他与武汉军区的机关和部队建立了深厚的感情……

他在昆明军区当司令员的时间虽然不长，却难以忘怀。他是在边境紧张的形势下，从武汉军区司令员的岗位调往昆明军区当司令员的。他心里明白，这是要他到那里去指挥打仗的，心里充满着上战场的喜悦。他匆匆赶到那里，当时的副总参谋长杨勇在丛山中的密林里恭敬地把他介绍给干部战士时，他动情地对大家说："我当兵几十年了，打过不少仗，在国内打过，在国外打过，在南方打过，在北方打过，在许多地形上都打过，就是没有在亚热带的山丘丛林地带打过，现在很快就要打了。等打完这一仗，我的战斗经历就较全了。"还有一句话他没有说出来：这可能是我这一生中直接指挥打的最后一仗了。这以后，杨得志在简便的指挥所里，在精确的军用地图前，在沙盘旁，精心筹划，按照中央军委的命令，挥军进击，攻克敌堡，打退入侵之敌，捍卫了祖国边疆的和平与安宁。战斗一结束，他就被任命为总参谋长回到北京。但昆明军区的机关和部队，时时会浮现在他眼前。有什么能比经过战争烽火的感情更真诚呢？

而在精简整编的方案中，这两个单位都是被撤销或合并的。

还有福州军区和乌鲁木齐军区。一个在东南沿海，一个在西北边疆。在相当一段时间里，它们都有着特殊的战略地位，那时曾经发生过的一切，不但吸引着全中国人民的目光，也为全世界人民所关注。那每个军区机关，组织所属官兵训练、战备、站岗、放哨、生产……不但保卫了海防边防，也繁荣了海疆边疆。他们为此做出的奉献和牺牲，是难以用简单的数字来计算的。而今这两个单位也都要被撤销或合并。多少次夜深人静，当杨得志一个人面对着方案时，常常陷入久久的沉思。感情告诉他，这是多么好的单位，怎么能撤销呢？他也真想找出一千条理由，将它们保留下来，可理智又告诉他，虽然在人民军队的行列里，哪一支部队都是可爱的，都能随时完成党和人民赋予的一切任务，但从国家经济建设大局和未来作战需要出发，总得精简，不撤这一些，就得撤另一些。

他是个重感情的人，重的是一种军人特有的感情。长征路上，他率领的团队抢渡乌江，八名战士乘着竹排试渡，到江心时被险恶的漩涡吞没了。过江之后，他派人沿江寻找。在草地露营时，一个班的战士因瘴气中毒全部牺牲，他要求在每个死者的坟墓上作个标记。后来每次讲起来，他都泪水流溢。正如他自己在回忆录《横戈马上》一书中所说："那一夜我就流了泪……四十几年过去了，那些感人至深的场景一直留在我的记忆里，想起来，激动的心情仍不能自已。"

尽管现在的裁军和过去战争年代的牺牲是完全不同的两码事，但也毕竟是减少那么多部队啊！撤销几个军区，心里的滋味更是可想而知了。在主持制订精简整编方案的日日夜夜里，他不止一次心热眼湿，最后还是在方案上签了名字报送党中央和中央军委。选择尽管是痛苦的，但仍然得做出选择，而且只能是这样选择，别无他途。

就是这个方案，被党中央军委批准了！

军委扩大会议是5月23日召开的。全军许多高级干部聚集在会议上。

出出进进，常打照面，杨得志总能碰到各种不同的目光，有的打探，有的求助，有的甚至抱怨。在会场，在休息室，在餐厅里，以至在楼道上，不时出现这样简短的对话：

"总长，怎么样？"

"等看了方案你就知道了。"

"没有变动的余地了吗，总长？"

"中央军委已经批准，就得坚决执行，没有什么价钱可讲的。"

"总长，为什么一定要撤编我们呢？"

"国家经济建设大局，未来作战的需要。"

"那个部队能打仗，有光荣的历史呀！"

"哪个部队不能打仗？哪个部队没有光荣的历史？同志哥，我们都是中国共产党领导下的军队啊！"

问得直接，回答得了当。军队的高级干部嘛，道理是懂得的，只是心里一时放不下，感情上一时过不去，杨得志完全能够理解他们的心情。这些从小就走进军队的人，一生都是在军中度过的，他们的思想，他们的感情，他们的命运，都和部队息息相通，脉脉相连。他自己又何尝不是如此呢？可是感情不能代替理智呀！

也许正因为如此，他那天在军委扩大会作关于军队改编体制、精简整编的报告时，不但讲军队精简的依据、原则和办法，讲精简的主要内容、实施步骤和要求，还像诲人不倦的教师一样，耐心地讲述这次精简的意义，以解除那些"精简会不会影响部队战斗力""能不能随时完成保卫祖国安全和社会主义现代化建设的任务"，使全军上下以更大的热情和干劲做好这次精简整编的工作。

他说：军队的人员和装备数量虽然减少了，但是质量提高了，兵精了，部队的合成程度也有所提高，有利于发挥诸军兵种的整体威力，增强我军的作战能力；同时，体制编制也比较科学了，各级机关精干了，平时有利于提高办事效率，战时有利于作战指挥。

他不仅讲道理，还提出了明确的要求，因为对军人来说，这就是命令，是必须执行必须做到的。杨得志在报告的最后说：

全军各级领导机关、领导干部，都要解放思想、锐意创新，严肃认真地、坚定不移地抓好。要切实加强党委领导，强调实行责任制，严密组织，稳步前进，务必保持部队稳定，保证战备、训练和各项工作的顺利进行。值班部队务必保持高度戒备，做到一声令下，能够立即行动。要加强团结，加强组织纪律性，加强革命事业心和工作责任心。我们相信，在党中央，中央军委领导下，全军上下统一认识，统一步调，一定能够圆满完成这次改革体制、精简整编的光荣任务，把我军的革命化、现代化、正规化建设推向前进。

这是党中央和中央军委领导对百万裁军的要求和号召。

杨得志结束他的报告后，心想，过去从来没有想过，自己竟会去作裁军的报告。而在战争年代，则是千方百计地动员人们参军。

1929 年初，红四军打下长汀。军部查封了土匪军阀郭凤鸣的全部财产，发给每个官兵一套崭新的灰布军装，一顶带红五星的军帽，一个挎包一副绑腿。这时，部队的主要任务就是深入发动群众、组织群众、武装群众，扩大红军队伍。还是战士的杨得志，和他的战友们一样，每天清晨起来就深入到群众中去，注意发现他们中的积极分子，召集开会，讲红军是穷人的队伍，讲红军内部的官兵平等，官兵不打骂士兵的道理，发展优秀者入党，动员青壮年参加红军。每天晚上回到住地，班长都是逐个统计当天"扩红"多少，即招收几个人参军。走到他面前时，问的都是跟前一天一样的话："杨得志，你今天又扩几个红？"多了，就赞扬他说："好！明天继续努力。"少了，就提醒道："要注意呢？你今天落后了！"于是，第二天他就得分外努力多动员人来参军。到底招收多少新兵，他早不记得了。

记不清数字不要紧，但有一点却是事实，当红四军离开闽西长汀一带时，不少穷苦人家的子弟成了红军战士。

那个时候，衡量一个战士，除了打仗，就是看他能不能扩军。

1930 年 8 月，在"左"倾冒险主义的命令下，红军第二次冒险攻打长沙，终因敌人过分强大而失利，红一军团、红三军团各损失一千多人。这对数量并不很多的红军来说，已是十分严重的损失了，所以招收新兵的任务更为迫切。这时杨得志已当了排长并兼任士兵委员会主席。一天，部队到达安源，他对这里非常熟悉。几年前，他在这里挑过煤，亲眼见到过戴文明帽和白手套的外国人怎样欺压工人，见到过工人常到矿上集会，商讨要求老板增加工资等问题。部队住下之后，杨得志就到街上去作"扩红"宣传，他以自己的亲身经历，向那些打着赤膊披着乌黑披肩的煤矿工人讲解革命道理，动员他们拿起枪，到红军里来，共同反对黑暗的旧社会，打倒欺压自己的人。由于是熟地方，碰到不少熟人，这次"扩红"的成绩分外大。在短暂停留的几天时间里，杨得志就和战友们一起，动员几十名煤矿工人当了红军。部队以这些工人为主，组成了红军的第一个工兵连。

那个时候真是韩信用兵，多多益善呀！

1939 年元旦刚过，代旅长杨得志和旅政治部主任崔田民奉命东进冀鲁豫边区，执行总部交给他们的扩大部队的任务。从山西高平县出发时，只带了一个工兵排和一个炮兵排，总共不足 100 人。旅政委黄克诚要他多带点部队，他说："太行山是目前日寇扫荡的重点，更需要部队。根据我们的体验，冀鲁豫边区地带是把'干柴'，一点就能着起熊熊大火。既然总部要我们去扩大部队，你就放心吧！"他到达冀鲁豫边区后，深入广泛地发动和武装群众，动员青壮年参军，团结、争取和收编地方武装，连有三个老婆的土匪司令刘杰三也被争取过来，当了八路军游击队的司令。有的干部战士对此有不同看法，杨得志和其他领导人就做思想工作。他非常明确：现在是抗日时期，只要打日本侵略者，就要团结过来，增加我们的人和枪，壮大我们的力量。从这一点出发，他利用一切机会扩大队伍，很快就组建起冀鲁豫支队，有两千多人，到冬天发展为一万七千多人，1941 年成立冀鲁豫军区时，已是两万七千多人了。就是靠着这样一支越扩越大的队伍，反击日本侵略军疯狂的"清乡""扫荡"，消灭顽固派和伪军势力，建立起一块巩固的根据地，最后取得了抗日战争的光辉胜利。

可是现在竟要杨得志动员裁军。

历史长河里奔腾向前的波浪，都不是无限的重复。时代总是赋予军人以那个时代最紧迫的任务。因此，那时扩军，今日裁军，都是时代的需要。

裁军，多么熟悉的字眼！

杨得志不是历史学家，无暇去辨析纷纭的历史；但他是一位将军，一位肩负治军建军重任的将军，他的目光，时时扫描着世界风云的激荡变幻，各国军事的状况及发展，深知在这个不安定的地球上，裁军与扩军是同时进行的。在第二次世界大战即将结束之际诞生的联合国，从创建伊始就把裁军作为最高目标写在它的旗帜上。从那以后，以各种形式出现的裁军谈判，以不同名目召开的裁军会议，以及由此生出的众多五光十色的裁军方案、裁军机构，绽开多少耀眼的金花，编织多少美丽的憧憬，给世人多少渴望却达不到的期冀！从 1945 年至 1985 年的 40 年间，军队似寒风中的雪球越滚越大，军备竞赛如烈日下的水银柱越升越高。一些军事强国，把裁军当成一种魔术，玩弄在国际政治舞台上，以达到称霸的目的。因此，全世界的军费开支逐年成倍增长：

1962 年，1200 亿美元；

1969 年，2000 亿美元；

1980 年，跃升到 5000 亿美元；

1985 年，将近 10000 亿美元……

这些数字所包含的，绝不是简单的数字，是武器装备的人。

杨得志熟悉这些，更熟悉我们自己。自从就任总参谋长之后，他访问过不少国家，接触的都是军界。多少次在友好的交谈中谈到裁军，多少次在碰杯时高讲和平与发展，但也不能不说到军队建设、武器发展和军费情况。在访问一个国家时，这个国家军方向他介绍情况，他在心里算了一下，我们中国军费是人家的 5%，而军队数量则是人家的 2 倍。我们过多的人员吃掉了军费的大部分，因而限制了武器装备的发展。即使这样，我们的国民经济也负担太重。

正因为杨得志深知这些，也更深切感到裁减军队员额的必要，更深切体会到邓小平决策的英明，更奋发不懈地为此而努力工作着。

伏在临窗的宽大写字台前，杨得志的目光穿透老花镜片，落在布满铅字的纸面上。

这是一份关于军队精简整编情况的反映和对一些问题的处理意见，须经他和其他军委领导人批准下发。他右手握着一支粗大的红蓝铅笔，读得很认真很仔细，全部注意力都集中到文件上面了。很快，仿佛跟随那些"情况"走到了全军部队，看到各单位都在学习军委扩大会议的文件，努力将精简整编工作进行得稳妥顺利。尤其可喜的是，各级领导干部以身作则，其他各项工作都没有受到影响。他的脸上漾起了笑容。

依稀中，他来到一个师。这是解放战争后期组建的一个部队。在迎接新中国诞生的日子里，它横渡天堑长江，进军大西南，参加云南剿匪、警卫勘界，可以说是一支著名的劲旅。

1979 年边境自卫还击作战时，他按照中央军委的命令，指挥这个师勇猛出击，夺取被入侵者占领的国土，创造了一个阻击战的战例。战前，杨得志曾去过这个师探望过那些勤勤恳恳的干部和勇猛无畏的战士。战后，中央军委命名这个师的一个营为"攻坚英雄营"，一个连为"能攻善守英雄连"，另一个连为"守如泰山英雄连"，还有四名全国战斗英雄。他曾号召所属部队学习这个英雄集体，而今，在百万大裁军中，这个师却要撤编了，也就是说，在人民解放军的编制表上，从此没有了这个师的番号！

当宣布命令时，全师上下笼罩着一片悲凉。可师长和政委到一个团，站在他们的下级面前，惋惜、忧伤的情绪立即被神圣的使命感所代替。政委眼含泪花哽咽地说："谁对自己的部队没感情？正因为有感情，才不能给部队抹黑，哪怕是到了最后一天。如果我们撤得乱糟糟的，就对不起我们师的老前辈，对不起在本师服役过的干部战士，尤其对不起埋在云南屏边的 202 位烈士！"师长伤感中透出坚定地说："我们师能打仗，平时工作不含糊，撤编也要撤出个样子来！"就这样，宣布撤编命令的会议，充满战前誓师的气氛。

杨得志的眼睛湿润了，多么顾大局识大体的官兵！

何止这一个师，所有报撤编部队的官兵都用他们的行动，写下了军史上悲壮绚丽的一页。

突然，杨得志的眉头皱了起来，两道浓黑的眉毛打起了结。

——以关心为名，突击为干部提职提级；借口解决实际困难，突击花钱，甚至私分公物；打着送老迎新的旗号，大吃大喝，挥霍浪费……这是多么不应该做的事啊！他虽听说过个别撤编或合并的单位出现过一些不好的现象，并立即指示有关部门调查后严肃处理。然而，情况竟然这么严重，他真的没有想到！

他还记得，他在那次军委扩大会议上的报告中就要求过：要加强撤销单位的营房、编余武器装备、物资器材的维护管理。注意防止各类事故，防止贪污盗窃、挥霍浪费、侵吞公物等各种违反政策纪律事件的发生。做得好的，要表扬，做得不好的，要批评。造成事故的，要追究责任。违法乱纪的要视情节给予处分，直至追究法律责任……看来那些要求并没有完全落到实处。把一般口号变成真正的行动，需要艰苦、细致、长期脚踏实地的工作。在这一瞬间，杨得志决定再派机关的人到有问题的单位去调查帮助，他自己也打算抽时间到部队去看看。

一定要把精简整编搞好！如同无数次研究确定战役、战斗的方案一样，杨得志的拳头重重地击在写字台上，就这样干！只能干好，不能干坏！

夜已经很深，杨得志还没有睡意。柔和的台灯光，把他的剪影投射到雪白的墙壁上，犹如一张反差极强的黑白照片。

批阅完必须当日处理完的文电，他才打开另一个文件夹子，出现在他眼前的，是外电对中国裁军百万的反应：

德国《波恩评论报》指出："大家都在谈裁军，可是迄今为止只有中国人言行一致。"

巴基斯坦《黎明报》评论说："中国军队裁减一百万的决定将会受到全世界欢迎。它确实是一次单方面行动。这与其他国家一方面连篇累牍地发表军备竞赛如何坏的慷慨激昂的废话，另一方面，继续加紧生产武器，甚至拼命地部署人员和武器的情况形成鲜明的对照。"

杨得志的脸上浮现出掩饰不住的笑容，映出他心中自豪的喜悦。中国人是言行一致、说到做到的。

是的，在 1985 年百万大裁军中，人民解放军取得了辉煌的战果：总部机关人员编制精简了近一半；空军海军及第二炮兵做了相应的精简和调整；原来的 11 个大军区精简合并成 7 个；减掉军级以上单位 31 个；撤掉师、团级单位四千多个；县、市人民武装部改归地方建制；有 60 万军官退出现役；官兵比例达到 1∶33……

经过这次大手术，人民解放军焕发出新的生机，释放出新的能量，在向逐步建设一支机构精干、指挥灵便、武装精良、训练有素、反应快速、效率很高、战斗力很强的革命化、现代化、正规化军队的宏伟目标的进程中，迈出了历史性的一步。

这是军史上壮丽的一页。杨得志为这一壮丽的一页贡献了自己的一分力量而感到欣慰。

不知是夜太深还是白天太忙，杨得志觉得有些疲倦。是啊，从离开筑路工地，投奔朱德、陈毅率领的部队，到如今已经半个多世纪了，在漫长的曲折的光辉道路上，他参加过许多战斗，也指挥过许多战斗，献出了他所能够献出的一切。蓦然间，他意识到，军队体制改革、精简整编，可能是他参加的最后一个战斗了。也许，不久他就会把肩头的责任交给比自己年轻的同志。到了那一天，他将无愧无悔地说："同志，我没有辜负党和人民的委托，你要继续干好！"

想到这里，他缓缓站起身，慢慢拉开窗帘，眺望夜空。

啊，天幕无垠，繁星闪烁。多静谧多美丽的夜景啊！

为了明天，更需要干好今天的事情。

1990 年 3 月

责任

——访李志民将军

　　李志民将军伸出热情温暖的手欢迎我。

　　望着他高高的个头、瘦削的身材和一身半旧的蓝色中山装，我想寻找他指挥将军合唱团时的风采，寻找他在烽火硝烟中的勇武身影，但看到的是鹤发童颜，是一位 80 岁的老人。只是从那挺直的腰板和有力的手势上，还隐隐透出当年的英姿。岁月啊，催人老的无情岁月！

　　这是在北京西郊的一座小院内。初夏的明丽阳光，暖暖地照着，照着将军和蔼慈祥的面孔，也照着院中小花坛里茁壮的草木和盛开的鲜花，红、黄、绿相辉映，像它的主人一样质朴无华，暗香四溢。

　　走进简朴的客厅后，我们交谈的话题是从他退出第一线开始的。他告诉我，是他自己要求退下来的。1972 年 11 月，被迫害到江西劳动的他，奉命出任福州军区政治委员。那是动乱的年月，工作是十分艰难的，但他顶着逆流，派出部队维持秩序，组织拍摄了一部曲折地揭露"四人帮"罪行的影片。他白天应付日常事务，晚上才能读报、看文件，不到两个月，视力就由 0.6 下降到 0.1，戴上老花镜，读半个小时就看不清了。他不甘心，花镜外再加个放大镜，也只能坚持一个小时，他感到力不从心，产生了休息的念头，可他是个将军，在这样的时候是不能下战场的。刚粉碎"四人帮"后，百废待兴，他也不忍离开。党的十一届三中全会后，他放心了，就向中共中央军委写了报告，得到了批准，辞去军区政委的职务，当中共中央军委顾问，后又被选为中共中央顾问委员会常委。

　　"刚开始时，还有些不大习惯哩，现在好了！"将军说着笑了起来。

　　也难怪，半个多世纪以前，他就投身于中国人民伟大的解放事业，指挥打仗，办军事院校，年年月月，日日夜夜，何曾有过一点余暇的时间，乍一闲下来，确实难以习惯。当然，军人具有超出常人的适应性。他是一位老军人，既能适应于战争生活，也能适应于和平生活，同样也能适应于退居二线的生活。现在，他虽不枕戈待旦，但却仍闻鸡起舞。每天早早起来，打太极拳，听广播，读报看文件，接待来访的客人，悠然散步，还种花、养鱼、练字。我看到他养的君子兰等花和热带鱼，也看到他潇洒遒劲的字迹。他在过着安静而有规律的晚年生活。

听着将军和他身边人员的讲述，我既为他的坦荡胸怀所感动，又不大相信这是他晚年生活的全部内容。我拜访过不少将军这样的老一辈，知道他们都是一些"春蚕到死丝方尽，蜡炬成灰泪始干"的人。他也一定有着他们这一代人鲜明的特征。

果然，当谈到这个问题时，将军说，他刚退下来时，因为身体不好，主要是休息、治疗；随着身体状况的好转，就想着把他经历过的事写出来，留给后人。

1937年8月，他进入中国人民抗日军政大学学习，毕业后留校工作，所以对抗大有着难以忘怀的感情。在抗大建校45周年的时候，他写了纪念文章，发表后引起很大反响，于是就想：抗大在国内外都有很大影响，它在抗日烽火中培养干部的历史经验，特别是造就大批知识分子干部的经验，充分体现了我们党尊重知识、尊重知识分子、重视培养干部的好传统，对于今天培养人才和军队、地方院校的建设仍有借鉴作用；同时，抗大的优良作风，对青年一代也有教育意义。因此，他便下决心写一部关于抗大的回忆录。从1982年开始，他查阅有关抗大的文献、资料，在北京开了几次座谈会，并请人到西安、延安、郑州、济南、南京、广州、武汉等地多次召开座谈会，广泛收集和核实历史资料，到1985年，这部回忆录定名为《革命熔炉》正式出版发行。它对激励老一代、启迪新一代，将起着很大的鼓舞作用。完成抗大的回忆录后，将军又想到志愿军抗美援朝战争的政治工作。这绝不仅仅因为他亲自参加和指挥过这场伟大光辉的战争，更主要的是：早在1956年3月，曾组成了一个中国人民志愿军抗美援朝战争政治工作经验总结编委会，甘泗淇将军任主任，他担任副主任。1958年写出了草稿，1959年进行了审修。就在这时，原志愿军司令员兼政治委员彭德怀元帅在庐山会议上受到了错误的批判，从此就中断了审稿和编写工作。党的十一届三中全会之后，将军心想，彭德怀的冤案得到了昭雪，甘泗淇也已去世，自己有责任承担起这项工作。

所以，他就向中央军委和总政治部建议，进行具体的组织领导。他以七十多岁的高龄，走四川，下浙江，不畏旅途辛劳，冒着酷寒暑热，在一年左右的时间里，领导编写、修改、审定了《中国人民志愿军抗美援朝战争政治工作》《中国人民志愿军抗美援朝战争政治工作总结》和《中国人民志愿军抗美援朝战争政治工作经验汇编》三部书稿，共计100多万字，邓小平题写了书名。至今，前两部已经与读者见面，后一部正在印制之中。这些抗美援朝战争中丰富的政治工作经验，对于人民解放军现代战争中的政治工作，有着重要的参考意义。现在，将军又亲自组织，亲自筹款，开始了红三军团战史的编写工作。待这项工作完成后，他还准备写一部记述自己亲身经历的回忆录。

听说，将军还经常出席一些会议，参加一些活动。他是中共中央顾问委员会的常委，每星期去参加一次生活会，对一些问题发表看法，提出建议，供中央参考；他还根据中顾委的要求，与他的家乡湖南省浏阳县建立联系，常常听取他们来人的汇报，提出一些建议。他看到一个村庄以工促农的经验，认为对浏阳县会有启发，就亲自带上来京的浏阳县领导，驱车前往参观访问，学习经验。他牵线让浏阳县和北京工业学院建立联系，由学院派人帮助县里改进和发展花炮生产……看着将军充满欣慰的神色，听他讲述退居二线后的生活，我心头渐渐萌生起一种担心。这么大的工作量，对于年轻力壮的人来说，也不是轻松的事情，何况他是一个耄耋之年的老人啊！我甚至想劝说他放弃这些工作，安静省心地颐养天年。因为对于他，冲锋陷阵的时代已经过去了。

我还没说出口，将军的话就打消了我的疑虑。他把身子靠在沙发上，颇有感慨地朗声说道："我要干完这几件事，就算尽到了历史赋予我的责任！"

啊！原来将军心里是这样想的啊！尽到历史赋予的责任。顿时，我眼前闪射出灿烂的光彩，我看到了他宽广的胸怀和高尚的情操。

是的，他和他的同龄人，是中国历史上优秀的一代。他们担负起历史赋予的责任，用鲜血和汗水，推翻了一个旧世界，建立了一个新中国，至今仍为它的现在和将来尽心尽力。将军是这一代人中的一员。为了肩负起历史赋予的责任，他在十八九岁风华正茂的年纪，就参加轰轰烈烈的大革命运动，当农民委员会的副委员长。为了肩负起历史赋予的责任，他拿起刀枪，担任游击队的党代表。为了肩负起历史赋予的责任，他走进彭德怀领导的平江起义队伍，打长沙，反"围剿"，过雪山，走草地，办抗大，跨鸭绿江……献出了黄金般宝贵的青春年华。到了晚年的时候，他想的仍然是历史赋予的责任，是为国家和军队的建设出一份力。多么可敬的将军！多么可敬的老一辈！

正在我面对将军凝思遐想的时候，秘书接电话回来说，有人要来向他汇报庆祝抗大建校 50 周年的事宜。为了让他休息一会儿，我站起身向他告辞。

走在洒满阳光的归途上，我的眼前还屹立着将军的形象，耳畔还响着将军洪钟般的话语：尽历史赋予的责任！我想，我们每个人都生活在历史长河的一段之中，都应该尽一份能够尽到的历史赋予的责任。这样才不辜负前行者的企盼，不暗淡后来者的目光。

在这方面，李志民将军和许多老一辈都是光辉的榜样！

1986 年 5 月 23 日

际遇

——访周桓将军

想到家里去看他，他住进了医院；想到医院去看他，他却又回了家。周桓将军啊！你怎么还像战争年月一样，像当军区政委、省委书记时一样，行色匆匆？

当我终于见到将军时，他从外边散步刚回来。他的精神和气色很好，就是右臂和右腿不很灵便，可能是走路吃力的原因，有些微微喘嘘。我知道，这不是长期的军旅生活和繁忙的行政事务所致，而是那场人所共知的动乱造成的。当时，身为辽宁省委书记的他，被无端地加上种种莫须有的"罪名"关押了起来。年迈的母亲在哪里？妻子、儿子在哪里？他全然不知。

囹圄之中，他细数自己走过的道路，分析眼前所发生的一切，怎么也难以理解。一天，他从审问人的口中得知小儿子死了，顿时心痛欲碎。国家的命运，人民的命运，家庭的命运，凝聚在一起，山一般沉重地压在他的身上、心上。这之后不久，他在监禁他的小屋里得了脑血栓，留下这难以治愈的后遗症。多么荒唐的年代，多么残酷的打击！

哲人说，大自然中没有两片相同的树叶。那么，世间也不会有两个相同的人。周桓将军与其他老将军相比，有他自己的道路、性格和他自己的特点。

是的，他有着他的路。1928 年，19 岁的周桓告别家乡辽宁省东沟县（今东港市）大孤山镇，到天津的中山中学读书。学校里有一位叫吴永钦的老师，是大革命失败后被追捕的共产党员，他表面上以颇虔诚的态度教授三民主义，暗地里却秘密地组织了一个党义研究会。周桓参加了这个研究会，研究共产主义和新军阀战争，从而接受了马列主义的先进思想，并且通过吴永钦认识了同样因为逃避追捕躲到国民党李品仙部当书记官的黄克诚。后来，由于带头组织学生运动，周桓被开除出校。已经到武汉担任湖北省委领导的吴永钦和黄克诚写来信，让周桓到上海去。在那里，他进入郭亮的爱人主持的秘密训练班，学习工人运动史和秘密工作知识。同时，他还加入了革命互济会，星期天到大街上去撒传单，搞飞行集会。这时，从江西苏区到上海参加会议的滕代远和何长工向中央要干部，周桓也被选中了。他和另外几位同志一起，在上海的码头乘船到武汉，然后化装成裁缝，到达中央苏区，投身彭德怀率领的红五军。从此，正式开始了他的戎马生涯。

周桓先是在红五军政治部秘书处当了一名秘书，接着就参加进攻大冶和平江的战斗。占领平江后，红三军团成立，他加入中国共产党，当了政治部秘书处的处长。在第一次打进长沙期间，周桓和别人一起办《湖南日报》，还当过《民国日报》的总编辑。"那时没有记者，没有通讯社和电稿，农民起义、工人罢工的消息，全得自己编写。报纸真不好办！"

听着将军的回忆，才知他竟是人民军队最早的办报人之一！

1932 年，周桓被调到红军总政治部，先后当过地方工作部长、秘书长、破坏部（即后来的敌工部）部长和组织部长。抗战时期，他跟随朱德总司令到第二、第一战区做过程潜、卫立煌、阎锡山的工作；这之前，他就在当时的总政治部主任杨尚昆的直接领导下，做过东北军的工作。我曾读过他写的《西安事变前的一段回忆》的文章，文中详细准确地记叙了他如何以国家民族利益为重的道理，提高了东北军团长高福源的思想认识，并通过高福源进而和军长王以哲等人取得联系，搭起了中国共产党、红军与张学良之间的桥梁，对争取东北军转变为抗日军队和此后发生的西安事变，起到了重要的推动作用。这样的文章，只有他才能写出来。他是亲历者，是为此而做出突出贡献的人。

他任总政组织部长期间，还根据彭德怀副总司令的提议，组织了一个巡视团并任团长。那时，战斗频繁，部队分散，党中央、军委和总部的指示不能及时传到下边，下边出现的问题，也不能及时得到解决。巡视团建立后，其成员和连队住在一起，与干部战士同甘共苦。巡视团建立后，其成员和连队住在一起，与干部战士和地方干部参加战斗，还办教导营，培养部队营、连级干部和地方干部，对部队和地方政权的建设，对于开展抗日游击战争，起到了很好的作用。至今，许多当时受过训练的干部还称赞周桓和他领导的巡视团。有人说，这是周桓对解放军政治工作的一个贡献。

追踪将军来路上的点点足迹，我看到了他的奋斗，他的业绩；在他走过的路上，有坦荡开阔，也有坎坷不平。庐山会议上，彭德怀元帅受到错误的批判，当年就在彭德怀领导下工作过的周桓，也被林彪内定为"彭德怀的人"，又以"身体不好"为由把他这位中国人民解放军的上将赶出军队，到辽宁省委当了最末一名书记。对于工作的调动，他没有意见；对于职务的高低，他不计较。从中学接受马列主义起，从不畏艰险奔向苏区起，从举手宣誓为共产主义奋斗终生起，他就决心献出一切，没打算为自己谋取什么私利。但是他对这样的处置不理解。至于动乱年代的遭遇，就更不用说了。值得庆幸的是，1982年他又回到自己所挚爱的人民军队的行列。

我们的话题转到文艺上，将军的兴致更浓，谈兴更高了。他长期从事政治工作，深深知道文艺工作是政治工作的重要组成部分，有着其他工作难以替代的作用。他经常找文艺工作者谈话，为他们提供生活和创作的条件，帮助他们研究修改作品，直至挑选演员，拍摄重场戏，他都亲自进行耐心而内行的指导。电影《枯木逢春》，最初就是周桓看了一个关于消灭血吸虫病的两万多字的总结后，向魏文伯提议拍摄的。以后，他又和作者一起分析材料，让作者下去体验生活，帮助作者研究提纲，设计布局。剧本写出后，他又亲自进行修改，推敲每一句台词；排演的时候，他还到观众中去看演出效果，听取意见。

当然，这些都已成为难以忘怀的过去；如今，将军正在过着他的晚年生活。对于一个革命者来说，过好晚年的生活，并不比过去了的青年和壮年生活来得容易。晚年过得如何，也能反映出一个人的思想和品格。周桓将军是深知这点的，所以他努力让自己的生活过得充实、有价值。每天清晨，他都早早起来听广播；每个白天，他都认真阅读书报、文件；

每个晚上，他都坚持看电视。他还每天散步一次，每次走一二里地，既锻炼身体，也看看欢腾的街道和人群。因此，国内外的大事，人民群众的情绪，他都非常熟悉。

这还不是老将军生活的全部内容。他正准备写回忆录，把几十年中的经历记下来，为党史、军史提供一份可靠的资料，为后人留下一笔可资借鉴的财富。我见到过他那些颜色不一、大小各异的笔记本。这些被抄走又发还给他的幸存的劫后余物，是他戎马劳顿中记下的。其中一本上密密麻麻的数字，是东北战场上缴获敌军的枪支弹药，是支前民工的人员和车辆，虽然过去了几十年的时间，还飘散出关东大地的泥土气息和烽火硝烟。可以预料，要不了多久，一部《周桓回忆录》就会与千百万读者见面。

这样的晚年生活，不是很有意义吗？

1987 年 10 月

他仍在路上

——访孙毅将军

你抬头看看墙上的挂钟，时间已到，该去"上班"了。这是你十多年前就为自己定下的制度：每天这时都要出去走路。不论春夏秋冬，不论风霜雨雪，从来没有间断过。不知出于什么样的想法，你不说"走一走"，而说"上班"。

此刻，你瘦高的身躯着一套绿色军衣，脚上的军鞋已经洗得发白，手里提着一个包，像大战前准备向战场进发，如枪炮声中奔赴前沿指挥所。只是军衣上没缀领章，身边没有拿着作战地图的参谋们。孙毅将军啊，尽管这样，在你的身上，仍然有着军人的雄姿，军人的风采，军人的气度！

你站在客厅的中央。这客厅既不富丽，也不堂皇，像你一样朴素无华，但有几样东西是你十分珍贵的。窗台上的老寿星塑像，是《健康之友》编辑部和老年人体协评选 1985 年"健康老人"时奖给你的，在热烈的掌声中，杨得志将军把它递到你的手上。那幅《松梅图》是黄镇同志画了送给你的，上面的题词是："铁骨钢筋美玉颜，不怕狂风冰雪寒"，象征着你的心地和品格。还有一幅书法作品，上面写的是："前辈创业难，晚生铭心间，时时多奋进，不愧我先贤。"这诗，这字，出自于一个你不认识的六岁孩子之手，你特别喜爱，你常常看着这些东西，心里高兴，脸上流露出抑制不住的笑颜。

转过身来，迈出门槛。你的脚步矫健有力，腰杆儿挺得笔直。鹤发童颜，在春阳下闪耀着光彩，精神矍铄，在温煦的熏风中熠熠生辉。你迈开双脚，向前走去，一步，一步。

在人生的道路上，你就迈动这双脚板，走过了三万多个日日夜夜。

83 年前，你出生在河北省大城县一个贫苦农民的家庭里，12 岁才开始读书，16 岁时就因家乡闹灾荒，告别了故乡亲人，千里迢迢到达福建厦门。从此，你先后在吴佩孚和冯玉祥等旧军阀的部队里服役，足迹遍及福建、广东、河南、山东、安徽、陕西、江西数省。1931 年，在宁都起义中，你参加了工农红军，走上了一条完全崭新的道路。你驰骋在烽烟弥漫的反"围剿"战场，你踏过雪山草地的二万五千里长征，活跃于晋察冀，办院校，育人才，桃李满军营。新中国成立后，你又奔走在人民军队建设的战线上，抓训练，办学校……多少高山大河，多少艰难险阻，你一步一步走过来了。弹痕枪伤，印在身上；历史风云，两鬓染霜；人民嘱托，铭记心头。

你出了大门，走进狭窄的小胡同。这里打扫得光洁干净，再不像前些年了。那时，小孩子玩过就走了，路面上摆满石头、砖块。小孩子不懂事，可懂事的大人也不收拾，宁愿抬着脚走。开始时，你也没有注意，心想下次要把它捡走，走了几步，你又回来了。为什么要等到下次呢？现在就捡。于是你弓下腰，将砖头、石块全部捡起来，放到墙根边。正在这时，来了个骑自行车的人，揶揄地说："老头，你在学雷锋呀？"他不知道你就是老将军孙毅。你抬起头看看那人，说："是啊，我老汉在学雷锋！"以后，你养成了习惯，只要见到有砖石，就随时捡走。别的人也学着你在捡，所以现在这里才这么干净。

穿过胡同，你来到大街上。此时不是上下班时间，街上行人很少，车辆也不多。你走着，脑子又如同机器一样飞快地转动起来。幼儿园孩子们苹果似的脸庞，中学生们纯洁明亮的眼睛，服务员、民警们诚挚热情的目光……都一齐涌现在你的眼前，似甘泉注入你的心田；还有过去的战斗，生死与共的战友，撩拨起你深情的回忆。

可能正是由于这样的原因，你才把走路叫作"上班"吧。走路的过程，也是你思考问题的时间。人们都说"生命在于运动"，殊不知，运动不但能锻炼身体，延长生命，也能增强思维，提高效率。你有这样的体会。在走路的时候，你回忆少年漂泊从军的生活，回忆经历过的事，结识过的人，一些平常想不起来的事，在走路的时候想起来了。你没有像托尔斯泰那样，随身带个小本子和铅笔头，想到什么当时就记下来，而是把想到的事记在脑子里，夜晚再录于纸上。两个月的时间，竟记了好多，整理出来，成了一本书，出版时，你取名叫《走向征途》，多么贴切的书名啊！

还有许多事，你都是在走路时想到的。你走着走着，想到了幼儿园的孩子，决定抽时间去看看他们。可是又一想，自己去的次数毕竟很有限，天天和孩子们在一起的，还是幼儿园的那些老师们，如果老师们都像对待自己的孩子一样对待别人的孩子，幼儿园不就办好了吗？从这以后，你就注意做老师的工作，定期给老师寄书刊。果然，这样做的成效也很好。"戎马生涯八十春，铮铮铁骨园丁心。花儿朵朵翘嘴笑，祝愿爷爷赛松青。"幼儿园送给你的匾和匾上的诗，是对你的由衷赞扬。

想到青年人，你就想到田改玲，多好的一个女孩子啊！1978 年前，你去理发店理发认识了刚参加工作不久的小田姑娘，她不安心工作，服务态度也不好。你就设法找她谈心，到她家里去访问，还给她写信、寄书、买文具，终于帮助姑娘提高了思想认识和文化水平，也改善了服务态度。以后，她当了某单位的基层党支部书记，工作干得不错。现在，小田又当了机关宣传干事。一个女同志，要工作，要带孩子，还参加了夜大的学习，多么不容易呵！要找时间去看看她，她还会碰到很多困难，应该鼓励她坚持下去……

前面飞来一辆自行车，骑车的是个年轻人，蹬得又快又猛，直向你冲过来。你赶忙往旁边跨一步躲开了。没有撞着你，如果把你撞坏了，看他怎么交代！你没有被撞着，思路却被打断了，抬头向面前驶来的公共汽车看去。车上的人很挤，有的坐着，有的站着，站着的多是年轻人。

这使你记起了那次坐公共汽车的情景。你上车时还有空座，你坐下了。到下一站上来个六十来岁的女同志，你忙站起来，说："老大嫂，你坐这儿。"那女同志说："你的年纪也不小了。"她说得对，论年龄，你比她大得多，不该给她让座，可是你也有理由："我的身体比你好，站着没事。"你的行动，做出了无声的榜样，每当有年大的人上车时，都会有人主动让座。这使你的心里一动：要改变社会风气，不在说而在做。说得再好听，不做还是等于零。一个行动比十个、百个号召作用都大。群众是好的，青年是好的，关键要有人带头，领导就要带这个头。你想到自己家里也是这样：你不要公务员，什么事都自己动手。你把院子划成几个"卫生区"，自己负责一块，每天早早起来打扫……

宽阔的长安街呈现在你的眼前，车水马龙，人群熙攘。你沿着绿荫匝地的人行道往前走，枝叶间筛下的点点阳光，洒落在你的身上。过了民族文化宫，隐隐可以看到那个报刊亭。你要到那里去，看看《半月谈》《辽宁青年》《老人天地》等刊物来了没有，这些书刊你每种都预买了几十本。记得第一次要求预买时，售书的青年看看你这个普通的老头，投来怀疑的目光：你买这么多干什么？后来他就相信了，每次来了刊物就按数给你留着，等你如期来取，你也从来没有失约过。

你身旁走着一群群人，有年轻的小伙子和姑娘，脚步轻快，谈笑风生。也有老年人，步履蹒跚，默默无语，像有什么心事。他们多像有些从领导岗位退下来的老同志呀！以前，你只注意到青少年，认为他们是祖国的未来，是革命事业的接班人，自己应尽一份培养他们的责任。后来，你发现有些老同志退下来后，心情抑郁，闷闷不乐，连本来不错的身体也跨了，医院成了第二宿舍。是啊，老年人也成了社会问题。

你常想，老同志退下来是好事嘛！既可让年轻人早日经受锻炼，自己又可以延年益寿。可是，有的老同志对这种生活上的改变不容易适应。你就不是这样。四年前，你在要求退下来的报告中写道："明年五一劳动节，我就进入80岁了，精神虽好，脑力已衰，自然法则不可抗拒。今冬开五次全会时，请免除组织召集人的任务，明年夏开六届一次会议前，请免去委员职务。这样就能更好地进行：一、协助文史委员会军事组和革命史组做些力所能及的工作；二、向军内外青少年做些光荣传统教育的工作；三、自己动笔写点回忆性质的文章。多年来深感不戴乌纱帽，思想更活跃。"如今，你已经完全适应了，并且按自己说的去做了。几年来，你每天晚上都读书到深夜两三点，完成并出版了《走向征途》的回忆录，到青年人中做了几百场报告。

你的家里有好多聘书，"青年工作顾问""校外辅导员""名誉教师"……看着这些聘书,你很得意:人民仍然欢迎我。你说,现在我没有什么显赫的职务,人民的欢迎才是真诚的。有职务,有官衔的时候,人民不欢迎你也得欢迎。有个故事叫《驮〈圣经〉的驴子》,讲的是一头驴子驮着《圣经》,沿途的教民们都对它垂首肃立,顶礼跪拜。驴子得意忘形,认为人们都尊敬它。其实,教民们尊敬的是它背上的《圣经》。有极少数人把群众对职位和权利的服从当作尊敬,是很可笑的。因此,你到处讲,给一些老同志写信、寄书,《退休生活顾问》这本书,你共买了14本,自己留下一本,其余全给了一些老同志。你说得好,做得更好,人们欢迎你做的事,欢迎你讲的话,也许正因为如此吧,几年前,总政治部余秋里主任就说:"北京有个孙胡子,今年80岁了,他德高望重,奋斗不息,有经验,有水平,他走到哪里讲到哪里。他一讲话,群众就欢迎,就鼓掌。如果我们多有些孙胡子,那就了不起了。"你也是这么想的,希望更多的老年人过好晚年生活。

看到你来了,报刊亭的青年人远远就打招呼:"老头又来了!"你很喜欢这样叫法,老头就是老头嘛,有什么可忌讳的!平时,你不满意人们叫你原来的职务和官衔:"我什么头衔也不要,只保留一个抗大二分校校长就行了。"你所以这样说,是因为你热衷于教育,一心要为培养祖国的第二代、第三代出一份力。因此,你到处奔走,乐此而不疲。你觉得,为人师表,无上光荣!

青年人把书刊递到你的手上,你把钱递给青年人。这钱,是你这个月工资的一部分。每月发下工资,你都要留出一百多元,专供买书刊之用。尽管你的工资不算少,可这些年来,一点也没有剩下,可谓是一个彻底的"无产阶级"。老伴没有意见,孩子们也没有意见。他们都认为你做得对,很支持你。对此,你是很满意的。

你把书刊接过来,想着哪种刊物寄给哪些人,晚上怎样包装,有的还要写上一封信,以及明天怎样到邮局去寄。这些事,你都是自己亲自干,亲自包装,亲自写信,亲自邮寄,从不让别人代劳。为此,每天晚上你都睡得很晚,除了读书学习之外,就是写回信,包书。你愿意做这些事,它已成为你生活中有意义的一部分了。

提着书，你又心满意足地走在绿荫道上，像战争年代从前线凯旋，像和平时期完成一项任务，轻轻地哼起一支歌："先锋！先锋！热血沸腾。先烈为平等牺牲，作人类解放救星。侧耳远听，宇宙充满饥寒声。警醒先锋！个人自由全牺牲。我死国生，我死犹荣。身虽死精神长生。成仁！成功！实现大同！"

你唱的这支歌叫《革命精神之歌》，歌词是宁都起义的主要领导人赵博生同志1930年七八月间写的，花了80块光洋请西安一位音乐教授谱的曲。当时，你正协助赵博生办教导大队，训练干部，这支歌首先在教导大队唱了起来，对于激发冲破黑暗势力追求光明的志士，对于救国救民的人们，起到了极大的鼓舞作用。所以，你的印象极为深刻，至今一闭上眼，仿佛还能看到部队当年在千山万壑中引吭高歌热泪滚滚的场面。有时，你也唱《苏武牧羊》。你很遗憾，新的歌子都没有学会，只有唱这些老的了。一唱起来，好像又回到了青年时代，浑身上下充满朝气与活力。

你脚步匆匆地走着，昂首挺胸、矫健有力地走着。路，从脚下向远方铺展。你的前边，有先行者；你的后边，有后来者。你，走在没有尽头的人流中，走在没有尽头的征途上。

1986年5月5日

（与李静、杨永革合写）

第一位女将军

——访李贞将军

轻轻按下门铃电钮，响起悠扬欢快的乐曲。门开处，站着女将军李贞。

中等瘦削的身材，着一件合体的藏青色中山装，庄重而利落；灰白相间的短发，整齐地梳向脑后；眼角边卧着皱纹，绛色架眼镜里闪动微微含笑的目光……这分明是一位和蔼可亲的老大姐，一位慈祥善良的老妈妈！

不知是对烽火战争岁月的怀念，还是对军人生活的眷恋，她脚上穿的是一双只有边防战士站岗、巡逻时才穿的那种皮头帆布帮大棉鞋。走起路来很有力，显示出驰骋疆场的女军人的英姿。

她热情地把我让进会客室。室内，一个电视柜，一个五斗小橱，四个沙发，两把藤椅，窗台上几盆并不名贵的花。简单的摆设，显示了主人的简朴生活。进门后，她要我坐在沙发上，自己则拉过一把藤椅坐下来，说："我不喜欢坐那个。"

毕竟是军人出身，她坐在那里，腰板挺直，谈吐豪爽。特别是谈起战争年代的女军人，她好像控制不住自己的感情，激动地说："是呀！在党领导的各个革命时期，都有许许多多的妇女参加到革命队伍中来。这些妇女，是慈爱的母亲，是贤淑的妻子，更是勇敢的战士！"

说到这里，她顿了一下，语调变得低缓沉重起来："只是最早的一批女同志，已经剩下的不多了。有的在战场上献出了生命，有的在动乱年月里丧生，有的已因老病辞世，即使现在还健在的，也大多退出了第一线。"她眯起眼睛，扳动手指，深情地数着一个个名字，说着她们的出身、经历和事迹。

她一直不说她自己，而我又总是想知道她是怎样成为女将军的，走过了怎样艰难漫长的道路。经我再三要求，她才稍微透露了一点，并且还反复说："牺牲的女同志太多了，我只不过是幸存下来的极普通、极平常的一个。"

是的，她很普通，也很平常。只是她较早地投身于中国共产党所领导的革命事业，而这辉煌的革命事业又培养、造就了她。

她是湖南省浏阳县永和市小板桥人，出生在一个只种着两亩半租田的贫苦农家。年龄很小时，捞鱼虾为生的父亲就去世了，寡母领着她们姊妹六个艰难地度着日月。因生活无着，李贞和姐姐都是六岁时就被送给人家当了童养媳。对于当童养媳的生活，她一直没有忘记，以至常常在梦中出现。一个六岁的小姑娘，要洗衣服，要抱嫂嫂的比她还大一岁的男孩子，要上山砍柴。衣服洗不干净要挨打，摔着了孩子要挨打，砍了柴不会捆，捆了又挑不起，还要挨打。她几次逃回娘家，又几次被送回去。打骂和泪水，是滋养我们幼小时的女将军的食粮。那时，她的心中就萌生了这样的念头：怎样才能脱离这个家？世界上还有没有另外的路？由此，她怨天下为什么这样黑暗，恨世道为什么这样不平？稍大些以后，她跟几个要好的童养媳计议偷偷离开家，到城里去做工。姐姐听说后告诉她："抓回来要把你打死的。"嫂嫂知道后狠狠地说："好吧，你跑吧，上了天也要把你抓回来，入了地也要把你挖出来！"劝说，没有软化她；威胁，也没有吓倒她。未来的女将军，在苦难的生活中，磨炼出了倔强的性格。这倔强的性格，贯穿在她的一生之中。

1926 年春天，随着第一声春雷的炸响，轰轰烈烈的大革命风暴震撼着湖南，震撼着浏阳。在中国共产党的领导下，这里陆续成立了工会、农会和妇女解放协会等组织。年满 19 岁的李贞，看到参加这些组织的都是好人，个个扬眉吐气，心里十分羡慕。娘家姐姐又告诉她说："这就是革命！"尽管李贞还不理解"革命"这两个新鲜字眼的深刻含义，但她凭着直观的感受，觉得革命在她面前铺开了一条崭新的光明的路。于是，她剪短头发，报名参加了妇女协会。填表时，她才开始有了正式的名字——李贞，感到舒畅、自信和骄傲。因为在此之前，她一直被叫作

"旦娃子"。

不久，她就被选为永和区小板桥乡妇女协会委员长，第二年三月加入了中国共产党，并被调到铁市区担任妇女协会委员长兼工会和农会委员。

李贞入党才一个多月，蒋介石就发动了四一二反革命政变，接着长沙发生了"马日事变"。许克祥的军队到浏阳县城乡抓人，到处贴着捉拿共产党人的通缉令，通缉令上就有李贞的名字。镇上、村上布满搜索队，大路上守着地主的镖客。革命者有的被杀，有的逃到外地，也有的消极、叛变了，但李贞没有动摇。她在一个姓张的老乡家里藏了几天，然后回到家里筹措路费，准备到城里去做工。这时，有个自首分子来劝她也去自首，被她怒斥了一顿。随后，她偷偷逃到城里，在一个税务局职员家做了女工。

就在这时，秋收起义爆发。起义部队攻克醴陵，继而占领了浏阳。李贞冒着枪林弹雨和组织接上关系，参加了起义，担负送信任务。部队撤退时，她要随部队一起走，没有得到批准，而是被派往家乡担任党支部书记，积极组织群众和敌人斗争。她和几个共产党员从一个团丁那里夺得了一支枪，后来彭德怀又拨给他们12支枪，这就是后来被称为浏东游击队的最初队伍。从这个时候起，我们的女将军便开始与刀枪结下了不解之缘。

说到这里，李贞还讲了个小插曲。党组织派人对李贞说："党分配你去做新的工作。"李贞问："到哪里去？""到苏联去学习。""学习回来到哪里去？""到上海去。"李贞连连摆手说："不行不行！做地下工作要有文化，我的文化、口音和动作都不行。"有一次，组织上还让李贞穿上旗袍试一试。她跨门槛时迈的步子太大，把旗袍的下摆扯开了。女将军说到这里时，大声笑了起来。

在谈到这段历史的时候，女将军不时讲到她的母亲，不止一次深情地说："我的母亲并没有受过高深的教育，不过是一个普通的劳动妇女，可是她给了我多大的鼓舞啊！"

的确是这样，老妈妈支持女儿的革命行动。当女儿参加妇女会，做宣传工作的时候，有个叔叔对她母亲说："阿嫂，老二（指李贞）为什么那样？"老妈妈说："孩子大了，要怎么做，她自己知道。"当四一二反革命政变后，李贞从躲藏的地方回到家里，母亲原以为她早被杀了，见面后抱着女儿大哭一场，然后又把女儿拉到自己的身边说："孩子，好汉做事好汉当，你可不要出卖自己人呀！共产党虽然现在是倒霉的时候，可石头也有个翻转时。"当晚，母亲匆匆卖了粮食，请人驾了一只小船，把女儿送到城里。以后，老妈妈掩护革命者，她的家成了可靠的交通站，人们都称她是"革命的妈妈"。

女将军继续向我讲述游击队时的情景。当时，他们人少枪少，并且没有一个人懂得怎样放枪，怎样打仗。将军啊，也不是生来就是将军。于是，他们分散隐蔽在大山里，为了吃饭，男的给人打短工，李贞就给人家织麻。探得有利情况，就向敌人进攻。女将军告诉我，她直接参加的第一次战斗，是打反动武装团防所住地张家坊。游击队九个人三支枪，外加一个装爆竹的煤油桶。李贞一手拿枪，一手提着煤油桶，一进门就放，把敌人全吓跑了。另一次，游击队住在深山里的小楼上，夜间没有放哨，结果被敌人包围，分散冲出后，受到很大损失。我们的女将军得到一个贫农老汉的帮助，扮作串亲戚的女人才逃了出来。

随着她娓娓的讲述，我仿佛看到反动派那张闪着血淋淋刀光的通缉令，上面写有李贞的名字；看到她躲进深山老林，拄着一根棍子，跌跌撞撞艰难行进的情景；看到她和浏东游击队的战友们的英姿；看到她作为士兵委员会委员长，坐在花轿里充当新媳妇，夺取敌人枪支的场面；看到她怀着四个月的身孕，和敌人拼死战斗，纵身跳下狮子崖的壮举……

那一次，游击队和反动武装战斗了一天，最后被迫退到深山里，靠采集野桃、映山红和尚未成熟的牛心桃充饥。一个星期后，敌人又包围过来，只剩下李贞等五个人退到狮子崖上。前面是大喊大叫要活捉游击队的敌人，后面是几丈深的绝壁。李贞对战友说："我们不能让他们捉活的，往下跳！"说完，自己首先跳了下去，其他人也跟着跳了下去。她在昏迷中流产了。醒来后，她用手挖个坑，掩埋了孩子，在群众帮助下，拖着虚弱的身子，走了六七十里路。接着又投入连续四十多天的行军和战斗……多么坚强的女战士！这时，我才懂得了她们"是慈爱的母亲，是贤淑的妻子，更是勇敢的战士"这句话的丰富含义。

"是呀！"李贞同志感慨地说，"在过去的战争年代里，女同志要比男同志吃更多的苦！"

追踪着她的思绪，我也好像走上长征的道路，来到茫茫无边的草地，看到那位面黄肌瘦、行动迟缓的红军女战士。这个往日的女工，是怀孕后开始长征的。一路上，她挺着大肚子行军战斗。尽管领导和同志们关心她，照顾她，把干粮让给她吃，把马让给她骑，可她还是付出了比别人更多的力气。但她没有让困难吓倒，咬紧牙忍耐着，忍耐着，以常人难以想象的毅力，走过金沙江，走过大渡河，走过大雪山，走进泥泞的草地。进入草地后，也到了她生产的时候。生孩子本来是件喜事，可是在那样艰苦的条件下，简直是劫难。没有吃的，没有穿的，也没有住处。热心的战友们送来破衣服作尿布，送来舍不得吃的青稞面作营养品，但女红军和她的孩子还是吃尽了苦头。在草地上生孩子的女红军，还有好几个，有的母子平安地走出了草地，有的则永远长眠在那里……

说到这些的时候，女将军的面孔是严肃的，眼眶里有些润湿。她是想到她的姐妹们当时经受的痛苦呢？是为那些勇敢的女性而骄傲？还是二者兼而有之？是啊，前辈妇女把她们的青春、爱情、妻爱、母爱，甚至生命，全部献给了革命的壮丽事业！眼前的女将军，就是其中的一个代表。

然而，从童养媳通往将军的道路是漫长而曲折的，我们的女将军一步步走过来了。后来，她率领游击队活动在平江县，并在县委的军事部担任部长，动员青年人参军。打长沙之后，游击队编入部队，到了湘赣地区。1933 年，湘赣省委派她到瑞金马克思主义学校高级班学习。在那里，她聆听了董必武、徐特立、陈潭秋和邓颖超等人讲的课，学习了马克思主义基本理论以及地理、历史和军事常识，还到农村去搞调查，提高了理论和实践知识，结业后被分配到吉安县任县青年部部长兼赤卫军和县大队政委的职务。

1934 年 8 月，她随红六军团参加了艰苦卓绝的万里长征。她爬过雪山，吃过树皮草根。她担任组织部长，既要和部队一起行军，又要做党团工作、干部工作、收容伤病员，每天还要统计伤亡数字。在快出草地时，她得了伤寒病，昏迷不醒，战友们抬着她走。在一个临时医院吃了几剂草药，稍好后骑马过了渭河，到达陕北。在回顾这段历程时，她说："我那时没有想到死，想到的是无论如何要挺住，要战胜困难，要参加战斗！"

的确，她战胜了困难，坚持参加了战斗。抗日战争开始后，她随贺龙的部队东渡黄河，到达冀中前线，随后又奉命回延安，当妇女学校的校长。解放战争中，她跟随彭德怀的部队，参加了保卫大西北的战斗。新中国成立之初，她戎装在身，雄赳赳跨过鸭绿江，奔赴朝鲜战场，担任志愿军政治部秘书长……就是这样，几十年的烽火硝烟，几十年的疆场驰骋，把一个童养媳造就成了赫赫有名的女将军！

此刻，初春柔和的阳光，透过玻璃门窗，辐射进室内，照在女将军的身上和有些倦容的脸上。她右手托着腮，那么慈善、安详。啊！当年英姿飒爽的女战士，驰骋冲杀的女将军，已经 76 岁高龄了。她辞去了一切职务，正过着离休的生活。

也许因为她是女性的原因吧，所以她很强调妇女的地位和作用。她说："我国妇女有着光荣的传统和革命的美德。搞建设，一要钱财，二要人才。这个人才，也包括妇女，应当充分重视起来。可是现在还有重男轻女的思想，生了女孩子就不高兴，这是旧观念，需要克服。当然也有些女同志不争气，往往把自己的一切都寄托在丈夫的身上，这也是要不得的。"

时间过得真快，不觉已谈了三个多小时。我怕她太累了，便起身告辞。她站起身握着我的手，要我转达她对所有妇女的问候，祝贺她们在保卫和建设祖国的事业中，做出更多更大的贡献，超过老一辈的女兵们。

走出女将军的家门，我的脑海里闪现着她不连贯的剪影：六岁的童养媳，飞身跳崖的女游击队员，长征路上的女组织部长，西北军区政治部和志愿军政治部的女秘书长……多么可敬的女将军啊！

1980 年 2 月

他还是很忙

——访王政柱将军

　　听说解放军总后勤部副部长王政柱同志退出了第一线，我赶去看望他，想顺便约请他写一篇回忆的文章。

　　走在路上，我的眼前不断闪现着他的形象：中等个头，瘦削身材，方脸盘上有一双敏锐的眼睛，闪出和善亲切的目光；说起话来慢吞吞的，带有浓重的湖北口音。以往见他的时候，他总是很忙，或者有人谈工作，或者看文件，就是交谈之中，也不时有电话来请示、汇报。我想，现在好了，他不需要参加各种各样的会议，不需要审阅众多的文件，也不需要处理繁杂具体的事务，可以有时间好好谈谈了。

　　可是我的估计错了。当我跨进他的住处，会客室里的彩色电视机正播放一部童话片，他可爱的孙子们正在有兴趣地看着。他微笑着摇摇头，把我领进了书房兼办公室。室内，几个书橱里摆满了书，靠窗的写字台上，堆满书籍、材料和各种信件……窗外有一棵高大繁茂的桐树，使得室内光线有些暗淡。

　　我说出路上的想法以后，他笑了，指指桌上堆着的材料和信件说："你看这些信，有的要我回答问题，有的让我核实材料，还有的请我去开座谈会。确实，退下来以后，别人要我好好休息，我自己也这么想，如今老了，就歇歇吧。可是不行呀！能干的事怎么能不干呢？再说，这也是应该干的。"

　　看着他的面孔，我心里感触颇多。这位老战士，出生在湖北麻城县（今湖北麻城市）一个农民家庭。在他十多岁的时候，就参加了儿童团，接着投身于有名的黄麻暴动的队伍，拼杀在大别山上。此后，转战川陕，爬雪山，过草地，跟随中国人民解放的步伐，出生入死，历尽艰险，在半个多世纪的时间里，献出了自己的美好年华。是无情的岁月催老了他，使得他脸上的肌肉有些松弛，眼角也布满了明显的皱纹。这皱纹里有多少欢乐和艰辛啊！

我听说过，在王政柱同志的戎马生涯中，有一段很独特的经历，那就是直接在彭德怀同志的身边工作。抗日战争开始后，红军改编为八路军，朱德任总司令，彭德怀任副总司令，率部奔向抗日前线，到达太行山区。王政柱同志就在八路军总部担任作战科科长的职务。解放战争期间，他又任西北野战军的副参谋长，跟随彭总从陕北打到新疆。抗美援朝时，彭总任志愿军司令员兼政治委员，王政柱又任志愿军副参谋长，战斗在三千里江山，打击美帝国主义侵略者。

每谈及这些时，他总是感慨万端地说，直接跟随彭总战斗，目睹彭总的高超军事艺术和伟大品格，这是永远难以忘怀的教育和鼓舞。至于这段经历带来的不幸，他没有说。其实，他不说，人们也知道。庐山会议之后，彭总受到了不该有的错误批判，王政柱也是被株连者之一，并被勒令揭发批判彭德怀的"罪行"。那些年月，他苦闷、迷惑。他所见到的彭总，忠于党、忠于人民，有着灵活巧妙的指挥艺术和严于律己、宽以待人的高贵品质，有什么好批判的呢？就这样，他又被视为"划不清界限"而受到冷淡，长期没有工作。特别是在那场人所共知的浩劫中，他遭受了更严重的迫害，被送到农场劳动。直到粉碎"四人帮"之后，黄克诚同志亲自过问，洪学智同志出面，他才到总后勤部当了副部长。就是在他刚从农场回来的一段时间里，由别人协助，写出了《彭总在西北解放战场》一书，详细记述了彭德怀同志横刀立马解放大西北的业绩，受到了人们的普遍好评。

听到想到这些，我眼前仿佛出现了一幅幅画面：黄麻暴动的铜锣，大别山的红旗，长征路上的歌声，太行山上的烽火，西北大地转战，朝鲜战场的硝烟，还有那些不公正的批判……我们的革命者，我们的前辈们，走过的是怎样曲折艰难的道路啊！在这条路上，有胜利的欢笑，也有难言的隐痛，但不论在什么样的境遇中，他们都没有动摇过自己坚定的信仰和为之奋斗终生的决心！坐在我面前的王政柱将军，就是其中一位可敬的代表。

我们谈到过百团大战。对于中国人民抗日战争史上最光辉的一页，王政柱同志想说的话很多。作为当时的作战科科长，他曾亲身经历了这场战役的酝酿和决策过程，了解全部的战斗经过，至今还在的许多战报、作战命令，有不少出自他的手笔，或通过他向上呈报到中央军委，向下传达到部队的。可以说，他是至今健在的最了解情况的人之一。所以，对于百团大战的际遇，他愤愤不平地说："这一对中华民族反侵略斗争起过重要作用，连我们的敌人也为之震惊的伟大壮举，长期以来却受到来自我们内部的某些责难，'文化大革命'中更成为它的主要组织指挥者彭德怀同志的一大罪行。这是不公正的！"

我对他说："在抗日战争胜利 40 周年时，您可否把关于百团大战的回忆写成文章，在报上发表，还历史以本来面目呢？"他略沉思一会说："要写！我要写！"当即答应了下来。他的儿子悄悄对我说："爸爸出来工作之后，经常念叨百团大战的事，好像不说出来就不甘罢休似的。"

没过多久，回忆百团大战的文章就写出来了。初稿是一位同志帮助他整理、他自己认真进行了修改的。当我看到修改稿时，不禁愣住了。上面密密麻麻的红色笔迹，从头贯穿到尾。每一个提法，他都精心斟酌过，每一个具体数字，他都反复核实过。同时我也发现，文中凡是说到他自己的地方，都被删掉了。这就是一个戴着花镜的老人，弓身伏在写字台前，就着灯光，时而挥笔疾书，时而凝眉深思，时而反复推敲的结果啊！多么细致、多么认真的作风！多么谦逊的精神！听说，他对每一份材料，包括别人找他审查的，都是以这样的态度对待的，从没有一点马虎。

更使我感动的是，报上发表他的《中国人民抗战史最光辉的一页》一文时，要配一张百团大战的示意地图，以便帮助人们加深对这一胜利的理解。我把这个意思告诉他以后，他亲自坐车到军事科学院找来了图。我请人根据他提供的图重新画过之后，他又亲自跑来审查。长期的参谋工作，使他对地图非常熟悉，马上就看出了图上的几处差错。文章发表的前一天，他又打来电话说："昨天夜里我躺在床上又想到还有几处地方不妥，想到你那里去改一下。"我不好意思让一位七十多岁的老人跑来跑去，就请求将他的话记下来，代他修改，他才放了心。

对离休后的生活，王政柱同志曾告诉我，让年轻的同志走上第一线，在实际工作中经受锻炼，增长才干，是十分必要的，是我们的事业永葆青春的关键。老同志退下来，也有很多事可做。从交谈中我知道，他主持编写的一本志愿军后勤工作的书，由邓小平同志题写书名，不久将与读者见面。它对于怎样搞好现代条件下的后勤保障工作，将有重要的参考价值。此外，他还参与了红四方面军战史的编写工作。作为我们红军三大主力之一的红四方面军，由于出了个张国焘，长期以来得不到实事求是的评价。现在可以这样做了。王政柱同志对此很高兴，参加会议，提供材料，修改文字，看得认真，改得细致。多年参谋工作形成的习惯，又在这个方面起了作用。也许正因为如此吧，所以，他尽管离休了，还是感到时间紧，工作忙。

走出王政柱同志的家门，正是黄昏之际，满天霞晖，灿烂缤纷。想到刚才的交谈，我的心潮又翻腾起来：我们的老同志虽然离开他们酷爱的工作岗位，可是他们并没有休息，没有在花鸟虫鱼中消磨时光，也没有在儿孙们的嬉笑声里陶醉，而是以各种各样的方式，为党、为军队做着力所能及的工作，贡献着自己的余热。真是"春蚕到死丝方尽，蜡炬成灰泪始干"啊！

1985 年 8 月 24 日

烽火岁月官兵情

——访张铚秀将军

我坐在张铚秀将军对面，面前摆着他的回忆录《军旅生涯》、日记《阵中实录》。虽然他让我先看看书，但我还是固执地要听他的亲口讲述。无论怎样真实的文字记录，都不如本人讲述来得精彩、生动、亲切。对于将军来说更是如此，其久经沙场、九死一生、践危履险、披坚执锐的历程，铺展开来，本身就是一幅光华四射、充满传奇的壮丽人生长卷。

张将军的人生长卷始自 20 世纪 20 年代，至今已经八十多年了。

他出生在江西省永新县虹桥村一个贫苦的农民家庭，十岁时当泥瓦匠的父亲贫病交加含恨去世。1926 年冬，轰轰烈烈的农民运动风暴吹到永新，他的大哥张成秀带头发动贫苦农民反压迫反剥削，组织农民协会，11 岁的张铚秀送信传递消息，充当通信员和联络员的角色。1927 年四一二反革命政变后，张成秀被迫跑进永新、莲花两县交界的九陇山，找到并参加了中国共产党。第二年五月，毛泽东领导的秋收起义部队首次攻占永新县城，张成秀回到家乡组织农民暴动，张铚秀参加儿童团，用"嘟嘟嗒嗒"的号声，召唤乡亲们行动起来，向黑暗旧社会冲击。这一年他13 岁。从此以后，他参加少先队，走进游击队，投身工农红军，开始了他铁火硝烟的军旅人生。

军旅人生的路，是呼啸枪弹炮弹的路，是交织鲜血烈火的路。面对老将军，我依稀看到他在这条路上不停顿地疾走如飞、冲锋陷阵、挥兵鏖战的身影。时而在永新游击队配合红军主力袭击敌人，时而在反"围剿"时和全排一起勇猛拼杀，时而在长征路上带全营猛插敌后，时而在抗日战争中率领全团突出数倍于己日伪军的重围，时而率全师转战苏鲁皖，激战莱芜、孟良崮，攻济南，战淮海，渡长江，进驻大上海，然后又奔赴朝鲜战场，突破汉江，坚守三八线，阻击平康、金化。直到 20 世纪 80 年代，任军区司令员的张铚秀还指挥部队，为保卫祖国边疆而战。

那一个个激越昂扬又悲壮惨烈的场面，如电影镜头一幕幕从我眼前闪过。我在心里默默算了一下，从参加游击队到红军、八路军、新四军、解放军、志愿军，他是直接参加和指挥打仗时间最长的将军；从当战士、班长、排长、连长、营长、团长、师长、军长到军区司令员，他是做军事工作时间最长的将军。对一个终身以军事为职业的军人来说，这两个"时间最长"包含着多少艰难、困苦和危险，是不用说就完全可以想象得到的。

午后的阳光斜射进室内，背窗而坐的老将军在柔和光线的衬托下，如同一尊庄严的雕像，他的脸上有沉思，也有欣慰，更有怀念。是沉思那些浸透硝烟弹火的年代？是欣慰没有愧对军队和人民？还是怀念并肩穿过枪林弹雨的领导、战友和部下？

是兼而有之。

我也发现，将军回首过去难忘的烽火岁月，每说到军队时，使用的是"大家庭"的称谓，每说到人与人之间关系时，使用的是"亲兄弟"的称呼。我以为，这自然不是一般意义上的比喻，也不是江湖好汉们的义气，更不是故作亲热，它有着丰富的内容，深厚的含义。因为将军从走进红军部队，看到的就是官兵平等、上下一致，从士兵到总司令，吃的一样，穿的一样，平时互相体贴，战时争先迎敌。所以能战胜国内外敌人，取得伟大胜利，为人民夺取了政权。

的确，对于一支军队来说，只有整体上像个大家庭，相互之间像亲兄弟，才能共同阻挡迎面而来的如林枪刀、如雨子弹，压倒敌人而不被敌人压倒，这就是"不和于国，不可以出军；不和于军，不可以出阵；不和于阵，不可以进战；不和于战，不可以决胜"的道理。史载，军事家吴起和士兵吃一样的饭菜，睡一样的草席，士兵身患痈疽时，他用嘴为其吸出浓血。名将霍去病将皇帝赐给他的一坛御酒倒进泉水，与士兵同饮。战将戚继光在追击倭寇途中，看到士兵雨中露宿，便立即命人撤掉自己的帐篷。当然，这只是极少的个例，或者根本就是人们向往的美好传说，成为佳话，流传下来。只有共产党领导的人民军队，才能真正像大家庭像亲兄弟。因此，张铚秀能受到别人亲兄弟般无微不至的关心照顾，他也能亲兄弟般无微不至的关心照顾别人。

那是在红六军团西征路上，张铚秀头部受伤，肿得很厉害，战友们绑担架抬他，他坚决不肯，忍痛和大家一起行军。有几次掉队，团政委晏福生不但亲切询问伤情，并且让马给他骑，关照卫生队为他洗伤口、换药，给他红汞、纱布、药棉，使他很快康复投入新的战斗。

那是在湘黔边界，张铚秀右腿负伤，团长覃国翰、政委刘礼年送给他营养品。覃团长还专门下达通知，让各营从缴获的军马中挑选一匹膘肥体壮、耐力强的马，替换他原来那匹瘦弱的马。他就是骑着经过覃团长挑选的健壮的马，从黔东走到毕节，然后伤愈归队。

回忆这些，将军深情地说：战争年代，干部战士比亲兄弟还亲。领导爱护部属，上级关心下级，那种亲如兄弟般的情谊，实在感人肺腑！

张将军对我说，他所在的红六军团，在长征路上有三次会师，每一次会师都有亲兄弟般的动人情景。第一次是与红二军团在贵州印江木黄会师，"当时的场面非常热烈，大家紧紧拥抱在一起，久久舍不得分开，红二军团的同志看到我们都光着脚，就从自己的身上把草鞋解下来给我们穿上。他们在困难的情况下，买了猪肉、苞谷和盐巴来慰劳我们，兄弟般的情意使我们十分感动！"第二次是红二方面军与红四方面军在西康甘孜会师，"大家兴高采烈，像久别重逢的亲人一样。四方面军同志把自己织的羊毛、牛毛袜子送给我们。四方面军还送给二方面军近千头牛羊，在当时那可是'救命粮'呀！"第三次是红一、二、四方面军大会师，"大家欢呼拥抱，把平时舍不得吃舍不得用的东西作为礼物，毫不留恋地送给对方，互相勉励，投入新的战斗，夺取新的胜利！"将军说起那三次会师的动人情景，仍然激动不已，连声慨叹。

思想和作风都是有其传承性的，这种传承很大程度上不是靠说，更主要靠做，即耳濡目染、潜移默化。就说张将军吧，他也像领导和战友对他那样对待领导和战友。平时他爱护战士，尊重领导，战时他迎险先上，冲在前面，为了领导、战友、战士乃至兄弟部队的安全，他不惜牺牲自己。

长征过草地之前，每人虽然准备了半个月的粮食和盐巴，但还没走到一半路程就都吃光了，最后一段路程是在绝粮的情况下度过的，连牛皮草鞋、牛皮腰带都用以充饥。时任营长的张铚秀配备有一匹马，这匹马驮着他走过草滩泥泞，也驮过受伤及体弱的战士，但看到大家实在饥饿难耐，他便忍痛杀掉自己的马，把马血、马肉、马皮、马骨分给全营战士吃。战士们流下了眼泪，他也流下了眼泪。今天看来，那只不过是一匹马，可在当时的环境里，马在很大程度上就是他的生命，能驮着他顺利走出草地险境，但为了战士，他毅然将自己的生死置之于度外。

1939年新四军的一个团机关、特务连六百余人被五千多日伪军包围。时任营长的张铚秀率领全营掩护团部突围。他命令一连抢占要点断敌退路，亲自带领二、三连顽强顶住敌人，然后交替撤退。经过激烈战斗，终于保证团部安全突出十倍敌人的围追。全营牺牲58人，伤82人，他自己也因负伤的右腿支持不住倒在地上站不起来。

随着职务的提升，张铚秀指挥的部队越来越多，但他始终牢记我们的军队是人民军队，官兵亲如兄弟。所以，他把"严于治军"和"善于爱兵"统一起来，做到严中有爱，爱中有严，不论作战还是训练，都时时处处想着部队，想着战士。

在朝鲜战场上，身为副军长的他，要和其他军领导一起指挥部队打击侵略者，肩负重任，但与部队同样住在潮湿的坑道里，忍受断粮的饥饿。最困难的时候，他提出"二线支援一线，机关支援连队，保证前沿班排吃饱吃好"的口号，军领导及机关干部每人每天只有二两粮，主要以野菜充饥。20世纪60年代国家处于经济困难时期，粮食和副食品匮乏，都按计划供应。身为一军之长的他，从不用职务和权力额外多取，所以和所属干部战士一样忍饥挨饿，因为子女较多，甚至还不如有些人。他当军区司令员时，亲自过问边防前线官兵的生活，保证基层干部战士吃好住好、防病以及健康和有关的药品。他是这样说的："战士是军队的主体，是战斗力的基本要素。带兵的人，不管职位多高，都要对战士怀有深厚的兄弟之情。想着他们的冷暖，尽可能满足他们物质和精神的需求。解决他们遇到的困难，是指挥员应该做的，这样才能官兵一心，上下一心，保卫祖国的安宁。"这是老将军从身经百战的实践中总结出来的带兵的金玉之言。

在漫漫征途上，将军有不少领导、同级和下级倒在敌人的枪弹之下，这些人都留在他的心中，写在他的回忆录《军旅生涯》里。那众多的战死者的名字，有普通的战士，有排连营干部，也有师团以上的指挥员，有的连出身、经历及性格特点，他都记得清清楚楚，写得栩栩如生。时间过去那么久，他仍然没有忘怀，不是很能发人深思吗？

我在读他的日记时，被这样的记载吸引住了。那是 1952 年 2 月 17 日在朝鲜战场上写的："前天（15 日）敌突向我炮袭，我作战参谋前去检查，在行动中被炮击牺牲。我不禁悲痛之至，写了几句话悼念他：赵参谋（注：名赵洪俊，是司令部一科的参谋），您是一个勇敢的战士。您是一个老练的参谋人员。您是一个优秀的共产党员。您在抗日战争中、解放战争中，曾经对党和对人民有过很大的贡献。在抗美援朝的战争中也表现了您为保卫祖国、保卫世界和平，忘我地工作着，埋头苦干，深得大家的好评。战友您这次牺牲了，这对党和人民都是一个很大的损失，但是您的死是光荣的，是永远为人民所尊敬的。老战友安息吧！您的仇由我们替您去报，您未完成的革命事业由我们继续去完成。战友安息吧，安息吧！"我在读这段日记时，仿佛看到了在狭窄的坑道里，一个副军长耳听敌人隆隆的炮袭声，一笔一画地倾吐着他对一个参谋英魂的心声，甚至我还好像看到了昏黄的灯光照着他泪水浸湿的双眼。其景其情，催人心动！

怀念是无尽的，真情是绵长的。不过，老将军并没有沉缅在对昨天的怀念里，他的心他的目光，同样关注着今天、明天。他意味深长地说："我们国家在进行社会主义现代化建设，需要构建和谐的环境。我们军队在进行革命化、现代化、正规化建设，需要构建和谐的军营。在新的历史条件下，过去官兵亲如兄弟的优良传统，要珍惜要继承要发展。我愿我们军队有巨大的亲和力、凝聚力，完成祖国和人民赋予的神圣使命！"

2006 年 11 月 10 日

奉献无声

——访李永悌将军

　　如果不是他晚年苦学书法且卓有成就，如果不是他在中国美术馆、黑龙江、天津、四川等地举办书法展、"李永悌吕东秀夫妻书画展"，如果不是他出版了《李永悌吕东秀夫妻书画集》《李永悌书启功论书诗词绝句》等著作，如果不是报纸、杂志、电视上多次宣传他和夫人吕东秀为书画伉俪，大概相当多的人不会知道他是一位三过雪山草地的老红军，是一位为革命战争胜利、为建立和保卫共和国做出过特殊贡献的老将军。

　　因为他从事的无线电技侦，是一条无形的战线，做此种工作的人是默默的无私的奉献者。

　　我曾多次采访过李永悌将军，知道他当红军不久就做无线电技侦工作了。他出生在四川省宣汉县一个贫苦的佃农家庭，祖辈不识字，连写借据都得送礼求人。他是家里最小的孩子，为了免除求人之苦，全家人省吃俭用送他断断续续读了四年小学，终因拿不出五块大洋的学费而忍痛辍学。为了糊口，他除干放牛、割草等农活外，还为回娘家的地主闺女、媳妇背孩子、提礼品。1933 年，红军第四方面军到了他的家乡，只有 16 岁的他先参加村里的赤卫队，后悄悄离家参加了红军。

　　最早把李永悌和他的一个伙伴领进红军的，是红九军二十五师政治部的一名通信员。他讲红军专打国民党反动派，替劳苦大众撑腰等道理，还说师政治部有剧团、宣传队、看护连等单位，并且说："不论干什么，都是革命工作。"就是这句话，深深地记在了李永悌的心里。所以，当师政治部张主任问他愿不愿意到宣传队去时，他回答："凡是干革命的事，我都愿意！"

　　在宣传队，李永悌和其他人一起，外出宣传群众，筹粮筹款，动员青壮年参军，打仗时到前沿阵地，冒着密集的弹雨向敌军官兵喊话，有时也护送伤员。一天傍晚，他带领一支由四五十副担架组成的担架队连夜运送伤员。一路上，他既要组织好民工，又要照顾安慰伤员，终于完成了任务，加入了共青团。

三个月之后，当政治部张主任问李永悌愿不愿意去学习无线电时，尽管他当时不知道无线电是干什么的，但还是说："凡是干革命的事，我都愿意！"于是他走进红四方面军无线电训练班，从此开始了他的无线电侦察情报生涯。

李将军告诉我，他当时根本就不知道无线电侦察情报怎么搞，也没想过挑挑拣拣。那是战争年代，一切服从战斗的需要，人也不例外，叫到哪里就到哪里，叫干什么就干什么，而且要在干中学在学中干。李永悌从无线电侦察情报训练班毕业后，先分配他搞无线电通信，没几天又调他去搞无线电侦听，即截获敌人的无线电密码。那时人员极少，一人一部机器，没有人替换，经常是白天接着黑夜、黑夜接着白天连轴转，有时连吃饭睡觉也顾不上。

李永悌正式投入工作后，红四方面军正准备西渡嘉陵江。国民党第二十八军军长邓锡侯的部队布防于嘉陵江西岸沿江一线，企图阻止红军西进。台长蔡威将邓锡侯部电台的呼号和波长交给李永悌，要他严密监控其联络，将来往电报全部抄下来。虽然这是第一次单独执行任务，但他没有畏惧，更没有退缩，勇敢地挑起了重担。他坐在收发报机前，集中全部注意力，聚精会神、冷静耐心地在声音嘈杂的广袤天空里一刻不停地搜索寻找。当发现敌电台的信号后，他立即牢牢抓住，紧紧跟踪，敌台调波长他跟着调波长，敌台发报他就抄报。通过敌人军部电台和各师电台的几次联络，他不仅掌握了敌台联络的时间和波长，而且将他们相互发出的电报都毫无遗漏地抄收了下来，对于红军强渡嘉陵江，起到了重要作用。

红四方面军渡过嘉陵江后就踏上了长征之路。在那条充满艰险的路上，横着天上绝飞鸟的雪山，地上无人迹的草地，狂风飞雪，草滩泥泞，极为难走，更有敌军的围追堵截，红军没有吃的没有穿的。在这样的地方，李永悌和他的战友们来来回回走过三次，其难其苦，可以想见。为了御寒，他把刚剥下的羊皮做成皮背心穿在身上，干缩后脱不下来；为了填饱肚子，只能寻找野菜、青稞充饥；一次过河脚趾头被划破化脓深夜掉队，是蔡威台长连夜赶回及时救了他。即使在这样的条件下，电台仍然要坚持不间断地工作。他们和部队一样攀登冰雪覆盖的高山，跋涉泥泞密布的草地，一住下来就得打开机器，不仅忍受疲劳饥饿，还得克服重重困难，没有灯油就用酥油照明，没有抄报纸就临时找些别的纸代替。

李永悌还记得，到达毛尔盖时，蔡威台长对他说："你把胡宗南的电台找出来。"胡宗南是蒋介石的嫡系，属他指挥的伍诚仁师正扼守在松潘、包座一带草地边缘，堵住红军北上之路，搞清胡宗南部的情况，对于红军走出草地会有重要作用。但是，胡宗南部电台的报务员都是国民党交通兵团训练出来的，用的机器也是特制的，极难侦控，更何况对他们没有任何资料，犹如到大海里去捞针。

接受任务后，李永悌就坐到机器前，手不停地调波长，耳朵从嘈杂的电波中凝听搜索信号。两天两夜时间他动也没动地连续侦听，终于寻找到胡宗南部电台的活动，并抄下其发出的电报。当电报送给领导后，他即伏在机器前睡着了。在徐向前、陈昌浩等人指挥下，红军取得了包座战斗的胜利，伍诚仁师大败而去，红军遂占领包座，打开了进军甘南的门户。包座战斗的胜利，李永悌有着一份不为人知的功劳。

红四方面军南下攻克宝兴、天全、芦山地区后，国民党四川"剿匪总司令"刘湘集中一百多个团的兵力，在百丈关、飞仙关一线阻击红军。为了弄清敌人的情况，李永悌又接受了侦控刘湘部电台的任务。他根据已掌握的材料，很快找到了敌人的电台，并且紧紧跟踪，严密监听。一天早上，他听到敌台发出"十万火急"的电码，立即高度警觉起来。接着，敌台开始给各军、师发报，李永悌马上跟着抄报。此时气候非常恶劣，连日阴雨雷电，天电干扰格外大，他就把耳朵贴到机器上凝听，手疾速地抄收电报。随后又利用敌台重复的机会，补齐漏掉和不清楚的电码。为抄好这份电报，李永悌连续工作18个小时。这是一份刘湘部署兵力的电报，敌人所有兵力和各部的任务都在这份电报上面。它对红军领导人的决策和行动，起到的作用是不言而喻的。

在长征途中，毛泽东不无骄傲地说：和蒋介石打仗，我们是玻璃杯里押宝，准赢得了。他还赞扬无线电技侦是黑夜行军路上的"灯笼"。李永悌自豪自己是无线电技侦队伍中的一员，是无数提灯者中的一个。不过说到长征中的无线电技侦，李永悌总难抑心头的悲痛，因为他的几位战友长眠在了那条路上，他尊敬的领导蔡威台长刚走出草地就不幸病逝了。更让他难受的是，几十年之后，才找到蔡威的家乡和亲人，他的家乡和亲人也才知道他的真实消息。真可谓无名英雄中的无名英雄啊！

抗日战争开始后，因为各种原因，一些人离开了无线电技侦战线，到抗日最前线的部队去了，李永悌仍被留在原来的岗位上。他像过去一样服从需要，安安心心、兢兢业业地做着默默无闻的工作。在延安，他因为找到韩复榘的电台并译出其密码，又被调去搞破译，即专门破解译出敌台的密电码。任何电台都是使用自己编制的电码，以便保守秘密。为此一方总是千方百计地做种种伪装，以达到不为对方识破的目的。另一方则想尽办法破译对方的，形成了破译和反破译的看不见的尖锐斗争。这是高度的机密，连从事这项工作的人也是不为人知的。近年来不少书籍、电影、电视剧上都有具体的描写和形象的反映，令人读后观后为之叹服。李永悌和他的战友们一起，所搞的破译就是这样的。他们时时面对抄收敌台的天书一般的电报，绞尽脑汁地琢磨、分析，乃至一个字一个字地猜测，寻找其规律，终于破开了敌台加乱数等密码，并在此基础上总结出了一些可行的方法。

1939 年，李永悌等八人奉命前往位于太行山的八路军总部。那是抗日战争最困难最残酷的年月，日军一次次疯狂"扫荡"，友军频繁制造摩擦。太行山是日军"扫荡"的重点目标，总部机关经常转移，环境危险，物资奇缺。就是在这种情况下，八路军总部成立了由副参谋长左权直接领导的新闻台，侦收、破译日伪军的电报，为彭德怀等领导人及机关指挥反"扫荡"作战和进行百团大战提供了可靠的情报。为了克服困难，有一段时间，他们不得不分班轮流值班，边坚持工作，边开荒生产，解决吃饭问题。1941年秋末，为了搞到华北日伪军电台的资料，李永悌曾两次带领一名报务员和一台机器，翻山越岭、冒着寒冷天气和生命危险，到河北邢台以西的地方，近距离寻找日伪电台。

抗战胜利后，李永悌在刘伯承、邓小平指挥的部队，转战晋冀鲁豫，挺进中原，鏖战淮海，横渡长江，进军大西南，一直从事他挚爱的无线电技侦工作。虽然每一次战斗的胜利，都浸透了他的心血汗水，都有他的一份功劳，但他并没有冲杀在第一线，没有直接指挥过具体的战斗，因而便没有像一些指挥员那样名扬中外。不过，他也由普通的报务员、破译员一步步成长为担任台长、局长、副部长等职务的军以上干部。

李永悌将军所在的单位成立70周年时曾做过一个纪念盘，上面刻着16个字："无形战线，无名英雄，无私奉献，无上光荣"。在他的客厅里，我看到这纪念盘摆在显著的位置上，它是老将军光辉历程和思想品格的最好写照。

2006年9月26日

人生大课题

——访华楠将军

我曾多次听华楠将军讲述他七十余年的革命生涯。他在回顾、思考走过的道路时，谈到许多深刻的感悟，其中很重要的一点就是艰苦奋斗。正因为如此，他才能在革命的征途上高扬风帆，破浪前进。

华楠出生于一个地主兼资本家的家庭。他的父亲拥有当时烟台最大的丝行"恒兴德"和多个分行，在山东周村、辽宁丹东还有丝织厂、面粉厂，在上海设有办事处，产品不但行销国内，并且远销菲律宾、印度尼西亚等东南亚国家，最兴旺时年利润达五十余万大洋，是胶东华商首富。华楠出生后家境已经开始破落，不仅工厂倒闭，还欠下债务，母亲靠变卖首饰供他上学。

这时的中国正处于灾难深重的年代，特别是九一八事变后，日军侵占东三省，进而发动大规模侵华战争。政府当局腐败，军队不抵抗，人民大众生活在水深火热之中。在烟台，外国人占据最好的风景区最好的海滨浴场，作威作福，横行无忌，华楠幼小的心灵受到极大的震动和伤害。进入志孚中学后，他受到大革命时期的老共产党员刘宪曾和一些进步老师及同学的影响，先后加入革命群众组织"读书会"、党的外围组织"中华民族解放先锋队"（简称"民先"），冒着危险宣传共产党的《八一宣言》，爱国热情高涨，逐渐脱离家庭，向往红军，向往共产党，向往共产主义。"卢沟桥事变"不久，他经地下党组织和"民先"推荐，与党员同学王锡泽一起以平津流亡学生的身份奔赴延安。

这时的华楠只有 16 岁。他离开家之后，一路上克服重重困难以及国民党当局一次次盘查等到达西安。经八路军西安办事处介绍，在三原镇通过考试和短训，丢掉除背包以外的所有物品，编队徒步前往延安。他是同行队列中年龄最小的，又从来没有长时间徒步行走过，上路不久脚底就磨出了血泡，踩到地上疼痛难忍。他用针挑破血泡放掉浓血，坚持继续行走，还和其他人一样轮流做饭、找铺草、挖厕所、站岗放哨。经过这样连续十多天的长途跋涉，终于到达向往已久的延安。华楠欣慰地说："一踏上延安这块神圣的土地，就像进入了一个新的世界、新的大家庭，我从此迈出了人生最关键的一步。"

到延安后，华楠先进陕北公学后被选调抗日军政大学学习。

此时的延安，环境极为艰苦，物质极为匮乏，学员们穿粗布军衣，住窑洞，铺谷草，每天吃小米饭，菜很少，油水更少，吃顿荞麦面就算是改善生活了。冬季北风凛冽，黄沙呼啸，学校没有教室，上课、开会都在露天。调入"抗大"后，先是挖窑洞，接着进行从战士动作到排的课目的训练，吃饭从八分钟缩短到五分钟，经常打野外、紧急集合，经受严格军事生活、集体生活的锻炼。华楠在革命信念的激励下，在昂扬向上的氛围里，始终精神饱满。冬天手脸冻裂，他照样出操上课，在政治课、军事课上刻苦学习、认真演练，很快适应了艰苦的环境和生活。

更令华楠深受教育和鼓舞的是，他进入"抗大"不久，毛泽东为抗大同学会成立纪念题词："坚定不移的政治方向，艰苦奋斗的工作作风，加上机动灵活的战略战术，便一定能够驱逐日本帝国主义，建立自由解放的新中国。"抗大的领导、教员、学员，都按照题词的要求进行教学和学习。华楠还亲眼看到毛泽东等中央领导到学校讲课或做报告时，穿的衣服上打着补丁，学校的领导、教员和学员穿一样的衣服，吃一样的饭菜。特别是毛泽东在和学员交谈时说："会吃小米，会打草鞋，会爬山才算是抗大的学生。你们来参加革命，学马列主义，要懂得吃小米、爬大山，这就是革命，这就是马列主义。"毛泽东把艰苦奋斗提到了要不要革命，要不要马列主义的高度，使华楠的思想受到巨大的震撼。至今回忆起延安的那段岁月，华楠仍然认为，通过军事课、政治课学习，懂得了革命道理，坚定了革命意志，同时更为深刻的是学到了艰苦奋斗的作风。有了这方面的认识和锻炼，不但完成学业，还为以后很快适应敌后抗战的艰苦环境打下了牢固的基础，对一生都起着重要的作用。他动情地说：

"在延安受到的教育和洗礼,是我一生用之不尽的精神财富,艰苦奋斗是成功事业的重要因素。"

我理解他所说的"成功",既是指中国共产党领导的革命事业,同时也是指他自己由一个普通的青年学生,逐步成长为人民军队的高级将领。

华楠从延安"抗大"毕业后,被派往张经武、黎玉率领的八路军鲁东抗日游击纵队。前往山东的路上,华楠任宣传队长,带领宣传队员打前站,做社会调查,张贴标语,宣传群众。他们历时三个多月,经陕西、河南、山西、河北等省,跨越日伪军一道又一道封锁线,于 1938 年 11 月到达山东沂蒙山区,华楠被任命为山东纵队宣传大队大队长。这是一个新组建的单位,三十多名队员都是从基层部队文化骨干和宣传队员中选拔的。他们克服各种困难,在极短的时间内编创、排练了一批小戏和歌曲,如《放下你的鞭子》《东北流亡三部曲》《大刀进行曲》《游击队之歌》《延安颂》等,到部队和附近农村演出,受到官兵及人民群众的欢迎与好评。

从华楠的讲述中我知道,他当宣传大队长不久,中共山东分局、山东纵队领导决定以宣传大队为基础创办山东鲁迅艺术学校,华楠奉命担任政治协理员兼党支部书记(没设政委,他实际上做的是政委的工作)。他与校长王绍洛等一起积极主动聘请教员,严格考试选录学员,结合实际编写教材,千方百计配置教具。同时发扬延安"抗大"精神,组织教员、学员自己动手,因陋就简办学。没有教室,教员就在场院和树下授课;没有桌凳,学员就以双膝当桌、砖石为凳听课。油画系没有油彩、画笔和画布,就用水彩、铅笔和纸张作画。音乐系没有钢琴,就以月琴、胡琴代替。戏剧系通过排练节目学习表演,文学系利用分析文学作品和戏剧系的排练讲授文艺理论。在后来的反"扫荡"战斗中,教员和学员不仅提高了艺术水平,还创作了音乐、美术、文学、戏剧等各种样式的文艺作品,到部队演出,到群众中做宣传,既活跃部队和驻地的文化生活,鼓舞抗日军民的士气,还培养了大批人才。在最早的一批学员中,有不少人后来成为文艺和各方面的专家,有的还成为党和军队的高级领导干部。

整个抗日战争和解放战争前期，华楠一直战斗、生活在沂蒙山区，经历了日军一次比一次更大规模的"扫荡"，一次比一次更加残忍的烧、杀、抢、掠，他也一步步成长起来。继宣传大队和鲁迅艺术学校之后，他当过宣教科副科长、代理过团政治处主任，任过宣教科长、宣传部长、师政治部主任。部队转入外线作战后，他又担任军分区副政委兼政治部主任、十八军随营学校政委，1949年渡江前夕，他已是三野九兵团的宣传部长。

随着革命战争的胜利，随着个人的成长进步，华楠对艰苦奋斗的认识也在逐步加深，尤其对毛泽东所说的"没有坚定正确的政治方向，就不能激发艰苦奋斗的工作作风；没有艰苦奋斗的工作作风，也就不能执行坚定正确的政治方向。""艰苦奋斗是我们的政治本色"等论述的理解更深刻，也就能更自觉地贯彻到自己的思想和行动中去。他深有体会地说："坚定正确的政治方向，就是干事业要有正确的目标。我们在人生的各个阶段上，都要在正确的人生观、世界观和价值观指导下，为一个目标而奋斗，就必然是艰苦的，就要苦干、实干。"他自己正是以这样的精神，为党为人民勤奋地工作着。

1949年5月，解放上海期间，华楠任兵团宣传部长，他积极组织官兵贯彻中国共产党七届二中全会精神。他认真学习毛泽东在这次会议上的讲话，亲自到担负上海警卫任务的二十六军做调查，研究干部战士进入大城市后的思想动态及存在的问题，开展有针对性的思想教育。他组织主持举办了两期兵团师以上干部轮训班，请陈毅等领导同志做报告，特别是陈毅以"不能在染缸里变质"为题，精辟阐述了毛泽东在七届二中全会上的讲话，对人们的教育很大。华楠还到新招收的以知识青年为主的教导团去讲课，作专题辅导。由于贯彻了党的七届二中全会精神，部队进驻上海后，保持了艰苦奋斗的政治本色，得到人民群众的广泛称赞。

多年的亲身经历，华楠感到不论战争年代还是和平时期，艰苦奋斗都是巨大的精神力量，因此他一直把宣传艰苦奋斗作为自己的崇高职责。他任《解放军报》总编辑时，在军委和总政领导的指示、支持下，和其他报社领导一起，大力宣传全军一大批先进典型，如雷锋、好八连等。在宣传"南京路上好八连"时，不仅组织记者采写了反映八连《艰苦作风，代代相传》的通讯，官兵们身居闹市、一尘不染的故事，还亲自主持撰写了社论《务必保持艰苦奋斗的作风》。通讯、社论和故事发表之后，在军内外引起强烈反响。此外还积极组织宣传了永不褪色的老红军战士、军政委何志远、三座破庙起家的二六一医院、百炼成钢的"硬骨头六连"、川藏高原的"钢铁运输班"、海军的"海上猛虎艇"、空军的"霹雳大队"等，为广大指战员树立了一批看得见、学得上的榜样，有力地促进了军队的革命化、现代化、正规化建设。

华楠还多次提到罗瑞卿。他说："罗瑞卿同志对我影响也很大，特别是艰苦奋斗方面，他的见解很独到，我听后非常有同感。他说艰苦奋斗有两个方面，一是体力方面，能够吃大苦、耐大劳，这是十分重要的；二是脑力方面，勤于思考，勇于战胜困难。这两方面都很重要，互相联系，脑力带动体力。对于一个领导干部来说，更重要的是脑力方面的艰苦奋斗。"长期从事党和军队宣传工作的华楠，不但对此有同感，而且始终就是这样做的。不论主办《八一杂志》，还是主持《解放军报》，乃至当总政副主任后分管全军的宣传文化工作，他都认真思考，一丝不苟，有时甚至为一个字一句话反复推敲，直到满意为止。

华楠将军最后强调说："艰苦奋斗就是在革命信念激励下的苦干、实干。艰苦奋斗需要坚强的毅力，离开了艰苦奋斗，任何事业都不会办好，都不会成功！艰苦奋斗的内涵很丰富很深广，但说到底就是对生活、对工作的一种态度，而且这种态度左右着人的一生，是人生的一个大课题。"

他说的对，每个人都面对这样的大课题，不同的对待有着完全不同的结果！

2006 年 9 月 22 日

竭诚践行者

——访周克玉将军

轻按电钮重千钧，

胸中跳动万民心。

百姓赋权当珍重，

人为本兮民至尊。

谈起此诗，周克玉将军说："这是我 1998 年参加第九届全国人民代表大会选举国家领导人那一刻的真实心情。因为我们是代表人民的，选出的领导人要不负人民所望，才会得到人民拥戴，从而上下团结一心，使我们国家走向更加繁荣富强。这个责任太重大了！"

我知道，周将军这样想这样说，是他自己的亲身经历和体会，也是最初引他走上革命道路的主要动因。

1941 年，新四军第三师师长兼政委黄克诚率部到达苏北，年仅十多岁的周克玉，看到新四军奋勇抗击日本侵略军的频繁"扫荡"，反对国民党顽固派的妥协及对抗战的破坏，一扫日伪汉奸顽军的凶焰，同时建立三三制政权，实行减租减息，为长期受苦受难的老百姓带来了切切实实的利益。特别是住在村里的新四军伤员，不顾伤痛给小学生上政治、军事课，讲战斗故事，当疟疾发生时，将自己的药让给学生和群众。人民群众看到共产党及其领导的新四军，是和他们共命运同甘苦的，是真心实意为他们谋幸福的，不仅热烈欢迎和拥护，而且积极参与其中，使新四军不但立地生根，还得到了发展壮大。这些，在周克玉的心里打下了深深的烙印。这是他在烽火年代加入共产党，宣誓不怕牺牲、英勇战斗、报效国家和人民的思想根基。

周将军还说了影响他一生的一件事。那是 1945 年 7 月，他以射阳县参议员的身份（青年学生代表）参加县人民代表会议。会议还未开始，日伪军前来"扫荡"，县委书记马宾率全体与会人员紧急转移。途中下起大雨，一条约三十米宽的大河横在面前，水流很急，不知深浅，又无渡船，后面不远处还有日伪军追赶。正在人们不知所措惊恐观望时，马宾第一个跳进水中，冒着生命危险边探路边往前走。他的举动如同无声的召唤，包括民主人士在内的二百多名代表纷纷下水，紧随其后过河到达安全地方顺利开会。

回忆当时情景，周克玉感慨地说："这件事一直留在我的脑海里，不时闪现出来，使我牢记领导干部的榜样力量，对我一生起着激励作用，那就是要全心全意为人民，战争年代不怕危险，和平时期勤勤恳恳。"

战争年代，最危险的莫过于打仗。周克玉第一次走上战场，是当县支前指挥部组织干事时带领民兵、民工支援、参加军队保卫涟水的战役。进攻涟水的国民党军队，是全副美式装备的七十四师。他们天上飞机狂扫扔弹，地面大炮猛烈轰击。战场上火光熊熊，硝烟四起，血肉横飞，尸体遍野。周克玉带领的民兵、民工都是第一次见到这样的场面，有的胆怯畏惧不敢向前，个别人甚至调头后退。周克玉就学马宾书记的样子，冒着飞机扫射、炮弹纷飞冲在最前面。见他这样，民兵和民工们也都不顾一切地跟上去，把弹药、物资送到前沿，把伤员救护到安全地方。他当区队的指导员时，不怕苦，不怕死。一次，区队与一股敌人遭遇，敌人占领居高临下的小村庄，凭借有利地形猛烈射击。区队处在一片空旷无障碍的野地里，被密集的子弹压得抬不起头。在形势严峻的关键时刻，队长姚树人、指导员周克玉、副队长张清浦一面组织火力掩护，一面命令司号员吹响冲锋号。与此同时，他们三位区队干部冒着敌人泼来的弹雨，率先冲向敌阵地，接着是排长、班长、党员，随后全区队都扑了上去，打得敌人溃败而逃。战斗结束后才发现，姚树人的帽子上打了一个洞，周克玉的裤子上留下两个弹孔。

还有一次夜里，周克玉和区队刚在一个村子里住下，一年多没见面的恋人王昭和她的一位女友从邻县几经周折找来了。周克玉和王昭是在另一个区里工作时相识相爱的，一个当青联主任，一个当妇联主任。久别重逢的恋人，自然有很多话要说，直至深夜才安排王昭和女友在一位老乡家休息。凌晨时分，敌人偷袭逼近住地，并有枪声传来。身为指导员的周克玉，立即组织全区队往外冲，到村外才想起王昭没有出来，想回去营救已经来不及了。他以为王昭牺牲或被俘了，便带着痛苦和仇恨投入新的战斗。庆幸的是王昭和女友在房东大嫂的掩护下脱离了险境。直到一年以后，他们才又在行军路上匆匆相见匆匆分手，1952年终于结成终身伴侣。说到当年的情景，王昭大姐说："那时候的女孩子和现在不同，我根本一点儿都没想到埋怨他，反而觉得他很英勇果断，更喜欢他。"周克玉将军则说："那时候就是这样，多少人为人民打天下夺政权，不惜流血牺牲，抛家舍业，我只不过也是那样做的罢了。"

随着战火硝烟的远去，在和平与建设时期，周克玉的职务在不断变化，由指导员、干事、团政委、部长、军政委到总政治部副主任、总后勤部政委。环境不断改变，职务越来越高，怎样全心全意为人民服务呢？周克玉的体会是：兢兢业业做事，清清白白为官。我理解，兢兢业业做事，就是尽心尽力、勤勤恳恳于部队建设。清清白白做官，就是清廉正派、一身正气。一句话，就是勤政廉洁。

周将军始终保持记日记的习惯。我曾有机会读到他当军政委时的日记，上面记的全是他在历史转变时期对军队建设的所思所想、所作所为。在读他日记的过程中，我好像看到了他奔波忙碌的身影，急促扎实的脚步。他或者主持会议，学习领会、研究贯彻中央和中央军委的部署，更多的时间则是到部队主要是基层连队去，找干部战士交谈，听他们说什么想什么，看他们住得怎样吃得怎样，解决他们的实际困难。当看到连队指导员普遍不适应新形势所负职责要求时，他就总结推广一个指导员如何不断学习、提高自身水平、如何起模范带头作用、如何关心爱护战士的经验。他还写了一首《指导员的称呼美》的诗，歌颂指导员的重大责任、自身形象、深情爱兵、动脑动腿、善于团结等，最后说："指导员的称呼美/继承前辈志与慧/勇于实践勤问路/唯付艰辛方生辉"。那个指导员的经验，不但推动该军基层政工人员素质的提高，还受到时任总政治部主任余秋里的赞赏，被推广到全军。周将军的诗也在报纸上发表，还谱成歌曲传唱。他的这部日记公开出版后，部队许多干部尤其是政工干部，都说受到诸多启迪和帮助。

在周克玉将军看来，一个人的职务越高，权力越大，对国家和人民所付出的也应该越多。职务，从根本上说就是责任。因此，他时时处处要求自己不骄不躁，尽职尽责，不敷衍，不疏懒。他借泰山述怀心志："铸鼎封禅未足豪/秦皇汉武亦鸿毛/休夸一览群山小/珠玛昆仑比我高"。"情系人民天下泰/千年香火费疑猜/天梯步步凭君踩/喜看英才拾级来"。他当总政治部常务副主任时，经常参加中央和军委的会议，参与一些重大方针政策、条例条令的制订及重要文件的起草，他总是从全局高度和部队实际出发，贡献自己的智慧和才能，同时协助军委和总部领导，进行具体的贯彻落实。在百万大裁军时，他协助余秋里主任多方征求意见，反复与中央有关部门协商，妥善安排转业的军队干部。他担任全军整党办公室主任期间，指导部队既彻底否定"文化大革命"，消除林彪、江青集团的破坏和影响，又严格掌握政策，慎重对待犯错误的人和事，没有留下后遗症。他受命主持拍摄革命战争历史巨片《大决战》电影时，精心组织策划，亲临拍摄现场，受到各方好评。调任总后勤部政委后，他和部长赵南起一起，认真分析未来高技术条件下局部战争的特点、规律，研究我军后勤工作的现状和社会主义市场经济的影响，拟制了《新时期军事斗争后勤准备工作纲要》《适应社会主义经济体制加快和深化改革纲要》，还参与制订多种规章制度等，推进和深化后勤改革，增强了保障能力。他还专心探索加强后勤战线思想政治工作的途径和方法，既提出加强党委、机关政治建设的意见，又针对单位高度分散、条件艰苦的实际，开展多种形式的教育活动；在科研单位和院校，充分发挥专家和科技人员的积极性。在他当政委的几年里，总后宣传了勇攀科技高峰的著名肝胆外科专家吴孟超、甘为人梯的耳鼻喉科专家姜泗长、坚持青藏线二十年的运输科长张鼎全以及张培英、南方医院、青藏兵站部等先进个人和集体，把后勤思想政治工作推上了新的台阶。

不论当总政副主任，还是当总后政委，周克玉总是一有时间就到部队去，特别是边防和海防最艰苦的部队。他到海拔四千多米的西藏乃堆拉山口边防连，看望守卫在高山高寒地带的官兵，赞扬他们"五湖四海共一炉/更喜雪莲抗浊流/壮志当酬人民爱/卫国戍边写春秋"的精神。他深入边防，到最前沿部队看望正在英勇作战的官兵，鼓舞他们杀敌的勇气，宣扬他们的英雄事迹，歌颂广大官兵像边疆山间不畏风雨的兰花，平时默默无闻，关键时刻顽强不屈、放射异彩："叶刺青天花护峰/芳香四播总关情/远居边山无人识/烽烟过后显英容"。他到自然环境最恶劣的青藏高原去调查研究，到住偏远山区的仓库去帮助官兵解决生活上的困难，当有人劝阻他时，他说："越是艰苦地区，越是基层，困难可能越多，越需要我们去解决。"他坚持到高山哨所去看望值勤战士，说："战士都是孩子，离开父母到艰苦的山沟当兵，不管哨位多高，路多远多难走，我都应该去看他们！"

这些，都是熟悉他的人告诉我的，当我向他求证时，他却说："当领导的，本来就该如此。没有民，哪来的官？没有士兵，哪来的将军？越是职位高，越要想着他们，越要为他们多做事，帮他们所需，解他们所难。否则，就像俗话说的那样，当官不为民做主，不如回家种红薯！"

鞠躬尽瘁为人民，还要清正廉洁。谈到这个问题，周克玉向我讲了一件事。解放初期，他十分尊敬的一位老师，当区税务所长时因贪污公款被判处死刑。他讲了这件事后，凝思良久说："人在任何时候都不能有私欲，特别是领导干部，要时刻牢记手中的权力是人民给的，只能用来为人民谋利益，不能以权营私！"他自己正是这样做的。战争年代他当指导员，行军的时候，全连的钱（银圆和钞票）都绑在他的腰间，走到哪里带到哪里，他从不私花一分一厘，账目清清楚楚，并定期向全连公布。一次，有个战士家里确实遇到困难，他想帮助这个战士自己却没有钱，便从公家的钱中借两块钱让这个战士带回家去救急，他又马上向大哥要了钱补上。他认为，大家把钱交给他保管，是对他的信任，是他的光荣，如果他私自花钱甚至贪污，就辜负了大家的信任，就是耻辱。

地位高了，权力大了，他仍然是这样做的，保持着不变的本色。

他当总政副主任时，率领总政歌舞团到几个国家访问，有关部门带了一点供他使用的经费。不少场合要穿便衣，而他只有一套旧西装，还较瘦小，许多人都说太寒酸，建议他买一身新的，连驻外使馆人员和武官们也这样说，但他始终不同意，说他个人没有钱，绝不能用公家的钱为自己买衣服。一直到访问结束，他也没有动用公家一分钱。有一个国家的电视台录制了歌舞团演出的节目并付了一笔钱，他坚持把钱分给歌舞团的演职人员，他和身边的几个工作人员分文未要。这也许是微不足道的小事，但恰恰是这些小事，反映了他的一贯作风，也照出了可贵的清正廉洁。本来可以做的事不做，不可以做的事就更不会去做了。

周克玉当总后政委的时候，家乡的亲戚朋友找他办事的很多，凭着政委的职位，他确实可以通过合法的方式办成好多事，但他严格坚守一个准则：能办的事认真办，不能办的事无论谁都不办。因此，对来自家乡的亲朋好友，他热情诚挚地接待，凡是看病的，他都给予帮助，还常常自己掏钱垫付医药费和路费。有些家庭经济拮据的学生，他寄钱供给上学，特别是烈士后代、残疾特困家庭的子女，他总是慷慨资助。受到他资助的中小学生数以百计，至今已有四十多个家庭贫困的孩子，在他和夫人王昭的资助下上了中学、大学。对想利用他的职权做生意赚钱的事，他一概予以拒绝。一次，有一个亲戚想求他说话承包总后下属单位的一项工程，他不但没有答应，还让身边工作人员告诉那个单位，绝对不能把工程承包给他的亲戚。乍一听，他太无情了，可这无情后面却是有情，那就是对人民对国家对军队的有情。因为要是将工程承包给他的亲戚，那个单位很容易碍着他的面子降低标准，同时也会造成"上行下效"的恶劣后果。

当有人就这些事赞扬他官德好时，他却说："当官确实要有官德，官德就是道德，就是一心为民，鞠躬尽瘁。道德的力量确实很大，各级领导干部都要有高尚的官德。不过仅凭官德还远远不够，还需要法，就是制度与监督，严格规范、约束为官者的行动。"由此可见，他看得很远，想得很深。

现在的周克玉将军，已经离开了工作岗位。他本来可以安安静静、清清心心地生活，但他仍然"岁月如火燃烧，沸我热血澎湃"（周克玉的诗句）。他担任中国新四军暨华中抗日根据地研究会会长，为传播新四军的铁军精神竭诚奔忙；他担任"野草"诗社社长，为弘扬中华优秀的传统文化倾心尽力。他为什么要这样做呢？他自己的话就是最好的回答："无论是战争年代扛枪打仗，还是和平时期做各项工作，虽然也考虑一些个人和家庭的事，但'为人民服务'这五个字始终像一盏明亮的灯，在我的心海里闪亮，指引我如何做人做事！"

2006 年 10 月 16 日

信仰不应老去

——访万海峰将军

我遵约准时敲开万海峰将军的家门。这是一座有些陈旧甚至略显简陋的小院，但遍植的花草树木繁茂葱茏，虽已进入深秋季节，依然流翠飞红，静谧朴素里蕴含着勃勃生机。

曾经读过一些关于万将军的介绍，知道这位13岁参加红军的苦孩子，是从河南光山县那个贫穷小村庄走到这里的，其间是数不清的炮火硝烟，洒血拼杀，有风霜雨雪，也有鲜花掌声。

见面交谈不久，老将军就说到他小时困苦的家庭，艰辛的生活，投奔红军的情景，以及几十年来的经历。他虽然年事已高，仍耳聪目明，思路清晰，语调爽朗，犹如一位和蔼的长者，娓娓叙说他亲自趟过的一段历史长河，亲切而平易。他的身上集中了军事指挥员的粗犷和政治工作者的细腻，使人从他的讲述里，感受到军旅战阵的沧桑壮观和英勇豪迈。

他的讲述，在我面前展开了一幅遥远的画面。一个13岁名叫毛头的男孩子，眼看着倒下就再也没有睁开眼睛的二叔，心头塞满悲痛。这之前，是二叔领着他投奔了红军，可不久二叔病了。因为这时红军大部队已经撤离鄂豫皖根据地，剩下的部队很少，且处在敌人的"围剿"之中，白天黑夜行军打仗，到处都有敌人岗哨林立的封锁，派人护送容易引起怀疑，就让毛头护送二叔回家，没想到他竟在路上去世了。毛头将二叔埋在路旁的坡地里，对着新坟久久思考自己怎么办？回家去，有被杀头的危险，因为红军撤离后，地主还乡团正疯狂反攻倒算。他三岁时母亲去世，是跟着二姑长大的，这时回去还会连累二姑一家。去找部队，又不知部队到了哪里。他想了很长时间，擦干泪水，下决心去找部队。在找部队的路上，他遇到红二十八军政委高敬亭带领的一支部队，收下他并留在了军部警卫连，随后又为他正式起了名字：海峰，即红军像海洋一样大，像山峰一样高。

对于那次决定其一生的举动，老实的万将军坦诚地说："那是因为活不下去了，要找出路，庆幸我找对了。"

我采访过一些军队的将帅，他们走进乃至参与创建中国共产党领导的军队，虽然具体动机、方式不尽相同，但大体不外两种类型，一种是先接受其思想后走进军队，一种是先走进军队后接受其思想，万将军虽然属于后一种，但在那之前几个月，徐向前率领的红军攻占光山县城，也到过他的家乡，他亲眼看到了共产党领导的红军是穷人的队伍，所以他才跟着二叔去找红军的。

鄂豫皖是共产党创建较早的根据地之一，1932 年 10 月，张国焘、徐向前等率红军主力转移去川陕后，这里只剩下很少一点红军部队。由于敌人重重封锁，红军被困在冬日的深山里，缺粮少衣，挨饿受冻，靠挖野菜、摘树叶充饥，以岩洞、草棚御寒。特别是重建的红二十五军向西转移长征后，重新组建的红二十八军只有一千多人，却遭到十多万敌军的"清剿"。敌军以搜山为主，采取碉堡网、谍报网、地排哨和移民、砍光树林等办法，枪杀、活埋大批青壮年，蹂躏、贩卖数以万计的妇女，制造惨绝人寰的百里无人区。担任鄂豫皖省委书记和红二十八军政委的高敬亭，指挥一千多人的部队，依托大别山开展游击战争，与"清剿"的敌军周旋。

只有十多岁的万海峰，穿着破旧的单军衣翻越大雪覆盖的白马尖山的悬崖峭壁，参加桃岭伏击战，长年在荆棘丛生的荒山野岭里行军打仗，经受住了严峻的考验，坚定了战胜敌人的信心。特别是高敬亭曾对他说的话："无论形势多严峻，条件多艰苦，革命总会成功。"他牢牢记在心里，作为自己行动的座右铭。

如果说当初他离开二叔的新坟找红军是生活所迫，是找出路，那么经过几年的锻炼，他完全懂得了高敬亭话中的深意。也可以说，这时的万海峰，已经树立了革命的理想和信念，那就是从心里信仰共产党及其军队的思想、理论和方针、政策，并以此为其行动的准则。

然而，高敬亭的被错杀，对万海峰的信仰是一个极大的考验。高敬亭因为参加革命活动，妻子、父母先后被反动分子打死，儿子下落不明。万海峰亲眼看到高敬亭忠勇坚贞，不怕苦不怕死，在长期与上级失去联系的情况下，在数倍强敌的重重包围之中，拼死苦斗，不仅生存下来，而且使红二十八军从一千余人发展到三千多人，革命的红旗在腥风血雨中始终没有倒下。由于长期在山区打游击，对平原作战无把握，东进的速度迟缓了一些，就被错误杀害。一些人说，像高敬亭这样的都被杀了，还有什么干头，从而离开了部队，万海峰则被送到新四军教导队学习。他也为高敬亭的被杀愤愤不平，为自己的被拘禁受审感到屈辱。尽管他思想不通，但没有改变对共产党和红军的忠诚与热爱。对此，万海峰是这样说的："浩瀚的大海不会没有波浪，漫长的革命道路也不会没有坎坷。面临当时的屈辱，起初确实感到惊愕、迷惘，甚至愤慨。但摆正了个人恩怨得失与革命大业成败的关系，看到大敌当前，抗日救国的重任在肩，遇到这样的坎坎坷坷，高抬一脚，也就迈过去了。"

是啊，人一旦确立了坚定的信仰，任何风雨曲折，都绝不能改变其雄心和目光，因为他为国家为民族为人民而完全彻底献身的壮志和激情，都被调动和燃烧起来，抛头颅洒热血也在所不惜。万海峰将军走的，正是这样一条路。

交谈中，万将军戏谑地说："为国家为人民就不能怕流血牺牲。不过我很幸运，只负过三次伤，而且伤得又不重。"他说着指指自己的腿部、肩部和背部。诚然，和那些伤残的乃至牺牲的人相比，他是幸运的，可只要看看那几处伤痕就可以想见，如果子弹的位置向上或向里哪怕一点点，他要么是伤残，要么是殒命。

这几处伤，都是在抗日战争和解放战争中留下的。就说背部的那一处吧。1942年6月，时任苏中靖江警卫团副团长的万海峰，奉命袭击八圩港。此处位于长江北岸，南与江阴以轮渡相连，北距靖江十余里有公路相通，是重要的水陆枢纽，敌人自南通、上海至镇江、南京一带运输兵员、物资的船只，常以八圩港为停泊、补给的中转港；由江阴北运泰兴、黄桥、如皋一线的兵员、物资，也经八圩港输送，因此筑有严密的防御工事和加强兵力的据点。万海峰领受任务后，让全团四个连队各组织一个精干的突击排，摸到港东的核心据点，冒充从南京押运军款、物资去泰州在此过夜，骗过敌哨兵，攻入敌据点，消灭日伪军，缴获物资弹药。正当他们胜利撤出战斗时，日伪军三百多人分三路奔袭、包围了分区和县委住宿的封头村。万海峰不顾彻夜战斗的疲惫，立即组织部队向迫近村口的敌人实施反击，击退其进攻，保护分区、县领导及机关安全转移。战斗中，子弹击中了万海峰的背部。那是一颗差一点就穿透他心脏要他性命的子弹，多险啊！

进入和平与建设的年代，从硝烟炮火里走出来的人，有的容易满足眼前的安宁生活，模糊或忘记曾经热切追求的向往与目标；有的则头脑清醒，目光远大，为已经做出的选择继续奋斗。万海峰是后一种人，他把心中对党的热爱，对人民的热爱，对军队的热爱，都化作巨大的力量，倾注在担负的任务上。他从朝鲜战场回国之后，在南京军事学院经过四年学习，继续在师长的领导岗位上。

那是我们国家经济困难的时期，粮食奇缺。万海峰上任后被赋予的第一个任务，就是在盐碱浸渍的渤海湾畔创建万亩水稻良田。这虽然不像战争年代夺取山头、攻克城市那样需要付出生命，但在当时，却是一个为国分忧、为民排难、为加强军队建设创造必要物质条件的特殊战斗。他如同对待打仗一样，先踏查地形、规划设计、制订方案，然后率领部队在严寒的冬季里，顶着海风吹起的沙尘，爆破清理冻土，修建渠道涵洞。他奔波在各个工地，或者和官兵一起研究解决遇到的难题，或者下到冷水中和战士一样挥镐抢锹。同时，他提倡科学种田，派人到农科所学习，聘请技术人员前来指导。经过两年多的奋战，终于建起了年产数百万斤稻谷的农场。

30年前唐山发生了一次惊心动魄的大地震，时任北京军区副政委的万海峰主动请缨，在地震发生几小时后就赶到灾区，成立"抗震救灾指挥部"，对参加抗震救灾的北京军区、沈阳军区、空军、海军以及基建工程兵、炮兵、装甲兵、铁道兵的十余万部队实行统一指挥。他与副司令员肖选进、副政委迟浩田一起，积极支持地方领导，团结方便友军，从而互相支持，主动协同，大大提高救灾效率，很快完成了救灾任务，为唐山人民重建家园打下了很好的基础。

1982 年秋天，万海峰被任命为成都军区政治委员。此时他已经 62 岁，而且那里地处祖国大西南，开始管辖西藏，1985 年后其战区包括云、贵、川、藏，地域广大，边境线长，部队高度分散，多数住在边防、高原和少数民族地区，交通不便，不少地区高寒缺氧、气候恶劣、环境十分艰苦。万海峰上任后，两次前往西藏，第一次走遍了两个师、三个军分区和五个边防团以及六十五个边远分散的小单位，第二次检查西藏军区所属机关、部队及重点地区的边防连队和哨卡。他走到连队，与基层官兵促膝交谈，倾听他们的呼声，体察他们的疾苦。他一方面鼓励干部战士弘扬"老西藏精神"，自力更生，艰苦创业，热爱西藏，建设西藏，保卫西藏，又根据官兵反映的亟须解决的困难，在军区的经费使用、物资保障等方面，对西藏部队实行倾斜政策。他还先后四次到云南边防看望部队官兵，深入前沿阵地，责成有关部门送去健康器械和有关药品，同时修筑道路、桥梁和通信线路，保障边防部队的生活与战备需要。他大力宣扬"老西藏"和云南边防部队不畏艰险、坚忍不拔、顽强奋斗、无私奉献的精神，成为鼓舞全区上下完成各项艰巨任务的精神支柱。

另外，他与其他军区领导一起制定了勤政、廉政的"六个不准"，即不准请客送礼；不准超标准接待；不准迎来送往；不准层层陪同；不准收受下属单位馈赠的土特产等礼品；不准假公济私，绕道旅游。对基层部队建设，他提出打好"六个基础"，即培养献身国防事业的自我牺牲精神，打好政治思想基础；以建设"一个中心（军事训练）""两支队伍（党员队伍、骨干队伍）"为重点，打好组织基础；提高现代条件下的作战本领，打好军事素质基础；贯彻条例条令，严格管理带好兵，打好作风纪律基础；抓好培养两用人才，提高文化教育质量，打好科学文化基础；搞好农副业生产，不断改善物质条件，打好物质和文化生活基础。"六个不准"他带头执行，不论在机关还是到部队去，他不接受招待，不收任何土特产之类的礼物。"六个基础"他身体力行，经常深入基层，检查、指导。这样一来，既加强领导班子建设，也促进基层部队建设。在我军全面加强质量建设、走精兵合成之路的重要发展时期，万海峰作为一个战区的主官，发挥了他所能够发挥的历史作用，受到军委和总部的表扬。

在万海峰将军的客厅里，挂着不少照片，其中一幅非常引人瞩目，这是万将军和夫人赵政金婚时的全家福。可谁知道，他们结婚50年时间里，团聚仅十载。战争岁月自不必说，和平年代万海峰已是职务很高的领导干部，大多数时间里，仍然是夫妻两地分居。现在，他们都已离开工作岗位，可以相对而坐，拣拾来路上的点点滴滴，慢慢叙说那些分多聚少的相思与酸甜。不过，将军毕竟是将军，从他的目光他的话语他的动作，我分明看到了马思边草，雕盼青云。

2006 年 10 月 24 日

西藏情结

——访阴法唐将军

　　走进阴法唐将军的家，客厅最抢眼的是书柜里、窗台上、墙脚边摆满的有关西藏的书籍和文献，诸如《毛泽东西藏工作文选》《当代西藏》《清代藏事奏牍》《西藏研究》等。另有一个房间，摆放的全是西藏的各种纪念品、工艺品、土特产等。

　　这样的书籍文献，这样的布置陈设，是主人对西藏炽热情怀一览无余的真实展现。

　　阴将军并不是西藏人。他出生于山东省肥城县（今山东省肥城市），1938 年参军，1950 年随十八军第一批进到西藏。为进军西藏、经营西藏，为巩固国防、祖国统一，为民族团结、西藏繁荣昌盛，他从师副政委、军分区政委、地委书记、西藏大军区政治部主任，到西藏自治区党委第一书记，先后在雪域高原战斗、工作、生活了 27 个年头，那里的高山大河、荒漠草原，都留有他的身影脚印、热血汗水，他的思想感情已与西藏的山山水水融为一体，凝成了化不开的情结。

　　我们的交谈，是从他第一次进藏开始的。阴法唐告诉我，在解放战争取得决定性胜利后，帝国主义千方百计唆使西藏的分裂主义分子加紧进行"西藏独立"的活动，极力阻止人民解放军进入西藏。党中央和毛泽东一面敦促西藏地方政府派代表到北京谈判西藏的和平解放，一面命令十八军准备进驻西藏，因为军队是国家领土和主权的标志。尽管从中央到进藏前线部队一次次派人前去联系，条件非常宽大，但西藏地方政府根本听不进去，不是借故应付，就是大谈施主与寺庙之间的"檀越关系"，甚至以亲为敌，阻拦、驱逐、软禁、杀害派去联系的人。他们蔑视中央人民政府，不但提出无理要求，还顺从帝国主义旨意，扩军备战，进口武器，把重兵布防在昌都一带，直至金沙江西岸，妄图堵击解放军进藏。于是解放军被迫发起昌都战役，以打捉谈。任何时候，军事力量都是谈判的决定性砝码。

在昌都战役中，以十八军为主，另有青海骑兵支队和云南部队一部，分为南北两个集团，十八军五十二师和青海骑兵支队及军的三个直属营为北集团。北集团又分为左中右三路，左路佯攻钳制，中路侧面主攻，右路迂回堵截。时任五十二师副政委的阴法唐和参谋长李明率右路（以五十二师一部在青海玉树与骑兵支队会合）实施外线远距离大迂回。他们横跨四川、青海、西藏三个省区，14天疾行约一千五百华里，穿过横断山脉，两过金沙江、澜沧江及许多不知名的河流，经青海囊谦南行，在甲藏卡和类乌齐等地打了几仗，终于按时赶在藏军西撤之前到达昌都以西称为"五路口"的恩达，然后由西往东截击昌都撤出的藏军，配合主攻部队消灭了昌都地区的全部藏军。这次战役歼灭了藏军主力，西藏地方政府便派出代表赴北京谈判，签订了《中央人民政府与西藏地方政府关于和平解放西藏办法的协议》（简称十七条）。

随后的向西藏进军，被称为一次艰苦卓绝的长征。阴法唐回忆当年的情景说：广大指战员在进军途中，不仅要面对恶劣的自然环境，还要同饥饿、疲劳等各种意想不到的艰险做斗争，有时每人每天只能吃四两代食粉，常常靠采野菜或打野物充饥，有条件的地方才能购到少量圆根或其他食品。一路上山高河多，风雪无常，高寒缺氧，指战员负重七十斤左右长途行军，有的重达一百斤，即使体弱的女兵也负重四五十斤，翻越十余座五千米以上的大雪山，跨过数十条大河及数不清的支流小溪，穿过草原、密林、峡谷，忍受高山缺氧的折磨，承受饥饿寒冷的痛苦，用双脚一步步跋涉六千多里的艰险路程走到西藏，有不少年轻的男女军人长眠在了那条路上。那是悲壮的进军，那是伟大的进军，那是胜利的进军。

从那以后，阴法唐将军就开始了他在西藏的峥嵘岁月。其间，他参与指挥过维护祖国统一和领土完整的平息叛乱及中印边境自卫反击作战，但更多的时间则是为建设繁荣、富强、文明的西藏而奔走忙碌、殚精竭虑。

初进西藏，阴法唐担任中共西藏江孜分工委（即地委）书记兼江孜军分区政治委员。江孜是 1904 年西藏人民抗击英军入侵、维护国家主权的英雄城，也是西藏农奴制度的重要堡垒之一。阴法唐领导部队和工作人员，认真贯彻执行中央确定的"慎重稳进"方针，针对西藏是政教合一、僧侣贵族专政的封建农奴制度，绝大多数藏族群众笃信藏传佛教，对共产党、解放军很不了解的实际，加之帝国主义和外国反动势力的挑拨、拉拢等特别复杂的社会矛盾，积极开展上层统一战线的工作，团结一切可以团结的上层人士。为此，他多方接触，广交朋友，通过组织上层人士学习关于和平解放西藏的《十七条协议》，帮助有的人解决实际困难。这一系列周到细致和卓有成效的统战工作，使上层人士中的爱国势力不断壮大，中间势力的一部分向爱国势力靠拢，顽固分裂势力有所分化，愈来愈孤立。与此同时，进藏部队和工作人员模范遵守民族政策和宗教政策，严格执行三大纪律八项注意和入藏《进军守则》，主动为藏族群众做好事，如免费医疗、开办学校、助民劳动、发放无息贷款、抢险救灾等，以实际行动赢得了西藏各族群众的赞扬和信赖，共产党和解放军的影响在群众中逐步扩大，受到热烈欢迎和拥护。

阴将军的夫人李国柱大姐是第一批进藏的女军人。她回忆初到江孜时工作的情景说，与比自己年龄大一倍甚至两倍、经验也丰富得多的上层人士打交道，既要团结争取认识不清的人，还要与顽固分子做斗争，她感到缺乏经验。于是她便以丈夫和其他人为榜样，多方了解西藏，学习政策策略，改进工作方法，提高谈话艺术。她起初拜访上层妇女时，经常受到冷漠或不欢迎、应付乃至拒绝的对待，有的上层人士的夫人故意摆架子，开会不到，到会不说话，请她们吃饭时，只吃一点或根本不吃。但她不灰心，仍然不顾分散路远，在一位藏族女同志配合下，诚心诚意地挨户上门拜访，终于发动、团结了一部分上层妇女和青年，组织他们参加文艺活动，举办舞会，排练节目，与文工队同台演出，下乡宣传。在此基础上，她先后在分工委和有关部门领导、支持及其他人共同努力下，成立了"江孜爱国青年联谊会"和"江孜爱国妇女联谊会"，在推动江孜各项工作中发挥了重要作用。从李国柱大姐身上，完全可以看到阴法唐当年领导江孜地区军队官兵和工作人员努力工作的侧影。

1971年，在"文化大革命"中，阴法唐被调离西藏，到福州军区任政治部主任。1950年进藏时他28岁，这时已经49岁。然而九年之后，当他58岁的时候，又第二次接受进藏的命令，担任西藏自治区党委第一书记、成都军区副政委兼西藏军区第一政委。

这时已经任济南军区副政委的阴法唐，因为心脏早搏正住在医院里，军区领导不忍心将上级的这一安排告诉他，但当中央组织部直接征求他的意见时，他立即答应，提前出院，带着药去了西藏。这固然表现了军人服从命令、不畏艰险的精神，其实更主要的是出于他对那片有着高耸雪山、湍急江河的祖国土地的热爱，对那里悠远精深宗教文化的热爱，对勤劳、智慧、朴实、勇敢的西藏各族人民的热爱。爱产生了巨大的力量，支持着他，鼓舞着他。

此时正是中国共产党十一届三中全会之后不久，中央召开第一次西藏工作座谈会。这是继西藏和平解放、平息叛乱和民主改革后实现西藏历史性转折的一次重要会议，从指导思想上确定了西藏一个时期的工作任务和方针政策。阴法唐上任之后，同区党委其他领导一起，率领西藏军民坚持解放思想、实事求是的思想路线，从西藏的实际出发，纠正"文化大革命"和极"左"的错误，在短短一年多的时间里，处理了十万余人的冤假错案，全面落实党的民族政策、宗教政策、干部政策、统战政策、知识分子政策等，把工作重点转移到了经济建设上。他和广大干部、群众一起，大力调整经济结构，加速经济发展和社会进步，并采取灵活政策，增强内部活力。虽然1981年至1983年连续三年大旱，而且一年比一年严重，但西藏各项事业却取得了突出的成就，群众中涌现了一批万元户，有的户达到五六万元。到1984年，西藏自治区农牧民人均收入从此前的一百多元增加到三百一十元，接近全国的平均水平，从全国的第二十八位跃居到第二十位，步入快速发展的轨道。

说起西藏的历史，说起西藏的风情，说起西藏的变化，阴将军滔滔不绝，如数家珍，仿佛历史学家讲述一个个沧桑更迭的动人故事，仿佛数学家罗列一个个变化多端的准确数字。这是因为在二十多年的时间里，他走遍了西藏的每一个地方，有的地方还不止一次去过，从海拔最高的藏北地区到最偏远的阿里高原，从雅鲁藏布江大峡谷到人极少去的墨脱。每到一处，他都和干部倾心交谈，与牧民促膝谈心，为他们的忧愁而焦虑，为他们的欢乐而兴奋，为解他们的困难绞尽脑汁，为他们的远景不惜一切。因此，那里的高山，那里的河流，那里的草原，那里的湖泊，都装在了他的胸中，刻在了他的心头。在西藏平息叛乱和民主改革时，他在靠近不丹的 5300 米湖边的一个牧场住了两三个月。在民主改革刚刚完成后，为进行调查研究，他又在一个农村住了五个月，与群众同吃同住同劳动，带领当地农牧民搞好生产。在牧区蹲点时，开春之后随牧民前往草场，和两个藏族老汉在一顶帐篷里住了一个多月。所以，他对西藏了如指掌，熟悉人民的所思所想，从而更加热爱西藏，决心尽自己的所能，把西藏建设得更加美好。

阴法唐第二次进藏不久，就建议中央把修筑由内地通往西藏的铁路列入"六五"和"七五"计划。他力陈修铁路的政治意义、经济意义和军事意义，大声呼吁："没有铁路，就没有西藏建设的迅速发展，不可能有大富。"并指出"从格尔木向拉萨修，距离只有 1100 公里，地形不甚复杂，地质结构清楚，铁道兵设计院搞过勘探"。1982 年在北京开会时，他与自治区党委副书记巴桑联名给胡耀邦并叶剑英、邓小平、李先念、陈云等中央领导写信，汇报早日把铁路修到拉萨的想法和办法。1983 年，他在北戴河向邓小平汇报西藏工作，当邓小平问进藏铁路走哪边好时，阴法唐明确说走青藏路，并回答了邓小平提到的一些实际问题。1984 年中央召开第二次西藏工作座谈会，阴法唐在会上又一次提出了修筑青藏铁路的建议。

遗憾的是，阴法唐的这些努力当时都未能变为现实，使他在任期间未能看到铁路动工。1985 年他虽然调出了西藏，任第二炮兵副政委，但他对进藏铁路仍然痴情不改，不仅多次向中央建议青藏铁路早日动工，并且提出了许多可行的办法。2002 年 6 月青藏铁路终于正式动工，阴法唐二十年的愿望得以实现，他欣欣鼓舞。此后，他时时关注着铁路修建的进度，直到 2004 年 12 月，他还写信给胡锦涛、温家宝、曾培炎等领导，对保证铁路质量以及如何克服困难、提前通车等提出了他的意见。

青藏铁路终于通车了，阴法唐高兴极了。他于 2006 年 7 月 1 日正式通车后的第四天，和夫人李国柱带着女儿、孙女，买票乘坐开往拉萨的火车前去西藏。他一路上或者眺望车窗外的景物，或者一个人沉思默想，心中禁不住感慨丛生，惊叹不已。

西藏的教育，也是阴法唐十分关注的。他知道，由于自然和社会的原因，旧西藏没有农牧民子女读书的学校。解放军进藏后，才有了昌都、拉萨、江孜、日喀则四所小学，其中江孜的第一所小学，就是他任江孜分工委书记第二年，说服上层打破旧观念开办的。在西藏工作期间特别是担任自治区党委第一书记时，他下决心改变那里教育落后的状况，提议增拨教育经费，建议中央在内地建立多所西藏中学或西藏班，和其他领导一起呼吁筹划创办了西藏大学。1998 年，阴法唐离开西藏 13 年后，又和他的夫人李国柱及儿、孙们商量，全家三代拿出多年积蓄的 16 万元，捐给江孜第一小学。在他们一家的带动下，成立了"江孜阴法唐教育基金会"，用以奖励优秀教师、优秀学生，资助家庭经济困难的在校学生。这次乘火车去拉萨，阴法唐一家又第二次捐赠 10 万元。如今，这个教育基金会的资金已由 16 万元增加到三百多万元，名称拟改为"阴法唐西藏教育基金会"，奖励资助的学校也由一所发展到八所，除江孜第一小学外，西藏每个地市都有一所，受奖受助的教师和学生的数量大大增加。更主要的，是他们一家的行动，影响带动了热心发展西藏教育事业的人，促进了西藏教育事业的发展。

李国柱大姐的话，代表了阴将军的心声："实施'科教兴藏''人才强区'，建设我们团结、富裕、文明、民主的新西藏，教育是基础，是根本。我们全家倡议建立'阴法唐教育基金会'，就是想为此尽一点十八军等'老西藏'和'老西藏后代'的绵薄之力。"

我发现，阴将军和夫人在说到西藏时，话语和目光中流溢的都是浓浓的深情。说到顺利发展时，情绪激昂，说到曲折失误时，声调沉痛。更令我感动的是，他不说"西藏"，也不说"那里"，总是情不自禁地说

"我们西藏"，好像说到故乡的村庄，好像说到家中的房间，那么自然，那么习惯，那么亲切。

看着他们还有着明显高原紫外线的激动面孔，听着他们饱含激情的话语，我禁不住一次又一次地想，有多少人能这样真心实意地称呼曾经战斗和工作过的地方呢？

2006 年 10 月 27 日

守现代化之志

——访向守志将军

　　冷风过后，初冬的南京有了明显的凉意。向守志将军的家却春意浓浓，门前地面到台阶上整齐有序地排满各色散发芳香的花篮，客厅里也摆着鲜花和各种小礼品。在这前一天，是将军的生日。尽管他一再叮嘱不要声张，但知道的人还是自动地来了，有他的战友，有他的部下，还有一些单位和驻地小学校，其中特别引我注目的，是二炮专门派人从北京送来的一个不大的普通景泰蓝，祝他们的第一任司令员生日快乐、健康长寿。

　　我们的交谈就是从二炮开始的。

　　1957年，时任第十五军军长的向守志奉命进高等军事学院基本系学习。1960年毕业时，上级准备让他去当炮兵技术学院（即现在的第二炮兵工程学院）院长，他原来部队所在的武汉军区司令员陈再道、政委谭甫仁则劝他回去，并说让他任军区参谋长。一边是熟悉的老部队，一边是完全崭新的领域；一边是指挥千军万马的威震疆场，一边是默默无闻的教书育人；一边是职务的提升，一边是平级的调动。在职务与级别的天平上，孰重孰轻，他心里自然十分明白，只要他有所表示，完全有可能回武汉军区去当参谋长。可对导弹这种新武器的美好憧憬，强烈地诱惑着他。于是，他毅然前往炮兵工程学院就任院长之职，同时将自己的名字由向守芝改为向守志，隐含他守中国军人的现代化之志，守中国导弹人驾驭高尖端武器之志，守中国国防步入世界强国之志。

　　回忆当年的选择，向将军不无自豪地说："在高等军事学院，我初步学习了导弹、火箭和核武器的基本理论知识，知道直至第二次世界大战后，我们中国还没有导弹，仍然处在封锁、包围和核威胁之下，是毛泽东主席和党中央、国务院为加强国防力量，果断做出了建立核工业和火箭工业的决策，并组建了战略导弹部队，而炮兵工程学院正是培养掌握使用导弹的工程师、技师及初级指挥员的地方。我经过土地革命战争、抗日战争、解放战争，深知武器在战争中的作用，特别是在朝鲜战场上亲眼看到过敌人的飞机、坦克、大炮等先进武器，使我们付出了更多的代价才取得胜利，因此我渴望我们的军队早日掌握先进武器，保卫祖国的和平与安宁。"

看着他激动的面孔，听着他朴实的话语，我总觉得，他不愧是一位忠于职守的军人，心中想到的是祖国的安危，是克敌制胜，因此对先进武器有着特殊的强烈兴趣与执着喜爱。

向守志出生在四川省宣汉县一个贫苦的农民家庭，四岁时父亲去世，三个哥哥先后被军阀部队抓壮丁一去不回，姐姐远嫁，只有他与母亲相依为命，上山打柴，下田干活，租种地主土地收的粮食七成交租，剩下的三成根本不够吃，只能以野菜、杂粮或红薯糊口。1933 年，红四方面军到达宣汉县，十五岁的向守志先参加少先队，继参加游击队，随即又参加红军。离家的那天早晨，母亲把通宵未眠赶做的一双粗布袜套和一双草鞋交给他，嘱咐说："孩子，你放心走吧，红军是咱穷人的队伍，好好干，多打胜仗，多杀敌人，将来平安地回来！"所以，当他这个区游击队长牢记母亲"多打胜仗，多杀敌人"的话，带领一百多名游击队员到达红九军，团领导说他是游击队长让他当排长时，他坚决要求当战士，并提出要求："我个子高，让我扛机枪吧，机枪能够多消灭敌人！"因为那挺马克沁机枪装有稳固的枪架，射击精度高，能长时间连射密集的火力，对集团目标有较大的杀伤作用。领导满足了他的愿望，鼓励他努力锻炼，早日成为优秀的机枪射手。

那挺机枪枪身重 25 公斤，枪架重 40 公斤，行军时需要两个人抬着或拆开搬运，向守志则挑着两箱沉重的子弹。他不怕劳累，苦学苦练，熟练掌握了瞄准和射击的技术。在川陕苏区反敌人"六路围攻"中，他和他的战友们奋勇作战，打退川军一次又一次进攻。一次战斗中，他抱着马克沁重机枪猛烈射击扑向红军阵地的敌人，一发炮弹落在不远处爆炸他也没有发觉，是班长猛力将他推倒压在身下，炸飞的泥土覆盖了他们一身。在长征路上，他扛着机枪，负荷比别人重，脚磨破溃烂流脓，尽管用稻草和布裹了一层又一层，还是渗出斑斑血迹。在抗日战争中，已任机枪连连长的他，奉命在黄崖底伏击，打退日军一个大队约七百余人的多次冲锋，取得了战斗的胜利。

回忆过去的峥嵘岁月，向将军兴奋的脸上流露出满足、欣慰和不易察觉的自豪。我认为，他当初选择马克沁是为了多消灭敌人，多打胜仗，后来选择导弹，是为了军队和国防的现代化，虽然时代不同，选择不同，但从本质上说是一脉相承的。

向守志把他在炮兵工程学院当院长的日子比喻为"砺剑岁月"。他说："不知是中国军人那种愈挫愈坚百折不挠的基因使然，还是战争年代那一个个倒在敌人现代化兵器之下的英烈牺牲时惨烈的震撼，抑或是因为预见到我们未来所面临的作战对象，将是人类最先进的科技成果武装起来的现代化强敌，因此我在不惑之年向人生的第二块高地发起了一场新的冲锋。"

他是把学校看作了战场，把育人当成了战斗。

这所学院是刚刚由原来培养地面炮兵连、排干部的初级指挥员的炮兵学校为基础，与其他两个单位合并组建的，属于初创阶段。向守志到任后，就想到自己没有经过系统的导弹专业学习，决心尽快由外行变为内行。他请专业教研室主任等专家为他讲课，从导弹发动机、控制陀螺、惯性制导、飞行弹道等，逐步掌握了导弹核武器，熟悉了中国第一座导弹学府的课程设置和教学程序，迅速实现了从陆军军长到尖端武器学院院长的角色转换。

就在向守志刚到学院不久，他的夫人张玲被确诊为直肠癌，住院动了手术。他们是 1944 年在烽火燃烧的太行山上相识相爱结婚的。张玲是太行山地区有名的女县委书记，解放战争后期率工作团随军南下，是中共宜宾市委第一任书记，后转到教育战线，在向守志抗美援朝及在高等军事学院学习时，张玲都是一人挑起工作和家庭两副重担。向守志从心里想多陪护和照顾手术后的妻子，可又不得不把这一职责交给医生们，自己一心扑在学院的工作上。

当时学院面临的困难很多，最大困难是缺教材、缺器材、缺人才。针对这一实际，向守志和院党委组织有关教员编写教材，经过两年努力，编写教材近百种，三千多万字，基本保证了教学需要。为解决器材困难，他一方面借助地方大学的实验室和仪器设备，一方面加快建设实验室、专业教室，派人采购器材，仅用一年多时间，就建全了八个专业教室、十二个实验室的部分设备，建起了图书馆，图书资料达四万多册，中外杂志近四百种。在人才方面，他经时任总参谋长的罗瑞卿报请周恩来总理批准，从北航、北京工业大学、杭州大学、武汉大学、兰州大学等高校选调了一位教授、十六位资深讲师和二百多名全国名牌大学的学生。对这些人，他当成宝贝，在政治上、生活上给予特殊的待遇。他在全院大会上郑重地说："在坐的大多数军人都是刚从战争的废墟中幸运地走过来的，目睹过太多的落后挨打的惨烈场面。我们为什么落后，那是因为没有先进的武器装备，没有用高科技知识武装的一流人才。俯瞰今日世界，我们再也不能用人海战术、血肉之躯去与用现代科技装备武装到牙齿的敌人血刃相拼了，唯科技知识才能兴军，唯高素质的人才才能强军。我们是培养尖端武器使用人才的导弹学院，更要走在知识兴军、科技强军的最前面。对学院而言，只有好的教官才能教出一流的学生。"仅仅几年时间，人民解放军的第一所战略导弹技术学院便有了一定的规模，还成功地进行了导弹发射。由于打下了良好基础，后来逐步发展，为战略导弹部队建设培养了大批人才。

1965年9月，向守志被任命为军委炮兵副司令员，分管战略导弹的战场建设和部队训练及发射。1967年成立第二炮兵时，向守志被任命为首任司令员。此时正值"文化大革命"中，他还没有正式上任，就因为不是林彪的人被无端地加上"罪名"而受到迫害，被关押送到农场劳动。到1975年，经叶剑英点名，向守志再次出任第二炮兵司令员。他坚决贯彻军委扩大会议"军队要整顿"的精神，排除各种阻力，决心竭尽全力早日把中国的导弹事业搞上去。可这时政治风云仍是变化无常，"四人帮"对他又打又拉。尽管向守志没有为其所动，还是受到误解，1977年被调到南京军区任副司令员，至 1982 年又任南京军区司令员。

回首这段经历，向守志的神色、目光和语调都渗出缕缕遗憾。不过，将军毕竟是将军。虽然离开了十多年前不顾个人名位选择的战略导弹部队，但他对军队和国防现代化的痴情却没有改变。在南京军区副司令员尤其是司令员的岗位上，他十分注重军事训练的改革，总结推广了"蓝军司令"的典型经验，进一步推动了军事领域的思想解放。为增强军事演练的逼真性，他主持新建了全军第一个合同战术训练中心。这里山峦起伏，水网交织，丛林苍茫，加上各种仿真设施，为部队组织现代高技术条件下的合同战术演习、训练和考核，提供了新的手段和理想的场地。此外，他还多次组织、指挥有陆、海、空及空降兵参加的指挥机关和部队的集训、演练和演习，探讨现代海防战争，提高了部队对协同作战的认识，增强以现有装备取得战争胜利的信心。

向守志的目光，一如既往地追踪现代科学技术迅猛发展及其对军事的重大影响，思考如何立足国情和战区实际，学习、研究中国军事科学。为此，他成立南京军区学术委员会并兼任主任，创办《学术研究》刊物，带头撰写了二十多篇军事学术方面的文章，影响、带动军区机关和部队的学术研究。他倡导开展外军研究，举办军事辩证法、现代尖端技术及在军事上的应用等讲座，提高了干部战士的军政素质。他还高度重视部队的科学文化教育，主持军区党委制定下发《关于加强领导，努力提高科学文化水平的指示》。他从汇报材料和电视专题片中发现一个军积极组织部队学习科学文化知识，促进部队全面建设的介绍，便要军区机关派人调查研究，总结经验，并亲自听取汇报，随后又亲自带领机关人员深入进行调查，了解到他们统筹兼顾、科学安排、解决教员缺乏等实际困难的做法。在此基础上召开现场会，推广这个军学习科学文化知识的经验。总政治部对此给予肯定，并在这个军和南京军区的另一个军召开全军学习科学文化知识和培养军地两用人才经验交流会。

1990 年，向守志将军离开了第一线的领导岗位。这位十多岁就参加军队，经历过国内革命战争、抗日战争、解放战争和抗美援朝战争血与火的洗礼，经历新中国成立后在极其困难条件下建设人民军队的艰苦岁月和改革开放后富国强兵的辉煌历程，心中和耳畔时时映现的仍是战争年代激烈的枪炮声，以及沙场点兵、枕戈待旦的壮观场面，因此最知道和平的可贵，最知道和平的环境离不开强大的国防和军队，因此他深情地说："我虽然脱下了军装，但心中还总是想着部队的建设和发展，想着部队战斗力的提高，想着现代战争及我们军事斗争的准备。"

2006 年 11 月 29 日

老实做事，忠厚为人

——访傅奎清将军

　　因为住房正在维修，傅奎清将军便在南京军区总医院里接待我们。他身穿一件普通的深黑色夹克，伸出的双手厚实有力，花白头发下的脸庞上，布满谦和慈祥的微笑，给人平易而亲切的感觉。

　　将军和我们的交谈是从战争年代开始的。在叙说半个多世纪戎马生涯的过程中，他的目光不时眺望窗外辽阔高远的天空，仿佛在注视战火硝烟中跃动的红旗，凝听连绵不绝的枪声炮声，追随昂扬激越的军号声。是啊，对于他这样一位终生的职业军人来说，有什么能比战斗、比领兵更令他难以忘怀的呢？

　　他向我们说起 1942 年 3 月安徽定远县柏家圩子的战斗。时任新四军第二师十八团八连政治指导员的傅奎清，和连长李朝云一起率领全连参加伏击日军。他既为能直接向日本侵略者讨还血债兴奋不已，又有些隐隐的担心，因为连队过去一直同伪军顽军作战，既缺少和日军作战的经验，武器也比敌人差。他将自己的想法告诉连长李朝云："眼下当务之急，就是进一步激励斗志，鼓舞士气，树立敢打必胜的信心，这是夺取这次战斗胜利的先决条件。"李朝云立即笑着说："啊呀，咱俩可想到一块儿了。时间紧急，我马上集合队伍，你赶快给全连同志动员动员！"面对全连干部战士，傅奎清先讲参加这次伏击战的意义，接着又讲打赢这一仗的有利条件："一是我们都有杀敌为国、消灭日军的迫切愿望；二是日军人少，我们人多；三是日军目标暴露，我们埋伏隐蔽。只要我们齐心协力，英勇杀敌，一定能够取得战斗胜利。"全连指战员听了动员，胜利信心倍增。

　　战斗打响之后，李朝云先率领八连的一个排，与七连一起将接应之敌阻于柏家圩子以北地区，后追击敌人。当歼敌运输队的二连、三连正在激战时，傅奎清挥枪高声大喊："八连的同志们，跟我冲啊！"第一个扑向敌阵，其他人立即跟随他冲了上去。这次战斗，八连在兄弟连队的配合下，全歼日军一个小队、伪军一个中队，生俘四个日军，其中还有一个日军小队长，缴获掷弹筒一门，轻机枪一挺，日式手枪一支，步枪三十多支及其运送的全部军用物资。此役作为抗战时期的一个典型战例，载入《中国战典》一书。

这之后一个多月，八连又在黄庄战斗中消灭五十多名伪军。因此，团里同时授予傅奎清和李朝云"头等奖"，奖给他们每人一套写着红字的衬衫。其实，这也是对他们平时的奖励。谁都知道，在八连，指导员傅奎清和连长李朝云密切配合，相互尊重，相互支持，带动全连上下一条心，情如亲兄弟，连队工作红红火火，经常受到上级表扬。后来，李朝云在一次战斗中不幸中弹牺牲。至今说起来，傅奎清还十分悲痛，语调低沉。

傅奎清在担任连队指导员期间，曾同三位连长合作过，除李朝云之外，还有茭存秀、龚得富。"我与他们相处得都很好。我尊重他们，他们支持我。这是我当好指导员的一个重要条件。道理很简单，连队军政干部团结得像一个人，劲往一处使，才能带领全连英勇战斗，屡立战功。因此我认为，军政干部团结一致是搞好部队建设的关键。作为政治工作人员，首先要诚实坦白，胸怀宽阔，老实做事，忠厚为人，不争权，不争利。"他如是说。

这些道理并不深奥，许多人都懂得，可真正做到却很难。毋庸讳言，在我们的部队里，不论军事干部还是政工干部，远大目标一致，根本利益一致，可由于各人的经历不同，资历不同，性格不同，处事的方式不同，碰到具体事情出现分歧时，有的人总想自己说了算，不愿按别人哪怕是正确的主张办。此外还有权欲的鼓动、物欲的诱惑，不能厚道宽容地对待别人。这样久而久之，就不可避免地产生矛盾，轻则貌合神离，重则不能相容，既影响部队，也不利于自己。由此可见，傅奎清的话是他的经验之谈，也是有感而发。

令人钦佩的是，傅奎清不但认识到了，也做到了。不论在什么岗位上，他都能和别人相处得很好。比如他当师政委十多年，先后同五任师长搭档。这五任师长来自全国各地，有的比他资历长，有的比他资历短，他与他们都能同心协力，建立起工作上的诚信和个人间的友谊，确实难能可贵。当说起这些，傅奎清总是一再强调："那是他们都有丰富的战斗和工作经验。他们对我帮助很大，工作上很支持我。"看他说这话时的一脸真诚，就知道这不是一般的谦逊之词，而是发自内心的肺腑之言。

1980 年 12 月，傅奎清被任命为福州军区政治委员。到任之后，他首先给自己规定了这样几条："1. 努力工作和学习，不计较待遇，不搞特殊化，同军区副司令、副政委乘一样的小车。2. 不请客，不受礼，不用公款办私事。3. 多主动上门请教，决不能摆政委架子，办事要实在，不搞形式主义。要多发现周围同志的优点、长处。4. 不搞有疏有亲的那一套，一视同仁，更不得陷入派别之争，决不搞私人成见。5. 工作认真而慎重，不随便批文件，未弄清问题不要急于回答、表态。胸怀要宽广，不计较个人得失与个人'权威'。"

后来的实践证明，傅奎清完全做到了他自定的"规矩"。在福州军区，傅奎清先后同杨成武、江拥辉两任司令员共事。这两位司令员都是经过中央苏区和长征的老红军，年龄、资历均比傅奎清长得多。傅奎清十分尊重他们，注意学习他们好的品质和作风，工作中多向他们请教，同时坦率地提出自己的意见，做到了既尊重司令员，又积极履行政治委员的职责。平时，他公正地对待各方面的人，把人心凝聚在共同的目标上。有人说，他是以其独特的魅力，赢得了人们由衷的信赖与赞誉。问傅将军有什么经验，他沉思一下说："就是出以公心，宽容待人，不争权力，不谋私利。否则，就会拉帮结派，搞得有亲有疏。上行下效，哪还有精力干事业！"

1985 年，中国国防和军队建设指导思想实行战略性转变，中央军委决定裁军一百万，同时撤并了武汉、昆明、福州、乌鲁木齐四个大军区。福州军区撤销后，合并到南京军区，向守志任司令员，傅奎清任政治委员。谈到两大军区合并的往事，傅奎清十分激动，颇为感慨。他对我们说，两大军区合并，有的提升，有的退下，有的调动，有的交流，还有编余人员的安置和善后工作，真是一项庄严又复杂的任务。在谈到当时的情景时，他赞扬原福州军区司令员江拥辉服从命令、听从安排的高风亮节；赞扬原南京军区政委郭林祥摒弃个人感情，主动提出撤销自己的老部队；他称赞向守志对两个军区合并后的人事安排、生活保障等方面想得细致、做得周到，却不说他自己。事实上，在那次合并精简中，傅奎清也做了许多卓有成效的工作。合并之前，他就和江拥辉一起跑遍闽山赣水，做干部战士的思想工作，提出精简整编的设想；合并过程中，他又和向守志一起，反复研究精简方案和干部调配。两个军区能顺利合并，傅奎清贡献了他的智慧和力量，有一份不可埋没的功劳。

两大军区合并后，傅奎清和向守志工作在一起，在南京军区这个大舞台上，演奏出一曲曲和谐的悦耳之音。作为军区司令员、政治委员两名主官，向守志和傅奎清把抓基层、打基础、促进部队全面建设作为自己的主要目标。他们一起顶着海边凛冽的寒风，到军区副食品生产基地，和浑身泥水的官兵们一起挥锹挖土，叮嘱部队劳逸结合，保证战士身体健康。他们连续跑了八个干休所，慰问四百多位离退休老干部，实地解决其生活上的困难。1987年3月5日至4月6日，傅奎清与向守志一起带领机关人员，深入基层检查军区"两抓"（抓师团党委、抓连队）三年规划第一年的贯彻落实情况。在33天的时间里，他们从安徽到江西、福建，深入军区的师、团和连队，考察了54个团级以上单位，实地调查研究，总结经验，当面指导，受到基层官兵的热烈欢迎和好评。在井冈山，他们共题一词："人民军队的摇篮，革命传统的源地"。傅奎清动情地说："那次，向司令员和我一起走访了地方领导，参观了革命纪念地，包括上饶集中营、萍乡安源煤矿、古田会议旧址纪念馆，以及革命圣地井冈山和赣南、闽西革命老区，看望与慰问了老红军、老八路、老新四军、老党员、老干部。作为纷飞战火中的幸存者，我们抚今追昔，不胜感慨，受到了一次生动、深刻的革命传统教育，更加激励我们带领军区部队进一步继承红军传统，弘扬井冈山精神，努力加强部队建设。"

1988年，人民解放军又恢复实行军衔制度。由于取消军衔二十余年，这次重新实行，从部队到机关都有许多难以解决的问题，怎样做好，是一件复杂艰巨的事情。作为军区政委，傅奎清不但要做好别人的工作，他自己也面临着被授什么军衔的问题。此时，他已当了八年大军区政委，可在当时情况下，只授予他中将军衔。当军委领导找他谈话时，他毫不计较，坦然接受。在他这样的榜样面前，许多干部虽不满意也无话可说了。两年之后，傅奎清从领导岗位退下来时，仍是中将军衔。有人背地里替他抱憾说："这机会一过去就再也没有了，真是老实人吃亏啊！"这当然是一句不无道理的玩笑话，傅奎清却没有这样想过。

一位曾多年在傅将军身边工作的同志告诉我们："是厚道和宽容成就了傅将军。有人说他软弱，其实不然。在原则问题上，他从来也不让步，只不过是以他自己的方式坚持罢了。"只要真正了解傅奎清走过的道路，就会相信这个评价是恰切的。

结束采访，我们与傅将军告别，他执意送我们出门。握手时，他脸上仍是谦和慈祥的微笑，如同明亮的阳光。

2006 年 11 月 29 日

（与张开明合写）

最爱写军魂

——访固辉将军

早就听说，固辉将军最爱写"军魂"两个字，不论书展邀约，友人索求，还是基层部队官兵相请，他皆以此二字书赠。我曾在不同场合见到过他写的"军魂"，尺寸大小有别，形式横竖不一，虽非颜非柳，但字如其人，庄重沉稳，遒劲有力，笔划间蕴含着军人的勇武与豪迈。

冒着南京初冬的冷风，我来到固将军的家里。交谈中我问他为什么如此爱写"军魂"两个字，他不假思索地脱口而出："军队就应该有军魂。"虽然他没有做具体解释，其意却不言而喻。魂者，灵魂也。一个国家有其国魂，一个民族有其民族魂，一支军队也理应有其军魂。固将军所说的军魂，当然是指我们这支中国共产党领导的人民军队的灵魂。

我曾当面采访过我们军队的一些元帅、将军，他们用金戈铁马、气吞万里的壮丽人生，用身经百战的光辉业绩，诠释了人民军队的性质、使命、作风和精神。因此我认为，他们的身上，集中体现了人民解放军的军魂。而固辉这一代将军，则是人民军队军魂的承袭者和传递者。

1947 年 8 月，固辉一走进解放军的行列，就感到进入了一个崭新的天地。指战员们听从党的指挥，牢记肩负的神圣使命，为穷苦人翻身解放英勇战斗，不怕艰难困苦，不怕流血牺牲。军队内部，官兵之间、战士之间团结一致、亲如兄弟。军民之间犹如鱼水，处处受到人民群众的关爱和支持。昂扬向上的氛围，深深地感染着他，激励他迅速投入到彻底推翻国民党军反动统治的拼杀行列。由于表现突出，他很快就担任了连队文书。一次战斗中，连队夜宿农村，突然遭到敌人的包围袭击，全连紧急突围。在这严峻时刻，固辉牢记文书的职责，顾不上包括自己衣物在内的其他东西，只穿着一件短裤，抱着连队和指导员的公文包突了出来，因为公文包里装着连队的花名册和一些文件。天明后连队集合，冷风中只穿着短裤的固辉，紧紧抱着公文包，冻得瑟瑟发抖。他的忠诚，赢得了领导和战友们的信任。

忠诚和信任，成为固辉漫漫军事生涯的一个良好开端。从那以后，他跟随所在部队，战辽沈，攻平津，经历了一次次出生入死的战役战斗。

1949年初夏安新战役后，固辉随部队开赴豫西伏牛山地区进行剿匪。这时，他已是连队文化教员，在正、副指导员的指导下，他帮助连队战友学习文化的同时，还经常组织一些简单的晚会，定期办好墙报等，以丰富连队的业余文化生活，鼓舞士气，提高连队的战斗力。他看到剿匪任务重，连队人员又相对减少，便主动请战。一天，刘副连长带领固辉及另两名战友在卢氏县的山中执行任务。连续搜索至第三天，突然，山上密林里传来一声枪响，原来是土匪放冷枪。固辉不备，只觉左脚一麻，一个趔趄倒在了地上，仔细一看，才发现一发子弹从脚侧面打进去，从脚面上穿出。他下意识地将脚踝转了几下，感觉没伤着筋骨，就简单包扎了一下，坚持留下来继续剿匪。战后固辉被评为三等乙级战伤。在剿匪的战场上，固辉和战友们一起迎来了新中国的诞生。

1950年固辉跨过鸭绿江，到达朝鲜战场，参加了一至四次战役的德州、春川、宁远、原州横城、牛角峰、鹰峰山和铁原地区防御作战等战斗。1952年8月，他被任命为团作战训练参谋，并派到团前进指挥所。前指只有一名股长，两名参谋，人员比较少，忙起来常常一个人要当两个人用。为了提高工作效率，固辉抓紧点滴时间自学参谋业务，加强训练。很快，他的记录速度和上报下达的时间都得到了很大的提高。铁原防御作战时，有一阵敌人突然改变了炮火封锁的时间，每当我军起床、开饭时就开始打炮，而且对我部队的运动路线、物资前运路线等也都掌握得很清楚，给我阵地管理带来很大的不利，并造成了一定的伤亡。固辉联想到前几天逃跑的一个排长，判断肯定是泄密。他当即向首长建议改变作息时间，除站岗值勤人员和需要占领阵地外，规定部队起床后不出坑道，同时另辟人员和物资的运行路线，电话线沿山坡铺设。由于措施及时，一下就扭转了被动的局面，大大减少了部队的伤亡。固辉因此受到了表扬。

在驻守防御二六〇高地的日子里，敌人的封锁十分严密，我军供应受到很大影响，部队经常断粮，蔬菜更是稀罕。当时固辉的身体比较虚弱，胃病经常发作，但他从不叫一声苦，喊一声累，总是积极认真地工作着。有的同志因缺乏维生素，眼睛视力下降，他就帮着煮松枝水喝。对面稍低一点的高地上，住着敌人的一支部队，他们白天守御，晚上撤离，中间直升机送吃的，吃不完的罐头就留在阵地上。固辉和战友们摸清敌人规律后，就利用黑夜潜到敌人阵地上将罐头拿回来食用。就是在这样艰苦复杂的战场环境下，固辉一个人连续值班三个月，情况登记、值班登记、号令文件登记、电话登记、阵中日记等清清楚楚，没有出一点差错，战后他荣立三等功一次。

战争和平交替，军旅岁月匆匆。其间有多少曲折前行，有多少洒汗奋进，有多少竭诚凝思，是可以想见的。固辉以百折不挠的脚步一路走来，经受住了各种环境各种际遇的考验，由团作训股长、到师作训科长，由团长到师长，由军长到军区副司令员、司令员。他把生命融进了人民军队不朽的军魂，而人民军队的不朽军魂，也如同血肉与骨骼一样，融进了他精彩的人生以及思维和行动。望着他花白的鬓发和饱经沧桑的面孔，就能够理解他的所思所想、所喜所爱。

1976 年 10 月至 1978 年 8 月，固辉作为中国军事专家组组长前往某国，帮助其训练部队，前后近两年时间。期满回国在家休息时，听说部队要去边境执行任务，便立即向领导提出要求。得到批准后，他立即赶到部队，迅速做好一切准备。这是神圣使命的驱使，这是勇敢赴死的行动。那一次，他和他带领的官兵们，不但出色地完成了祖国人民赋予的光荣任务，也受到了一次十分难得的锻炼。

1990 年 4 月，固辉由济南军区副司令员擢升南京军区司令员，成为一个战区的军事主官。上任之后，他和政委一起领导军区部队认真学习中央的路线、方针、政策，贯彻执行军委新时期的战略部署，抓紧部队的军事训练，提高官兵的军政素质。

南京战区肩负重要的军事斗争任务，必须做好充分准备。为此，固辉经常组织军事演练和演习。1995 年 11 月，他成功地组织指挥了陆、海、空三军的联合作战演习。在他的号令下，白浪滔滔的海面，硝烟弥漫的海岸，登陆部队在"蓝军"的火力威胁下，紧张有序地装载上船。登陆舰艇和民用船只上的步兵、坦克兵和炮兵等地面作战部队劈波斩浪，水面有海军战斗舰艇护航、破除水中障碍，空军航空兵以多机种、多层次的强大火力，有效地粉碎了"蓝军"的海空拦阻。当登陆部队登陆上岸遭到"蓝军"地面和空中的抵抗时，立即受到猛烈的打击。在海、空军和地面炮火的协同下，登陆部队迅速抢滩上陆，向纵深攻击，为后续部队创造了条件。这次成功的演习，既是军魂的展现，又是对军魂的锤炼。在即将离开领导岗位之际，他还签发了一次军事大演习的方案。他虽然没有能够亲自组织指挥演习，但看到演习的成功，仍是由衷地喜悦和高兴，因为这是他渴望部队成为忠诚雄师、勇猛劲旅的心愿。

固辉注重从严治军，严格要求所属部队官兵尤其各级指挥员令行禁止，扎扎实实建设部队。有一年征兵时，一个单位私自扩招了十多个人。固辉听到反映后，立即责成有关部门认真调查、严肃处理。因为碍于说情，有关部门的调查处理报告采取了宽容的态度。当这份报告送到固辉面前时，他作了严厉的批示，要求重新调查和处理。在他的坚持下，这个单位终于将扩招的人退回，并做了深刻的检讨。

固辉的严格要求是有名的，有人甚至说他下部队是"走一路批一线，停下来批一片"，其实并不是这样。有个师是军区的先进单位，固辉到这个师时发现存在一些问题，而师领导向他汇报时，却只讲好的不讲差的，只讲成绩不讲缺点，他便严肃地指出问题，狠狠地批评了他们不求真不务实的做法。而在另一个团，因为发生了死人事故，团长做好了挨批评的准备。固辉到该团后不但没有批评，反而耐心帮助团长分析原因，总结经验教训，并讲了他自己当团长的体会。事后他说："军队是打仗的，应该扎扎实实，不能有半点浮夸和虚假的东西，平时图虚名，战时就会得实祸。那个师为了虚名不看存在的问题，因此要重锤敲打，使其警醒。我批评的不是存在问题的本身，而是对存在问题的态度。那个团长已经知道错了，所以应该帮助他。"

他对部属这样，对自己也是如此，甚至更严，有的做法简直到了苛刻的地步。1985年，固辉从军长调任济南军区副司令员。他遵照上级关于"人走家搬"的规定，前去上任后，就腾出了原来的住房。他的夫人暂时未同他一起到济南去，只得挤住在已经结婚的女儿仅有两间房子的家里，过了半年多的时间。事实上，他的夫人是可以暂时住在原来的房子的，可是他没有那样做。在他看来，作为军人特别是领导干部，应该自觉执行规定。他的夫人理解他，因此与女儿挤住在一起也毫无怨言。

在济南军区，身为副司令员的固辉，分管执行《内务条令》，负责机关和部队的军容风纪。由于当时军队刚换新装，警卫员一次把领章缀反了，一次没在短袖制式衬衣上配肩章。本来，一经发现就改正了，谁也没有说什么。固辉却不原谅自己，他写了《纪律面前，人人平等》的检讨，指示军区《前卫报》把这份检讨登在了1986年6月4日的报纸上。他在检讨中讲了两次着装不符合规定后，诚恳地说：《内务条令》就是军人的纪律和法令。我是分工负责抓军容风纪的领导，出现这样违犯条令的错误，是由于只重视别人，忽视自己造成的。在法律、纪律和条令条例面前，每个人都必须严格遵守，我也不能特殊。对已犯的错误，我坚决改正，更欢迎大家以后监督批评。一个副司令员，在报纸上公开检讨，是多么难能可贵。有了这样的领导，这样的举动，对部队自然是无声的命令，工作还能做不好吗？

固辉认为，用广博的知识武装部队，才能有昂扬的精神风貌和强大的战斗力。所以，他不但十分重视所属部队学习科学文化知识，自己更是自觉刻苦学习。他在处理繁杂的公务之余，抓紧一切时间读书，读政治方面的书，读军事方面的书。他读了古今中外的许多军事名著，诸如马恩、毛泽东和我军将帅们的军事著作，中国古代的《孙子兵法》、外国的《战争论》等。此外，他还读了许多中国外国名将的传记与回忆录。他读书的时候总是认真思考，并将思考的结果写成笔记，或者把名言警句摘录下来。他在讲话或做报告时，能根据当时当地实际，恰当准确地引用一些观点或原话，取得引人入胜、增强说服力的效果。一位熟悉他的人对我说："固辉将军之所以成为将军，因素也许是多方面的，始终坚持不懈的读书学习，是不可或缺的重要因素。"是啊，综观他所走过的道路，体味他始终执着的军魂，不是能给当代军人很多启迪吗？

　　岁月流逝，人生易老。固辉将军的记忆已大不如前，许多往事都已淡漠，但"军魂"两个字仍刀刻斧凿般牢牢印在他的脑海他的心里，闪烁不灭的光芒。现在，他还坚持写字，写的还是他最爱的两个字：军魂。

2006 年 11 月 30 日

燃烧爱国激情

——访方祖岐将军

　　1950 年，美国公然武装干涉朝鲜内政，派兵台湾海峡，中国主权受到严重侵犯。应朝鲜党和政府的请求，中国派出志愿军前去援助朝鲜人民。由此，朝鲜战场隆隆的枪炮声，中国大地"抗美援朝，保家卫国"的口号声，相互呼应，响彻云天，扣人心弦，沸腾了无数中国青年痴爱祖国、痴爱和平的热血。第二年八月，在江苏省兴化中学有一个 16 岁的高中学生，风华正茂的青春被时代强音撞击得火花飞溅。他仿佛看到远方的滚滚烽烟，一颗心飞进了枪林弹雨。他瞒着家里报名参军，"从戎投笔再无牵"。经过几个月的培训，便雄赳赳气昂昂地跨过鸭绿江，踏上了血火交织的战场。

　　他就是如今的方祖岐将军。

　　半个多世纪的时间已经过去，方将军向我说起参军时的情景，仍然激动不已。他说："当时，我的激情确实被点燃了，想投身反对侵略、援助邻邦、保卫祖国的战斗，又怕受到阻拦，便没有事先告诉父亲，直到从兴化出发经泰州时，才给他老人家写了一封信。后来听说，姐姐读了我的信之后，跑到母亲坟上大哭一场，自责没有照顾好我。因为我三岁时母亲就去世了，是姐姐像母亲一样帮着老祖母和父亲抚养我长大的，她怕我一去再也回不来了。"

　　是啊，战争本来就是残酷的，那场抗美援朝战争更是惨烈，因为双方经济力量和军队武器装备对比尤为悬殊。以美国为首的"联合国军"实行的是陆海空军联合的全方位的立体作战，并使用了除原子弹以外的当时所有的新武器，其激烈和残酷程度，是世界战争史上罕见的。方祖岐入朝后在志愿军装甲兵指挥所当译电员，负责翻译来自志愿军总部的电报，能够更多地了解到战争的全局，知道敌人的凶猛残忍，志愿军官兵的英勇无畏，诸如朝鲜全线战术反击作战的激烈，坚守上甘岭的顽强，奇袭"白虎团"的英勇，以及黄继光、邱少云、胡修道等英雄们的壮举，都是先经过他的手把电报译出来送给指挥所领导的。那"寒凛冽，战云翻，破凶顽。运筹千里，拼搏前沿，捷报频传"（方祖岐词句）的战地景观，时时感染着他振奋着他。他至今还记得，1953 年 7 月达成停战协议后，他翻译志愿军司令员兼政治委员彭德怀签发的停战令密电时，怎样"笔底灯光照，怀中热血冲。"

方祖岐毫不掩饰地说："在朝鲜战场的那些日子，真是非常想念祖国，一有空就站在山头上，眺望祖国的方向，或仰对月光，思念家乡和亲人。不过我也知道，只有打败侵略者，才能保卫祖国的和平与安宁。"在纪念抗美援朝五十周年时，他回首往事，心潮难平，写了一首《满江红·闯封锁线》的词：

奔涌江边，封锁线、夜空残月。沉寂处、蛰雷惊起，暗云撕裂。呼啸敌机迎面吼，长空倾泄千吨铁。烟火漫，英烈舞忠魂，同声咽。

异国土，情切切。飞热血，鲜花结。看林山原野，土焦灰沸。抗美战场初洗礼，援朝征路争攀越。中华魂，浩气贯云天，勋名烈。

从词中可以读出，方祖岐是怀着一腔爱国之情走进硝烟烈火的，经过血与火的洗礼，他的爱国情怀得到进一步的锤炼和升华，如同不竭的大水，流贯他的军旅生涯，时间愈久愈急湍。

五十多年来，方祖岐从一名译电员，成长为共和国的高级将领。这期间，他听从党和人民的命令，从东北边境，到中南华南，又到北部边疆，再到东南海防，足迹踏遍了近一半中国的山山水水。每到一地，他都忠实地履行着一个军人一个指挥员的职责，为保卫祖国而奔波忙碌，贡献自己的智慧与才能。在长白山的密林里，他率领部队冒着酷暑或严寒野营训练，翻越高山沟壑，露宿雪原旷野，演练布兵设防、寻机斗敌。在张北坝上，他面对萧瑟秋风，仔细察看地形，瞭望关山隘口的古战场，思考怎样固卫祖国边疆。在东海狂涛间，他参与组织指挥军队和人民群众在海上挥舞旌旗，列阵天海，谱写了铁舟破浪、火箭腾空、战艇潜海的威武壮观。他常常深入部队，深入基层，以至许多节假日也和战士们一起度过。有一年除夕，他与海防前沿的官兵一起守年过节、辞旧迎新。他将当时的心境写成了一首诗："金陵春雪压枝间，细雨榕城积雾烟。北国风吹寒正烈，东疆潮怒浪飞翻。谁家除夕不同饮？我等今宵共野餐。日月担肩撑五岳，笑吟乐曲箭扶弦。"当他字正腔圆吟咏这首诗时，我的眼前便映现出一幅"枕戈待旦"的雄壮画面：在万家团圆欢度佳节的时候，将军与士兵火热的心胸相挨，警惕的目光交融，眼前风云翻卷，身后笑语盈室。我看到了方祖岐军旅人生的缩影，同时还想到了古人"黄沙百战穿金甲，不破楼兰誓不还"的诗句。

在方祖岐看来，军人热爱祖国最具体的实践检验，除了当国家受到外敌侵略时，能够不惜一切地投身战斗，用手中武器粉碎敌人的企妄，再就是在自然灾害降临之际，能迎险而上，用血肉之躯保护人民群众生命财产的安全。所以，他又动情地讲到了 1998 年暑夏的大抗洪。

那一年，长江流域的特大洪水，无情地扑向中下游的城镇、乡村。解放军以洪水为命令，以洪水肆虐的地区为战场，飞速奔赴长江沿线，和人民群众一起与洪水展开惊天动地的大决战。时任南京军区政治委员的方祖岐与司令员陈炳德等军区领导，分头深入到抗洪第一线，指挥官兵加固大堤，严防溃决。8 月 7 日 13 时 30 分，江西九江城防大堤塌陷决口，汹涌的江水以每秒 400 立方米的流量和高达 7 米的落差涌向九江市区，该城 45 万人民的生命危在旦夕。紧要关头，方祖岐和陈炳德立马决定增派部队赶赴九江一线，并指派副司令员董万瑞、副政委雷鸣球赶到九江，通宵达旦组织指挥部队奋堵决口。随后他们又亲赴一线指挥。经过五天五夜的殊死奋战，终于将决口堵住，保住了九江城防和人民生命财产安全。

八年多的时间过去了，说到当年惊心动魄的抗洪抢险，方祖岐仍然眼睛润湿，语调颤抖。他讲炎炎烈日下部队和武警官兵不怕苦不怕死、敢打敢拼的奋勇事迹，讲封堵决口现场飘扬的"红军团""一等功团"，讲"硬骨头六连"旗帜一树起来,就有近百名从硬六连走出的官兵自动集合在连旗下,投入抗洪战斗;讲骄阳酷暑里人民群众给官兵送水送饭,出租车司机不收车费;讲从中央到各地,从地方到军队,上下一致,军政协力,军民同心的壮伟景象。他感慨地说:"那次抗洪确确实实是一场激烈的战斗啊!我们军区的领导全部出动了,哪里危险就去哪里。想想看,什么样的战斗能让党和政府的最高领导人以及我们这一级的指挥员日夜守在第一线呢?短短个把月时间,我先后四次去九江,每一次去,都被官兵们的忘我精神所震撼:这就是我们军人爱祖国爱人民的最好表现。这样的爱孕育的军队,什么样的敌人不能战胜!"怪不得他又激情难抑,挥笔写下了《满江红·九江狂澜》的词:

浊浪滔滔,蟠蛟处、九江口泄。惊四海、五洲关注,八方情切。京邑不眠传令紧,神兵奔救关山越。战洪魔、拼搏看中华,声威烈。

赤日烤,狂浪袭;黎庶急,军心裂。聚群情众志,壮心如铁。血肉长城歌永固,军民胜利惊奇捷。沸腾欢、倾写满江情,心潮迭。

抒发他的豪壮襟抱。

事实上,战争不会常有,自然灾害也不会常有,而作为军队,必须做好应对的一切准备,特别是高级将领、战区主官,更应该如此。所以,方祖岐在任南京军区政委期间,不仅积极参与军事斗争的准备,组织指挥战役、战术演练,同时结合战区实际深入思考军队的长远建设。他的思考,见诸文字的部分,已经汇编成《新时期军队建设若干问题的探索与实践》一书,其中包括思想政治工作、军事战略战役、治军特点规律、拥政爱民、领导班子、干部队伍等。他在该书的前言中说:"这些年来,军区部队取得的成绩和进步,特别是圆满完成了几次重大军事行动、98抗洪抢险等重大任务,都是与新时期军队建设的积极探索和勇于实践分不开的。""1994年以来,我作为军区政治委员,在军委、总部和军区党委领导下,亲身参与了军队改革和建设的实践,并在军区一些重要工作和重大活动中,肩负领导责任,对研究探索新时期治军特点和规律不断深化了认识。回顾这些年的探索和实践，感到有必要把初步的成果梳理出来，以便为后人不断探索和实践提供借鉴。"捧读这部沉甸甸的著作，我好像看到了一位将军热爱祖国、热爱人民、热爱军队的赤子之心和深谋远虑的思想轨迹。我以为，它是方祖岐从年轻时就点燃的爱国激情不衰的延伸。

离开领导岗位后，方祖岐不用处理繁杂的军务，也不需经常到部队去，他便把更多的时间和精力放到了他喜爱的诗词、书法和绘画上，已经出版了《方祖岐诗词选》和《畅吟神州——中华魂之歌》两部诗词集。这些诗词，只有极少一部分是在位时的匆忙挥洒，大多则是退出领导岗位之后的从容吟哦。他说："实现中华民族伟大复兴，乃炎黄子孙百年梦想。半个多世纪以来，余有幸就职于近一半祖国大地，近几年又有意涉足一些未踏之旅。追古抚今，深感伟大祖国地域辽阔，历史悠久，文化灿烂，虽饱经风霜屈辱，而复有今日之崛起，真乃民族之大幸，世界之盛事，值得彪炳千秋。由此而试以亲身见闻实感写作格律诗词，畅吟今日之神州巨变。"细读这些歌颂祖国丽山秀水、名胜古迹的华章，可见他融贯其间的爱的激情。原来，他是用另一种形式表达他对祖国痴情永驻的热爱。

他的客厅里悬挂着他写的字作的画，我们在交谈的过程中，也不时说到诗艺、书艺和画艺，不过我不相信这位一生以军事为职业的将军，会心无旁骛地沉迷于诗词、书法和绘画之中。果然，谈起当今世界军事形势以及我们的军队，他仍然谙熟于心、自有见解。他兴致勃勃地说："我在位时不少人问我军队现在能不能打仗、能不能打胜仗，我退下来后仍有人这样问，这是关心，更是期望。我总是告诉他们，能，绝对能！因为我们是中国共产党领导的人民军队，我们每个官兵的身上，都燃烧着不熄的爱国之情、报国之志，不论现在还是未来，一定能维护祖国领土主权的完整统一，保卫祖国更加繁荣昌盛！"

这是方祖岐将军的心声，也是所有军人的心声。

2006 年 11 月 30 日

战将的心声

——杨得志将军的答问

虽然已经过了 80 岁生日，头发依然乌黑，脸泛着红光。虽然穿的是一身便装，没有闪耀金星的上将军衔和肩章，但只要仔细看去，仍可见眉宇间透出的威武与豪气。

他就是杨得志！

杨得志！

这是一个士兵的名字。

这是一个将军的名字。

作为将军的杨得志，他是非常有名的，原中国人民志愿军的副司令员、司令员，军区司令员，解放军总参谋长，而作为士兵的杨得志，了解的人可能就为数很少了。应该说，追踪一个人的踪迹，最好是从原初开始。弄清一名士兵怎样成为将军，也应该看看他怎样一路从士兵走来。于是，我便带着这样一些问题，走访了杨得志将军，向他提出了一些问题，他都给予了清晰的回答。

一

问：您是我军一位著名的将军，请问您是怎样开始您的军事生涯的呢？

答：著名？那都是人们说的，我自己并不认为有什么著名。在我看来，只不过生逢那样的年代，在中国共产党的领导下，听从毛泽东、周恩来、朱德等统帅们的指挥，打过一些仗，因此中华人民共和国成立后的 1955 年，毛泽东主席签署命令，授予了我上将军衔。如此而已。

至于我的军事生涯的开始，可以用两句话来概括：一是生活所迫，二是时势所致。

先说生活所迫。

我出生在湖南省醴陵县（现醴陵市）南阳桥的一个小山村。小时家里很穷，父亲杨远新以及不曾娶妻、始终和我们生活在一起的叔父杨远和，都是穷铁匠。一年四季，他们破烂的衣衫外面，总罩着一块深紫色的、被溅起的火星子烧得斑斑点点的粗油布围裙。所有的家当，就是一个风箱，一个火炉，一个砧子，还有锤子、钳子、火剪等。他们经常挑着担子走乡串村，挣得微少的钱养家糊口。

很小的时候，我就跟着他们学打铁。父亲手把手地教我，提醒说："伢子，你要好好地学哩，我们一家人就只能靠这铁砧子、火钳子活命哩！"白天打镰刀、锄头和其他农具，夜晚找点稻草一铺，露宿在人家的屋檐下或门洞里，有时干脆睡在大树下、古庙旁。天长日久，父亲的腿得了风湿病，常常痛得死去活来。可是又请不起医生买不起药，实在忍受不了，就抓起大锤往地上砸，额头滚下一颗又一颗汗珠。看到这种情景，我确实是认真学的。

我的母亲也是个穷人的女儿，连个名字都没有。她很小的时候做了童养媳，由于那家人遭了祸殃，才来到南阳桥的一个小村，嫁给了我的父亲。她一共生了14个孩子，由于家境困苦，活下来的却很少。在我的印象里，母亲的眼睛总是红肿的，嗓音也总是沙哑的，因为不是这个孩子病死了，就是那个孩子病死了，哪一个孩子死了，她都哭得像个泪人。

由于艰难困苦，过多的伤心，在我11岁那年，她就长辞了人世。她是在"月子里"得病去世的。这样一来，家里的日子更难熬了，我不得不到离家十几里的地方替人放牛。替人放牛的活，并不像有的诗画里说的那么美好，骑着牛背，吹着短笛，青山绿水，任意漫游，而是天一亮就牵着牛出去，割草、垫圈、照料牛吃喝。平时这样，刮风下雨也不能歇息，有时不小心让牛吃了禾苗，就得挨打。

就这样干了三年。14岁时，哥哥海堂接到姐夫从江西安源煤矿寄来的信，说矿上有活干。我就跟着海堂哥到那里去谋生，当上了挑煤的挑夫。一担煤百多斤，整天在煤山上爬，煤车里滚，身上脸上手上都黑得像个黑人似的，吐出的唾沫都是黑色的。穿绸子裤的工头，戴文明帽和白手套的外国人，手里拎着木棒子，还到处打人。一次，一个上了岁数的挑夫歇脚抽烟，被恶狠狠地打了一棍子。在这里干了半年多，海堂哥哥带我回到家，他一个人到衡阳去了。

1926年夏天，海堂哥哥从衡阳来信，说他在那里修路，要我也去。尽管父亲不放心我一个人出远门，还是同意了。到那里后，住的是低矮的工棚，挑的是160斤一担的石灰。虽然工头很刁，欺压我们，但我和海堂哥哥考虑每天可挣六角钱，除了生活费，还能寄一点给父亲，便咬牙坚持下来了。

在这里，我认识了一个姓唐的湘潭人。他不高的个头，黑红黑红的脸膛，常讲些令人信服的道理。有人说他是"穷党"（即共产党），他要么抱拳一恭，说："高抬了，不敢，不敢！"要么两手卡腰，说："弟兄们，我当过国民党的兵，见过国民党。共产党嘛，听说过，那是些'神人'。当共产党可不容易，得准备好几个脑袋才成，懂吗？"尽管当时我不懂他的话，但留给我的印象却很深。

现在再说时势所致。

我在修路工地转眼过了一年的时间。1927年夏天，南昌起义的消息传到了我们修路的工地。到冬天，又传来起义军到达广东韶关的消息。我们筑路的地方就在郴州北边的板子桥，离韶关不远。大家知道起义军是穷人的队伍，心里盼望着他们早点来到，可嘴里又不敢说。

又过些日子，工地附近的村庄发生了打土豪的暴动，规模虽然不大，但有钱人开始逃跑了，工地上，老板不那么凶了，工头们也客气起来。海堂哥哥比我懂得多，一向沉默寡言的他，不断给我讲农民暴动的事。一天晚上，他在工棚里突然问我："你听说这里要散伙的事了吗？"

"为什么？"我问。

"听说从南昌出来的红军来了，老板、工头还能不跑吗？"

我有些着急地问："那我们怎么办？"

哥哥停了一会才说："没处去的话，只好回家了。"

我虽然也很想家，想父亲、叔父和桂泗姐，但我毕竟17岁，懂得了一些道理，心里开始想红军了。

哥哥见我不作声，又问："你怎么想？"

我说："现在我心里也没底，等等吧。"

"要不，就投红军去？"

"对，投红军去！"

这时，老唐走了过来，说："好兄弟，你的嗓门太大了，若给外人听见，是要坏事的。"接着，他把声音压得很低说："红军已经进了湖南地界，这里很乱，听说工头接到命令，发给每个工人25斤大米，让我们走。"

"25斤大米，那够吃几天的？"哥哥气愤地说。

"是啊，"老唐说，"要不是红军来，近处的农民也动起来，他们会发善心给我们米？现在老板、老板娘全逃了，连大小工头也在收拾东西准备溜了。"

哥哥把拳头狠狠砸在稻草铺上："应该抓住他们！"

"哎，他们跑他们的，我们另外想办法嘛。"老唐说。

想什么办法呢？我们三个人谁也没有开口。

沉默了好大一会儿，我先开口说："我不回家了，干红军去！"

"对！投红军去！"老唐说。

"说干就干，现在就走！"哥哥说着站了起来。

老唐指指工棚，说："好兄弟，要走的话应当大家一起走，有饭大家吃，有事大家干，人多好使劲！"

夜晚，二十多个人坐在工棚里的草铺上，趁着一盏油灯的微弱亮光，商量怎么办？有人提出投穷人的队伍，干红军去。一个曾在北伐时当过兵的大胡子说："我有家口，也尝够了当兵的苦，想来想去，还是想回家种田去！"还有的主张一起到长沙去做工。老唐最后说："弟兄们，天不早了，灯油也快熬干了。谁想去哪里，自己拿主意。我呢，是赞成投红军的。愿意跟我去的，把手举起来。"

举手的人共有25个，连开始要回家的大胡子也举起了手，其中有海堂哥哥，也有我。

参军时的情景，当然是难忘的。第二天清晨，我们25个筑路工人，带着自己的衣服被子，离开板子桥，过一条小河，走十多里地，到了红军住的韩家村。韩家村在一个山坳里，村头的一块开阔地上插着一面小旗，旗上写着"招募新兵"四个字，旗下围满了人，也有像我们一样穿着破旧衣裤的。八仙桌后边坐着一个戴红星军帽的人，不停地往本本上记人的姓名。

我们挤到桌子前，和我们一起的老唐第一个报了名，接着海堂哥也报了名，我赶紧挤过去，抢着说："还有我哩！"

桌旁的副官长留着人丹胡子，高高的个头，穿呢子军衣、马裤、马靴子，腰上扎一根宽皮带。他见我要报名，就问："叫什么名字？"

我大声说："杨得志。"这个名字是离开板子桥时海堂哥给我改的。

副官长拍拍我的肩，又问："多大了？"

"十八。"我答。

副官长用拳头朝我前胸捶了两下："行，就留在这里当红军吧？！"

"是！"我高兴地跑到哥哥身边，提起行李就跟他走了。

那个副官长忙喊道："哎！那个叫杨得……对，叫杨得志的，你回来！"

我不知怎么回事，转过身。

副官长打量了我一番，说："杨得志同志，你留在这里，在师部当通信员！"

"不，"我指着哥哥说："他是我哥哥，我得和他在一起。"

"哎，当红军嘛，要听命令。再说你哥哥就在师部特务连，离这里不远，你们可以天天见面的。"

哥哥也说："听长官的话，不要挑拣了。"

于是，我就留在师部当了通信员。没有武器，也没有军装，穿的还是原来的破棉袄，盖的还是原来的破棉被，只是多了一个土布做的红袖章。

你看，这不就是风起云涌的大潮，把我和许多像我这样的人送进了红军吗？用我的话说，这是时势所致。若不是生活的艰难，靠那时的觉悟，我可能不会参军。若不是朱德、陈毅同志率军经过那里，筑路停工，我也可能不会参军，当然也就不会有后来的将军了。这也是当初所没有想到的。

1988 年 1 月，我应邀到郴州参加纪念湘南起义 60 周年，此时也是我参军 60 周年。会间，我又去看了筑过路的板子桥，参军的韩家村。沧海桑田，人事变迁，我已经完全认不出来了。看今朝，忆往昔，想着几十年走过的路，我写了一首诗，寄托胸中的激情：

> 六十沧桑从何说？
> 感慨郴州举标梭。
> 纤尘幸留小痕印，
> 滴水远汇大江河。
> 踏碎关山烽火路，
> 吟成横刀马上歌。
> 若问来路英雄者，
> 无名更比有名多。

二

问：军人都是会打仗的，将军更是如此。那么您是如何学会打仗的呢？

答：毛泽东同志说过："从战争中学习战争。"我也是这样的，从打仗中学会的打仗。

我们人民军队的将领，大体有这样几种情况：一是科班出身，或进讲武堂，或入军校，先学习一些军事知识和战略战术，然后投身战争的实际，在打中检验，在打中提高，如朱总司令，彭老总、徐帅，还有林彪，都是这样的。二是有了较高的文化知识，在革命战争的过程中，学到了打仗和指挥打仗的本领，如罗帅、陈老总、聂帅就是这样的。三是既未进过讲武堂、军校，又没有太高的文化知识，完全是在枪林弹雨中打出来的，贺老总就是这样的。刘帅开始也是这样，后来到苏联去学习过。我和不少同志都属于这一种，入伍就打仗，在打仗中学习打仗。如果说现在还懂点军事，那全是在战争中学会的，也可以说是叫花子打狗

——学了几手。

刚当兵时，我确实什么也不懂。

记得我当通信员没多久，就调到师属特务连七班当战士。到班里的第一天，班长问过我的姓名之后，就从稻草铺底下摸出一个梭镖头，说："去找根木棍砍砍，把它装好。"

这之前，我在师部当通信员时用的是梭镖，心想到连队可以领到一支枪了，哪料想仍是梭镖，而且生满锈，头也快磨平了，还不如原来的那个，便一拧脖子转身就走。

班长火了，截住我，提高声音说："杨得志同志，我再说一遍，去找根木棍砍砍，把它装好！"

我虽然站住了，却仍没有伸手去接梭镖头，班长就大声喊："全班集合！"

一班人集合站定后，我看到包括班长在内，全班都是梭镖和大刀。班长瞥了我一眼说："想要支汉阳造么？好呀！打仗时自己夺去！"

班长走后，有位老兵对我说："你这年轻人好野楞。你不晓得班长先前当过旧军吧？今天他没抽皮带，算你运气。"

我的哥哥来找我，板着脸说："那梭镖头是农友们打土豪得来送给红军的，不容易哩，你怎么可以不要？"

我见哥哥着急，就说："等打仗时我拼死夺回两支枪，送给班长一支还不行吗？"

后来，班长作了自我检查，我也向班长作了自我批评。

第二天，我就扛着梭镖，跟班长打土豪去了。黄昏的时候，我们刚刚爬上一座山梁，就发现山下有些打着白旗、带着白袖章、帽子上戴着白箍的队伍。连长喊一声："卧倒！"我也伏在了山梁上。班长爬到我的身旁，按下我支着的胳膊，嘱咐说："身子再低点，要不会吃亏的。"

我这是第一次遇到这样的情况，心里有些紧张。班长好像看出来了，给我壮胆说："不用怕，他们那是小炮，没有瞄准镜，只能吓唬吓唬人。"

天黑以后，敌人打了阵小炮，见没动静，就往上冲。敌人快靠近山顶时，连长命令："上！"班长在我背上猛拍一下，说："快，去夺他们的汉阳造。"就是在这次战斗中，我学会了隐蔽和利用地形地物。而第一个教我这样做的班长，竟在这次战斗中牺牲了。我夺到一支杂牌枪，班长夺到的汉阳造却留给了我。

战争是千变万化的，非深入其中，亲身参与战争，才能了解其规律。对参加战争的人来说，既要学会经受胜利的欢悦，也要学会品尝失败的痛苦。我参军不久，就经历过一次失败，我记得特别深刻。

那是1928年7月中旬，红军大队从酃县出发，红二十九团在前，朱德同志率红二十八团和特务营跟进。在郴州城东十多里的地方，打垮了范石生部的两个团，然后直奔郴州城。城里只有敌人一个补充师，全是新兵，战斗力不强，很快被我们歼灭，占领了全城。可到天快黑的时候，城北响起了激烈的枪声，而且越来越紧，我们守卫的部队垮下来了。原来，在城北十几里路的地方，敌人有两个师五六个团的兵力没有受到打击，这时一起向我们攻来。

对这突然变化的情况，我们毫无思想准备，再加上天已黑了，大街上人来人往，高喊低叫，乱作一团。部队仓促集合，乱哄哄地向东门转移。东门外就是耒水，河上有座桥。朱德同志不得不亲自掌握着机枪连，在耒水河上掩护部队过桥。我们特务营是在后边过桥的，过了桥后，隔河又与敌人打了一阵，接着连夜东进，走到汝城北面，进行了整编。我们进城才一天，就被敌人打了出来，我的哥哥杨海堂，就是在这次战斗中失踪的，不知是血洒战场，还是饮恨刑场。在返回井冈山的路上，二营营长袁崇焕叛变了，军参谋长兼二十八团团长王尔琢同志前去劝说被打死。这次失败，给我留下的印象太深了。

应该说，战争的经验都是用鲜血和生命换来的。这样的血和生命，有时换来的是胜利，有时也会换来失败，不论胜利还是失败，对于有心人都是宝贵的财富。

中央苏区第一次反"围剿"时，我已当了排长。我们部队接到命令开到小布周围山区埋伏，要求绝对肃静，不准高声讲话，不准有一点火光。在这里埋伏一天一夜，仍不见敌人的影子，有些同志沉不住气了，一个战士问我："排长，敌人会那么傻，自己来钻我们的口袋吗？"

我说："怎么，誓师大会上毛总政委讲的，你忘了，才两天就不耐烦了还行呀！"

又过了几天，敌人也没有来。原来，我们来到这里是准备歼灭敌谭道源师的，可是他却得到告密，把已经出发的部队又调回去了。一天夜里，我们突然接到转移的命令。大家乘着夜色，冒着小雨，踏着山路，到达龙冈。在这里打了一个漂亮仗，活捉了敌人的前线总指挥张辉瓒。之后，又在追击途中消灭了谭道源师一部。

经过这一次反"围剿"的胜利，我对毛泽东同志提出的"诱敌深入"的作战方针，理解得稍为深了一些，特别是他在小布召开的苏区军民歼敌誓师大会上的讲话和他拟定的两条标语："敌进我退，敌驻我扰，敌疲我打，敌退我追，游击战里操胜券！大步进退，诱敌深入，集中兵力，各个击破，运动战中歼敌人！"记得特别牢，直到现在，一闭上眼睛，仿佛还能看到当时的热烈情景。

中央苏区第二次反"围剿"时，我是十一师师部特务连的连长，师长曾士峨，是黄埔军校的毕业生，指挥打仗有魄力，政委罗瑞卿，政治水平很高，文武双全。战前，我们十一师的三个团都布防在观音崖一带。这里处于富田和东固之间，是个险要的隘口。敌第五路军王金钰指挥的公秉藩二十八师，虽然不是蒋介石的嫡系部队，但武器装备比我们好得多，有山炮、野炮、轻重机关枪。敌人靠这个优势，向我们占据的山头猛烈轰击、扫射，企图一口气吃掉我们。我们师指挥所设在山顶稍下的一间房子里，旁边是用树枝搭起的棚子，敌人一发炮弹就把小棚子炸塌了。曾师长和罗政委都在棚子外边观察敌情。

罗政委说："敌人想攻占三十三团的阵地，从左翼包围我们。"

曾师长同意地点点头，说："不要紧。你看三十三团前面还有一个山头，敌人要通过那个山头才能接近三十三团。"说着又命令我派人去告诉三十三团聂鹤亭团长，一定要挡住敌人。

我刚把人派出去，一阵密集的机枪、步枪子弹打过来，罗政委倒下了。一颗子弹从他的脸颊射进去，穿过口腔飞出。后来他的嘴部稍微有些歪斜，就是那次负伤留下的。

由于红军指战员的英勇顽强，坚决执行了毛泽东同志诱敌深入、集中优势兵力、各个击破的战术，我们取得了胜利，正如毛泽东同志当时写的《渔家傲·反敌第二次大"围剿"》词所说：

白云山头云欲立，白云山下呼声急，枯木朽株齐努力。枪林逼，飞将军至重霄入。

七百里驱十五日，赣水苍茫闽山碧，横扫千军如卷席。有人泣，围营步步嗟何及！

战争，确实是一门学问，随时都得学习自己不会的东西，以适应战场上的需要。所以，从战争中学习战争，既要勇于学习，又要善于学习。

第二次反"围剿"胜利后的一天傍晚，我奉命跑步赶到师部，见曾士峨师长正坐在房前池塘边望着池水出神，身旁摆着些炮盘、炮架和炮弹箱，还有显然是刚从水里打捞出来的炮筒。他看到我，站起身围着那些炮零件转了一阵，问我："听说俘虏里有个炮兵连长分给你了，是吗？"

我回答："是的。他姓张，河南人。都四十多岁了，本想发三块钢洋让他回家，可是他死也不肯。"

曾师长问："为什么？"

我答："他说他自己也是苦出身，被抓丁当了兵。老家里没得什么亲人了。红军待他好，他要跟红军好好干。看来人很老实的。"

师长知道他在二排当战士时，笑着说："噢，你一个 20 岁的小连长，领导人家一个 40 岁的'老'连长呀！"

"师长看他好，调到师部里来嘛。"我也笑着说。

"不行，不行。"曾师长摇摇头，"这么个有本事的人，只能在你们那个连。"

我不明白师长的意思，看着他，没有说话。

又过了一会，师长指着地上湿漉漉的炮零件说："我们研究过了，要把你们连改成炮兵连。怎么样，你有什么意见？"

炮兵在战争中的作用，我是了解的，也有亲身感受，可我们连没有懂炮兵的人，就说："你知道，我们连没有懂炮的人呀！"

曾师长说："怎么没有？那个姓张的炮兵连长就懂嘛！要他教，你们干部带头学。当初步枪、机枪我们也不会打嘛！"

"那我们试试。"我说。

师长指指地上的炮零件说："现在这些家伙不一定能配成套。你们先运回去，请那位张同志看看，抓紧时间边学边训练吧！"

我回到连里一说，大家都非常兴奋，决心当好炮兵。我又去找老张交代任务。他可能是因为刚当红军，还有点自卑，显得有些为难。我就鼓励他说："你放心大胆地教，干部战士都一样，学好了的，表扬，不下力学的，批评！不管什么炮，到咱们手里就是三条：学会，打准，消灭敌人！"

老张被说服后，全连到师里领回三门炮。有的抬，有的扛，有的挑，回到连里，一个个累得气喘吁吁，有人肩膀都磨红肿了。

老张教我们学炮时，讲的射击课主要有三门：测量，计算，角度。当时没有仪器，测量就是目测、指测，或者用细绳拴一个铜钱或一块石头，垂直对着炮口，瞄准远方。计算比较复杂，角度相对容易一点。最难的是炮的构造和射击原理。因为我们都没有文化，老张讲的不少，我们都记不下来。有的同志对我说："连长，听那些理论憋得满身出汗，越听越糊涂，不行呀！"

老张却对我说："连长，理论课学不好可不行，那可是基础哩！"

怎么办？还是得下决心学。我考虑后，把班长、排长集中起来，每隔两三天上一次小课，指导员与我都参加。干部水平的提高，带动了战士们的学习和训练。这也是从实践中摸索出来的经验，效果不错。

我们炮兵连，在紧接着的第三次反"围剿"中就用上了。莲塘、良村两个胜仗之后，部队在黄陂包围了蒋介石嫡系毛炳文的第八师。我连受命在黄陂以南一个山梁上集中。总攻发起前，忽然下起了大雨。同志们把一小块一小块油布拼起来，再脱下衣服，一齐盖住炮身和炮弹，自己却在大雨中淋着，焦急等待战斗的开始。我的心情激动而又紧张，像第一次参加战斗一样。

"预备——放！"指挥员拖着长腔发出了命令，炮弹就从炮膛里飞出去，带着尖利的呼啸和火光，冲破雨雾，落在敌人的阵地，炸起团团浓烟，溅飞沙石土块。只是曾士峨师长在前一次战斗中负了重伤，没能看到我们师第一个炮兵连参加战斗的场面。第四次反"围剿"时，我在红七师二十团当团长，打的第一个好仗是黄坡以西、登仙桥以东的蛟湖战斗。这是个运动中的伏击战。战前，敌李明的五十二师和陈时骥的五十九师，准备从乐安方向分别经蛟湖东进黄陂，与由宜黄南下的肖乾的十一师会合。战斗是中午打响的，一直十分激烈。蛟湖是个依山的小村，密集的房屋建筑，使得兵力不易展开，也不太清楚敌人在蛟湖有多少兵。恰在这时，我们团又中断了和师指挥所的联系。参谋同志来报告说，周围发现了敌人，有包抄我们的动向。我和一些部队的领导在一个草棚子里研究情况，二十一团团长和副团长孟庆三同志赶来了，团长因为镶一颗金牙被戏称为老"金"。他也和师部失去了联络，就对我说："师部没有上来，我们二十一团是个小团，就归你们统一指挥吧！"看到他真诚、信任的目光，我就说："我们商量着办吧。现在重要的是稳住部队，搞清敌情，不打则已，一打就要打胜，只有这样，才能摆脱被动局面。"

听说要搞清敌情，孟庆三同志主动要求到蛟湖去侦察。进入拂晓时，他回来了，不但摸清了敌情，还带来些罐头、馒头和两瓶酒。

根据敌人伤亡大、建制乱了、正在组编的情况，我提出："抓紧拂晓前的有利时机，集中我们两个团的兵力，迅猛攻击是可能取胜的。"老"金"他们都同意我的建议。于是，经过对部队简短的动员，便开始发起攻击，很快地冲进了村子。太阳出来的时候，三军团的部队也从蛟湖西边桥头方向压过来，全歼了蛟湖的守敌。五十二师师长李明，五十九师师长陈时骥都成了我们的俘虏。

但是，乐安一仗却没有打好。乐安是个县城，有比较坚固的城墙，城外是一片狭窄的稻田，对部队的展开和行动都很不利。到达城墙外围还没展开的十九团，便被敌人居高临下的火力压住了。

就在这时，又命令我们二十团上去。我和政委都感到这时上去不妥，可客观形势不允许申述意见。我带着三连正在泥水中匍匐前进，二十一团也上来了，我对团长老"金"说："敌人的火力太猛，我们的兵力展不开呀！"

老"金"猫着腰拉着我，转到一条小沟里，手撑地面观察敌人的火力配备情况，看到城墙上由步枪、机枪、迫击炮，手榴弹组成许多火力点，对我们形成了火网。老"金"骂了一声"他娘的"，攥着军帽的手狠狠地往下一砸，就被敌扫来的子弹打中而牺牲了。我自己的左手腕也被子弹打穿。我让三连长带几个人突击一下，把情况弄清楚。

天黑以后，师部下达命令，我们撤出了战斗。这一仗，副团长蔡金标同志牺牲了，三连长也牺牲了，这个连队也只剩下一半人。

第五次反"围剿"时的三甲掌战斗也差不多是这样。三甲掌是一座土石山，当时每连只有几把铁锹，连十字镐也没有，挖工事很困难，只得动员战士们连夜用刺刀挖。天明后，敌人的飞机又飞来了。天上飞机轰炸，地面进行炮击，阵地上巨石迸裂，断木横飞，许多同志牺牲了，我自己也多次被断木打倒。尽管这样，我们一个团硬是顶住了敌人三个师一天一夜的进攻。傍晚时，红一军团二师从左翼出击，一师从右翼出击，我们团从正面往下压，才把敌人打下去。

对于我来说，能够从一个普通士兵，成长为一个军事指挥员，以至后来担任高级指挥员，就是从这样一次又一次胜仗和败仗中学到的本领。回想起来，中央苏区的五次反"围剿"作战，给予我的东西太多了，正反两方面的实践，使我体会到怎样打才能胜利，怎样打就会失败。还有后来的许多次战斗、战役，也都如同一堂堂课，教我学会了打仗。如果说，我还懂得一点打仗的知识，全都是从战争中学到的。

三

问：您是否进军校学习过？学习的生活怎么样？

答：进过。我这一生进过三次军校。

第一次是1935年长征到达陕北的东渡黄河之后，在抗日军政干部学校。这次学习的时间很短，还没有我们现在的训练班的时间长。即使这样，我也没有学完，因为要西征，就到前线去打仗了。由于时间太短，距现在也太远，究竟学习了些什么，我自己也记不太清了。不管怎么说，它也是第一次。

第二次，是 1937 年进抗大。

山城堡战斗后，我们红二师由陇东回到陕北，在井家沟一带休整，这期间发生了"西安事变"。"西安事变"和平解决后，国内形势错综复杂。为了打击亲日派势力，我们红二师由井家沟经吴起镇进入甘肃，过庆阳、宁县等地，再进入西安以北的三原地区。在这里过了 1937 年的元旦。

元旦后，上级命令我去军团部带一批干部赴延安"抗大"学习。到了兵团部才知道，参加学习的五六十位干部，都是长征过来的老同志，带队的是陈赓同志和我。东征时，陈赓同志是红一师师长，我是副师长，西征时，我调到二师当师长才和他分开的。这次相见，都非常高兴。他见到我就说："老杨呀，咱们要做同学了。"

我说："你是黄埔的老毕业生，我还没有进'抗大'的门哩！"

陈赓摇摇手说："咱们的抗大和黄埔可不一样啊！"

我们一行人由三原起程，步行十多天才到达延安，进了南门，找到"抗大"。这里只有几所低矮简陋的窑洞式的房子作校部办公室，学员的教室和桌椅板凳都不够，要自己动手解决。

"抗大"的全称是抗日军政大学，由原来的红军大学改的名。我们进校时的校长是林彪，刘伯承同志任副校长。开学后，刘伯承副校长的一段话最能说明我们学习的目的。他说："你们打了多年的仗，有丰富的实践经验。现在中央要你们从理论上加以提高，还是为了打好仗。用战士们的话说：学好本领打日本嘛！"

当时的条件很艰苦，我们学员住的窑洞，露天上课，膝盖当桌子。这些困难还好说，最难的是自己文化和理论基础差，而且课程多，时间紧，像马克思主义哲学、政治经常学等，过去接触很少，学起来很吃力；党的方针、路线和政策，虽然都懂，但也没有系统学过；至于军事课的战略和战术，是最熟悉的，但也没有上升到理论高度去总结过。再说，那时没有教科书，讲义也极少，每队有几份，大都是印在又黄又粗的标语口号的反面上，有的字刻得潦草，难认得清，有时教员讲半天也记不下多少。但我觉得，自己是个挑煤、修路、打短工的苦孩子，能进自己的大学学习，就一定要学好。因此，我就靠脑子记，记不住的就问同学，陈赓、姬鹏飞同志对我的帮助最多。

"抗大"的教员确实很多，水平也高。毛泽东同志讲过游击战，朱总司令讲过党的建设，徐特立、林伯渠、吴玉章、谢觉哉以及一些著名的专家都给我们讲过课。

开始时，所有学员都是编在一起学习的，后来将军事干部抽出来成立了一个军事队，领导命令我兼任队长。这个队成立后，毛泽东同志又专门来讲过反对日本帝国主义的两种方针、两套办法、两个前途等问题。一次，他要我这个队长给大家讲讲游击战争的问题。我怕讲不好，就去找教员周子昆同志。平时，他对教学严肃、认真、负责，对同志热情、谦虚、诚恳，为了尽快培养出深入敌后抗战的军事指挥员，他经常顶着烈日，爬山越岭，带领学员搞现地教学。他一听说我的来意，不但鼓励我要有勇气，还耐心地帮助我准备发言稿。我的讲述，得到了大家的好评。

还有一次，学校要求每个学员写一份带理论性的关于游击战争的经验总结。我是打了多年游击战的，但要把实践经验变成理论，确实感到困难。晚上，我冒着大雨又走进周子昆同志的窑洞。他正伏在煤油灯下备课，见我进来便立即放下手里的工作，高兴地和我研究起来，直到鸡叫。可惜，周子昆同志后来在"皖南事变"中被害了，真令人痛心！

正当我们积极努力学习的时候，卢沟桥事变发生了。为了抗日救国，挽救民族危亡，我们这个军事队不得不提前结业，结业典礼还是在由延安搬往三原途中的洛川举行的。

尽管在"抗大"学习的时间不长，但加深了我对科学共产主义的理解，更重要的是提高了毛泽东军事思想的理论水平，这对于后来坚持敌后抗战和解放战争、抗美援朝战争，都起到了很大的作用。

真正学习时间长又比较系统的，是新中国成立后在南京军事学院。

1954年，我以志愿军副司令员的身份回国报告工作。在此之前，彭德怀同志已回国主持军委的日常工作。他离开朝鲜后由邓华同志代理司令员兼政治委员。1953 年 11 月，他也奉命到沈阳军区任司令员，志愿军的担子就落在了我的身上。我回到北京报告完工作后，打电话给当时的总参谋长黄克诚同志，请示关于我回朝鲜的问题，他对我说，军委决定我不要回朝鲜去了，到南京军事学院去学习。我一听就感到高兴，接着又有点舍不得离开朝鲜战场，但我还是服从了军委的命令。

随后，副总参谋长张宗逊同志来到我的住处，对我说：南京军事学院成立一个战役系，让一些老同志到那里去学习，其中就有我，并让我既当学员，又当战役系的主任和党支部书记。我心想，应该利用这个机会，集中精力和时间把学习搞好，如果当系主任和支部书记，必然得花很多精力去搞行政事务，就对张宗逊同志说："就让我专心学习吧，请领导再派个人去当主任和支部书记。"他没有勉强，说回去向领导反映我的要求。很快，他又第二次找到我说：还是要你来当主任和支部书记，这是彭总的意思。我不好再讲价钱，就答应了。

作了一番准备之后，我就登上开往南京的火车。11 月的天气，已经很冷了，收割过的田野上，显得有些萧瑟。北风吹进车厢，携进缕缕寒冷。但我的身上却感到有一种燥热，眼前不时闪现出朝鲜战场的情景，那里该已是冰天雪地了，熟悉的战友和可爱的战士们正战斗在那里。我也想到即将开始的另一种学习生活，它将会是一种什么样子呢？就在这时候，扩音器里传来中央人民广播电台的新闻广播，女播音员用清脆的声音宣布毛泽东主席发布的命令，任命我为中国人民志愿军司令员。

听到这个消息，我在心里笑了起来。杨得志确实没有什么了不起，可这一任命在朝鲜战场，特别是在美国为首的联合国军方面，会引起什么反响呢？他们的情报部门大概正忙着搜集我的材料吧，可他们哪里知道我会在这里呢？即使在国内，在我们军队，又有几人知道杨得志正坐在这列南下的火车上，将要去当一个学生呢？世上的事常常都有巧合，只是碰到碰不到的问题。

带着这样的心境，经济南、徐州、蚌埠，到浦口。当时长江上没有大桥，是靠轮船渡过波涛滚滚的长江，到达南京，走进了军事学院的大门。

南京军事学院是新中国成立后创办的，刘伯承同志担任院长兼政委，陈伯钧同志任副院长，钟期光同志任副政委。刘伯承同志辞去西南军政委员会主席的职务来创办这所军事学院，意在推进军队的现代化、正规化建设，培养德才兼备的高中级指挥员。我对自己说，我也应朝着这个方向，努力学习，刻苦锻炼，真正提高自己的文化科学知识和指挥艺术。

战役系共有 53 人，都是经过长期战争实践的同志，如陈锡联、韩先楚、李天佑、刘震、廖汉生、秦基伟、张震等。其中有的同志在一起打过仗，没打过仗的也比较熟悉。我这个系主任和支部书记，首先根据院领导的指示，把学员分成组，陈锡联、廖汉生、张震等同志分别担任组长。我在陈锡联同志任组长的第一组，韩先楚、李天佑、刘震同志也在这个组里。从此，我就开始了一种完全新的生活。

进校不久，刘伯承院长兼政委找我谈话。他说，要我们这些人住军校学习，是为了提高理论水平，要联系中国革命战争和个人的经验，认真进行总结，掌握更高的领导方法和指挥艺术。他还要求我既要自己学习好，还要搞好战役系的工作。说这是我的双重任务。

我们按照刘伯承同志的要求，首先放下架子，当一个普通学员。每天早上军号声一响，我们就起床出操，按时开饭，按时上课，一丝不苟地遵守学院的规定。还有一个问题就是尊敬教员。那时的教员都是年轻的，论职务没有我们这些学员高，但我们还是尊重他们，我这个系主任也不例外。1955 年授衔时，战役系的学员全部是将军，我所在的第一组五个人，都授的上将军衔，被称为"上将组"。即使这样，我们仍然是尊重领导，尊重教员，刘伯承同志很满意。

当然，我们主要的任务是把学习搞好，而这对我们这些人来说，真的一点也不亚于打仗。按照学院制定的计划，头半年是文化课，要求通过半年的学习，在文化上学完高中一年级的文化课程。这对今天的许多人来说，可能算不了什么，可我们这些人从小在家很少上过学，有人就根本没进过学校的门，认识的字也是到了部队后学习的。所以，学语文时还好些，许多字认识，道理也好理解，学起数学来就难了，需要从头学起，什么代数、几何等，简直如同天书，真是太难了。

对此，同志们的信心很足，决心很大。这一方面因为我们都是由战士逐级成长起来的指挥员，从实践中体会到文化知识的重要，因此非常刻苦。比如韩先楚同志，在朝鲜战场十二指肠溃疡就很厉害，抢救后到北京治疗，刚好一些就要求回朝鲜，走到丹东时又犯了，不得不又回北京，还没有安全治好就带病来到军事学院学习。胃常常疼得吃不下饭，仍然一只手顶住疼痛的部位坚持听课，他爱人刘芷只得在课间休息时给他送一杯牛奶或藕粉。我有时实在看不下去，就劝他休息一天半天，他总是摇头，说没有关系，来学习不容易，一定要坚持下去。

韩先楚同志的心情，也是我们战役系所有人的心情。就拿我自己来说吧，从小跟着父亲和叔叔学打铁，跟着哥哥挑煤、修路，参军后就打仗，没有时间坐下来读书，现在有了学习的机会，更感到应该加倍珍惜。同时也感到已经过了 40 岁，以后不可能再有这样系统学习的机会了。可以说这是第一次，也是最后一次，一定要学好，因而把全部时间和精力都用在了学习上，连南京的风景名胜也很少去看。因此文化考试的成绩还不错，得到了刘伯承院长兼政委的表扬。

又经过半年的政治学习后，就开始了为期两年的军事课程，主要是组织联合作战的战役等课目，教员多为苏联顾问和专家。他们的要求更加严格，全部按照教令教范的要求去做。特别是考试时，苏联顾问、院领导和教员三者都到场，我们戏称为"三堂会审"。他们会随时提出各种各样的问题，要求当场回答，颇像博士论文的答辩，那个紧张劲，真有点吃不消，有的同志为了准备考试和回答问题，吃不下饭，睡不好觉，真如同临战一般。

也许正因为有这种压力和这种压力下所产生的刻苦精神吧，我和其他同志一样，在三年的时间里，精力集中，埋头刻苦地进行了系统的学习，比较圆满地学完了学院规定的课程，提高了文化知识和政治水平，对过去的战争经验进行理论上的总结。它的好处，当时并不觉得怎么样，现在想起来，是非常大的。我毕业后当了二十二年军区司令员，八年总参谋长，很大程度上得益于那三年军事学院的学习。

以上就是我几次进军校学习的情况，要问体会，归纳起来就是两条：

一是有了一定实践经验的人，也要学习，通过学习将实践上升到理论；二是学习是艰苦的，只有用打仗的劲头去钻研，才能真正提高自己，以适应新的形势和任务的要求。

<h2 style="text-align:center">四</h2>

问：您经历过很多战斗，有的是参加，有的是指挥，您最难忘的是哪些呢？

（当我提出这个问题时，杨得志将军没有马上做出回答，而是轻轻靠在沙发上，微微闭起双目，又好像凝视对面墙壁上的一幅画。那是一幅风景，茁壮的树木，鲜嫩的绿草，鲜艳的红花……

是的，和许许多多将军一样，他穿过多少硝烟炮火，出入多少枪林弹雨，目睹多少血火战斗，大概很难说得清了。将军，是军人的代表，军人是以战争为职业的，没有无数次的战斗，何以有光辉耀眼的殊勋！

当他坐直身体的时候，就如同从绵长的回忆中拉出了飞动的思绪。）

答：这不大好说呀！

我一辈子是打过不少仗，第二次国内革命战争，抗日战争，解放战争，抗美援朝，边境自卫还击，从时间上说是很长的。从地域上说，在南方打过，在北方打过，在亚热带的丛林打过，还在国外打过。就作战对象而言，有国民党军队，有日本帝国主义，也有以美国为首的联合国军，还有过去很友好的邻国。我细数了一下，在中国共产党领导下进行的革命战争，我几乎参加了全过程，最初是战士和基层指挥员，后来是高级指挥员。应该说，不少战役战斗都在我脑海里留下了深刻的记忆，以及在那些成功或失利的战斗中献出生命的领导、战友和同志们，更是难以忘怀。

如果一定要说最难忘的战斗，那就随便说几个。因为是我亲自参加或参与指挥的，说起来可能具体一点。

先说长征路上突破天险乌江吧。

1934 年 10 月开始长征后，我们红一团是先遣团，过于都河，翻九峰山，登大王山，血战湘江，冲破敌人四道封锁线，人员损失惨重，没打过一次痛快仗，局势到了相当严重、万分危机的关头。就是在这样的情况下，我们团奉命赶到乌江渡口龙溪，准备强渡乌江。因为中央红军的领导机关和部队都集结在乌江西岸，突破乌江可以为全军开辟通路，直取贵州省第二大城市遵义，还可以把追赶我们的十几万敌军甩得远一些。

乌江的水面不宽，可水流很急，两岸是刀劈般的悬崖峭壁，地形不利于我们而有利于敌人；再加上敌人是以逸待劳，我们是长途行军，十分疲劳，要想渡过去，困难是很大的。但时间就是生命，中央领导和全军的战友都眼巴巴地等着我们早日过江，打开通路。

我和政委黎林同志一起到附近的村庄里去，想找点渡河器材，了解一下乌江的情况。结果大失所望，连一支木桨一块木板也没有找到。老乡们说，渡乌江要有三个条件：大木船，大晴天，好船夫。可我们连一样也不具备。怎么办？我和黎林同志久久地徘徊在浅滩凹处，观察着翻腾的江水。突然，我从河水中漂着的一节竹竿受到了启发，于是决定扎竹排过江。

竹排扎成后，对是否能渡过江去还是没有把握，就从前卫营选了八名水性好的战士进行试渡。傍晚时将竹排推下水。开始还好，竹排冲过险浪，有时被吞进浪谷，有时被抛出水面，战士们在江水中搏斗。大约只有几分钟，竹排被大浪推倒，连同我们的八名勇士，都被埋进了漩涡。我的心里是沉痛的，望着江面，一句话也说不出来。但是乌江还得渡，我们把继续渡江的任务交给了一营营长孙继先同志，对他说："一定要渡过去！"

战士们真好！他们没有被吓倒，都争先恐后地向营长请求任务。孙营长好不容易才说服大家，挑选了十几名战士，对他们说："同志们，一定要渡过去，就是一个人，也要渡过去！全团的希望就在你们身上！"一个战士大声说："放心，我们会过去，我们一定能过去！"

夜色漆黑，江水呼啸。我瞪大眼睛看着东岸，感到肩头上非常沉重，心里十分着急：如果这只竹排再出问题，天就亮了，一切都将暴露在敌人的眼皮下，那就更麻烦了。

大约过了半个多小时，从对岸山顶飞出火光，接着传来"乓"的一声枪响，很快又响起两枪，随后又是两枪。黎政委激动地说："老杨，两枪，是山下响的！"

我也无法控制内心的喜悦，边说："啊，是我们的！"边向孙营长下达命令："开船！"

这时，另一只竹排箭也似的出动了。不大一会，对岸山顶红光闪闪，手榴弹在敌堡爆炸的声音，步枪、机枪和喊杀声传了过来。

"走，坐排子过去！"我对黎政委说。

我俩过江之后，很快组织部队以猛烈的火力、快速的动作占领了全部阵地，为中央机关和大部人过江打开了通路。

这是我们长征开始后打的第一个痛快仗，心中自然十分高兴，只是试渡的八名同志再也没有找到，他们献出了生命，使我们高兴中挟着惋惜。

强渡大渡河是长征路上的又一次战斗。这时已经开过了遵义会议，毛泽东同志重新回到了红军的领导岗位，指挥我们四渡赤水河，巧渡金沙江，通过彝民区。我们红一团冒雨行军一天一夜，赶到离安顺场15里的一个小村。很快，军委总部就来了命令，要我们连夜偷袭安顺场守敌，夺取船只，强渡大渡河。几乎同时，总参谋长刘伯承、军团政委聂荣臻来到我们团里，当面交代任务，帮助制订作战方案，并指示说：这次渡河，关系着数万红军的生命，一定要战胜一切困难，为全军打开一条胜利的道路。

大渡河是岷江的一条支流，河宽300米，水深三四丈，对岸是连绵高山，水中有巨石暗礁。传说太平天国时的农民领袖石达开，曾全军覆没于此。当时红军的处境也很险恶：后有薛岳、周浑元、吴奇伟数十万追兵，前有四川军阀刘湘、刘文辉扼守天险渡口。蒋介石梦想要红军成为"石达开第二"。我们红一团担负开路任务，责任当然是十分重大的。我们几个团的领导当即就做了分工：政委黎林带领二营到安顺场下游渡口佯攻，牵制杨森的两个团；我带一营先夺取安顺场；三营长尹国赤带领他们营担任后卫，留在原地掩护指挥机关。我带的一营又分成三路，踏着泥泞的夜路前进，连夜消灭了安顺场的守敌，并且弄到了一条船，接着在周围的山沟里找来十几位船工。

站在大渡河边，我想来想去，反复比较了几种方案。凫水，河深浪高，会被卷走；架桥，流速太大，无法打桩；唯一的希望还是那只船。我默默地下了决心："兵贵神速，先下手为强！"根据这个决心，又进行了一番部署：命令军团配属的炮兵连将三门八二迫击炮和数挺重机枪布置在阵地上，轻机枪和特等射手进入岸边阵地，并让孙继先营长组织一支坚强精悍的渡河奋勇队。他从二连挑了 16 个人，但二连通信员陈万清哭着要去，我也点头同意了。这样第一船就有了 17 个人，由二连长熊尚林带领。

"同志们，红军的希望就在你们身上。你们一定要坚决地渡过河去，消灭对岸的敌人！"

渡船刚在热烈的鼓动声中离开南岸，对岸守敌就开了火。

我向炮兵下达了命令："打！"神炮手赵章成同志瞄准对岸射出了炮弹，敌人的碉堡在炮弹的爆炸声中飞向半空。这时我们机枪、步枪也一齐开火。在火力掩护下，船工们拼命划桨。对岸的敌人也集中火力向渡船射击。

我从望远镜里看到，有位战士负了伤。船撞到了一块礁石上，船工先是用手奋力撑岩石，后是几个人跳下水，用背拼命顶着船，另外的船工用篙撑着，脱离了险境。离岸五六米远时，勇士们站起身准备冲上岸去。此时，对岸的小村里冲出一股敌人，涌向渡口。我大声命令炮手："给我轰！"赵章成同志射出的炮弹在敌群中开了花。

在猛烈炮火的掩护下，渡船靠了岸，勇士们飞身离船，用手榴弹和冲锋枪打退敌人，占领了渡口边的工事。

天亮以后，我和团部的同志乘坐第三船过了河。这时，追击我们的薛岳的部队已渡过金沙江赶来。中央首长和其他部队则由安顺场左岸北上，我们则从右岸北上，火速抢占泸定，配合左翼部队的行动。红军胜利渡过大渡河，彻底粉碎了蒋介石要把红军变成"石达开第二"的梦想。

上边说的两次战斗，都发生在长征路上。当时，后有围追，前有堵截，敌情严重，地势险要，又没有渡河的工具。但我们凭着勇敢和机智，取得了胜利。

下面再说抗战开始以后和日本侵略军打的第一仗——平型关大战。这一仗是林彪在太原阎锡山的一个招待所里向我交代的任务。他问了一下部队的情况，就要我们六八五团加快北上的速度，迅速开到平型关一线。

平型关自古以来是晋、冀两省的重要隘口，兵家必争之地。日寇坂垣二十一旅团占领灵丘后，就向这里扑来。我们六八五团和六八六、六八七三个团埋伏在南侧一线。在伏击地李庄，我叫来一营刘营长，二营长曾国华，三营长梁兴初，指着前面大雨中的公路说："这就是我们的攻击地段。坂垣的二十一旅团要进平型关必须经过这条公路，这里居高临下，地形好得很呀！这里往东是六八六团和六八七团。"

大雨中，我们望着关内外峥嵘的群山，高高的层峦，深深的沟谷，一条公路蜿蜒其间。考虑到这是和日军打的第一仗，我又对三位营长说："一定要告诉所有的同志，从干部到战士，以至炊事员，这次战斗非同一般，政治意义更巨大。国民党军队的溃逃不仅助长了敌人的嚣张气焰，而且对热心抗战的人民群众是个很大的打击。当今人民的希望寄托在我们身上，他们在看着我们哪！党中央、毛主席，朱、彭等首长也在等着我们的胜利消息。所以，这一仗一定要发扬我们敢打敢拼、不怕流血牺牲的传统，彻底消灭这帮侵略者！打出红军的威风来，打出中国人民的志气来！"

那时就是这样，来不及开大会，我的话就算是政治动员了。

天亮后风停雨住了，公路上不见敌人的踪影。一营长从山头左侧跑过来，有点着急地问："团长，鬼子怎么还不来？"

我说："打伏击嘛，就要沉得住气，有点耐性。怎么，你感觉鬼子不会来吗？"

他摇摇头说："拿不准。"

我说："没有什么拿不准的，你赶快回到自己的指挥位置上去，注意那些机枪噢。"

大约上午八点多钟，日军过来了。前面是汽车，后面还有大车和马车。头一辆汽车上插着一面"太阳旗"，坐着几十个日本兵，身穿黄呢大衣，头戴钢盔，胸前揽着枪，还指手画脚，哇哇啦啦地说些什么，凶狠骄横，不可一世。战士们的眼睛都看着我，我则紧盯着公路的拐弯处，等日军的汽车开到我们阵地前的山脚下时，我大声命令："全体冲锋，打！"

我的话音刚落，机枪、步枪、手榴弹一齐开火，指战员们如同势不可挡的洪水向敌人冲过去。前边的汽车被打着了火，后边的汽车、大车、马车走不动了，相互撞击，敌兵跳下去四处散开，嗷嗷直叫。他们怎么也没有想到，会在这大白天里遇到突然猛烈地打击。

我心里高兴，头脑却十分冷静，高度紧张地观察着敌人的动静。我看到，敌人开始被打蒙了，很快就清醒过来，指挥官高举军刀嚎叫，士兵从车下钻出来往上爬，想占领制高点。根据这个情况，我马上让通信员到各营去传达命令："附近的制高点一个也不准鬼子占领！"

已经把公路上的敌人切成几段的一营，马上指挥一、三连向公路边的两个山头冲去。山沟里正往山上爬的敌人，被一、三连一顿猛打。有一个山头被鬼子占了，四边就发动冲锋，连长负了伤，一排长主动代替指挥，用两面夹击的打法把山头夺了回来。

这时，两架日军飞机顺着公路来回盘旋，但因敌我双方拼杀在一起，也无法扫射。

在二、三营阵地上，展开了白刃格斗。五连长曾贤生率先向敌人突击，指挥全连在二十分钟里炸毁二十多辆汽车，一个人刺死十几个日兵，当一群敌兵向他逼近时，他拉响仅有的一颗手榴弹，与敌人同归于尽。最后，全连只剩下三十多人，仍与敌人拼杀。九连和十连的伤亡也很大，他们没有子弹用刺刀，刺刀断了用枪托，枪托折了就和敌人抱在一起，捡起石头将敌人的脑壳打碎……

就这样从上午八点多钟一直打到下午，才以我们的胜利宣告结束，共歼敌一千余人，使坂垣二十旅团彻底覆灭。

平型关大战，有力地打击了日本帝国主义的凶焰，大大鼓舞了全中国军民抗日的信心和士气，提高了我党我军的声威。作为一个军人，我参加了这次战斗，作为一个团长，我按照军委总部的部署，参与了一个团的指挥，既感到光荣，也经受了锻炼和考验，所以最难忘。

解放战争后期的新保安之战，是平津战役"各个歼敌"的第一仗，是毛泽东同志战争棋盘上的一颗棋子。按照他的部署，平津战役分为三个阶段，一是完成对敌军的包围，但围而不打，或隔而不围；二是从新保安开始，然后张家口、天津，依次各个歼敌；三是解放北平。我们兵团担负的就是围困、攻打新保安。

接到毛泽东同志 1948 年 11 月 26 日直接发来的电报后，我们兵团立即从石家庄北边不远的曲阳一带出发迅速北进，到 12 月 8 日，我四纵十旅、十一旅和三纵、八纵经过六昼夜急行军和强行军，赶到新保安镇外，切断了敌三十五军与怀来暂三军的联系，初步完成了对新保安之敌的包围。我们兵团部指挥所设在距新保安只有四五里的赵家山。

被包围的敌三十五军，是傅作义的"王牌"，军长郭景云，在国民党军队中算是会打仗的，被吹嘘成"英雄"，专横跋扈，不可一世。为了打好这一仗，兵团决定集中全力参战，造成四比一强的绝对优势。四纵主攻城东南角；三纵和八纵（缺二十四旅）分别攻击西门和城西北角；八纵二十四旅为兵团预备队，准备阻击敌人向东突围。进攻开始时，我和政委罗瑞卿、参谋长耿飙等由赵家山移到离新保安只有三里左右的地方指挥。

罗瑞卿同志说："从我们北出紫荆关，一个多月了，毛主席指挥敌我一百多万人，到底把这顿'饭'做熟了。"

有位参谋说："三十五军这锅山药蛋快煮烂了。"罗瑞卿笑了："你只看到了山药蛋，毛主席那个锅里煮的，可是既有天津的海，又有北平的山，还有皇帝的金銮宝殿哪！"

大家都笑了。

从 12 月 21 日 14 点开始，只用二三个小时，各纵队就扫清了正面之敌的外围工事。第二天七时发起总攻，仅五个小时，四纵十一旅和十旅便占领了敌核心工事钟阁楼，围歼三十五军军部，生俘少将副军长王雷震。三纵和八纵也在十小时内全歼了三十五军主力一〇一师及其他残部七千余人。到十七时，新保安就完全被我们占领，十八时向毛泽东同志发出了战报。

尽管整个战斗只用十个小时，歼灭三十五军一千九百余人，不论战斗规模和成绩，与辽沈、淮海战役相比，实在只是一个小仗，我却有点13年前过大渡河的感觉。这是因为，在平津战役中，毛泽东同志为中央军委起草了许多电报，在我所见到的九十多份电报中，有55份是直接或间接发给我们兵团的，大部分又与新保安作战有关。它使我看到了毛泽东调集敌我于一手的雄才大略，向他学习了胸怀全局、审时度势、知彼知己、运筹帷幄、指挥若定的气魄和艺术。

1953年的夏季战役是在朝鲜战场上打的，当时我任中国人民志愿军第二副司令员，协助彭老总指挥作战。

得到中央军委的批准后，我们首先召开兵团干部会议，研究制订了战役的指导方针和部署，作了《关于举行夏季战役反击的几点意见》的报告，随后又以邓华、杨得志、解方、李志民的名义，下达了《举行夏季战役反击准备工作的补充指示》，进一步明确了战役目的、指导思想、攻击目标、反击方式、战术运用、时间预定等。提高战役的目的是消灭敌人，锻炼部队，吸取经验，以配合板门店的谈判。西线以打击美军为主，东线以打击伪军为主。在战役指导上确定了"稳扎狠打"的方针。为了保证反击作战的胜利，我们又调整了兵力，从二线部队中抽调五个步兵师，从西海岸和预备炮兵中抽调野、榴炮八个营、火箭炮四个团、战防炮一个团、高射炮一个师另两个团、工兵六个营，加强第一线各军；补充各军的缺额；配备"志司"的总预备队；加强工事构筑和打击敌机和保护交通线的准备。

这次夏季战役分为三次进攻。第一次从5月13日开始到5月25日结束，先后对敌人小20个点发起冲击，歼敌四千·百多人。第二次进攻是5月27日开始的。二十兵团所属六十、六十七军按预定计划将攻击目标扩大到进攻敌营的阵地。六十七军攻占了栗洞南山及相邻的190.1高地东北、西北的山脚，歼敌一个连另六个排，并击退一个排至五个连的41次反扑。六十军攻占方形山及另两个山脚。四十六军攻歼了马踏里西山——梅岘里东南山土耳其旅两个排，击退敌 23 次反扑，另攻歼坪村南山英军一个连。

我们的胜利，震动了以美国为首的联合国军，特别是美军有所退缩，同意在停战协定上签字，而李承晚集团却叫嚷"反对任何妥协"，声言要"进军鸭绿江""要独打天下"。根据这种情况，我们将原以打击美军为主的计划改为以打击伪军为主，对英国和其他国家的军队暂不攻击，对美军也不作大的攻击。6 月 10 日，六十军以三个团的兵力进攻汉江川东883.7 高地、902.8 高地及其以东以南诸无名高地伪军第五师第二十七团阵地，全歼守敌一个团。6 月 12 日夜，六十七军也以三个团的兵力向伪八师二十一团踞守的十字架山发起攻击，全部占领其表面阵地。二十三、二十四军和朝鲜人民军三、七军团也先后向敌 23 个营以下阵地发起攻击，杀伤俘敌 1.1 万余人。

7 月 13 日，我们在金城以南——汉江以北至上所里 25 公里地段上实施进攻，我五个军组成的东、中、西 3 个突击集团，在一千余门火炮的支援下，分路向敌展开猛烈突击。经过一小时激战，全线先后突破敌阵地，在 24 小时内就将伪首都师、伪第六、八、三四个师全部打垮，有的部队向南推进了 18 公里。

三天后，侵朝美军总司令克拉克和美第八集团军司令泰勒飞抵前线，召开军事会议，先后纠集伪第五、七、九、十一和美军第三师，以及伪三、六、八师残部，在大量飞机配合下，全力向我反扑。我军及时转入阻击，到 7 月 26 日止，先后打退敌一个连至两个团兵力的 1371 次大小反扑，涌现出"奇袭白虎团"等英雄集体和个人，取得了夏季战役的胜利。由于大量歼灭敌人，缴获了许多枪炮弹药和装备，沉重地打击了敌人，迫使他们在停战协定上签了字。

这仅仅是抗美援朝战争所进行的许许多多战役中的一次战役，与其说我参与指挥了这次战役，不如说是一次学习，学习与美国为首的军队作战。在这之前，我的经历中和国民党军队打过，和日本侵略军打过，和美军队直接打，这还是第一次。

五

问：您认为，怎样才能指挥打胜仗？

答：在半个多世纪的时间里，我和其他同志一起，指挥过一些战斗、战役，有许多是打胜了的。要问靠什么打胜仗，可以用一句话概括：毛泽东军事思想。

毛泽东军事思想，是毛泽东同志和他的战友们在领导中国革命战争过程中，运用马克思主义的理论指导中国革命战争的实践，集中群众的智慧、总结正反两方面的经验，吸取古今中外的优秀军事思想，创造性地建立和发展起来的。它不仅正确地反映了战争的客观规律，也经过了战争实践的检验，因而是科学的正确的。在它的指引下，不仅打败了国民党的军队，也战胜了外国侵略者；不仅能进行分散的游击战，也能进行几十万上百万人的大兵团作战；不仅能用"小米加步枪"战胜敌人，也能用飞机加大炮战胜敌人。

长征中的四渡赤水，毛泽东同志自己也看作是他平生的"得意之笔"。当时，遵义会议虽然结束了"左"倾教条主义的统治，重新确立了毛泽东在红军和党中央的领导地位，但红军面临的军事形势仍然十分险恶。为阻止我军北进或东去湖南，蒋介石调动他的嫡系部队及川、黔、滇、湘、广西约 40 万兵力，妄想围歼红军。这时，红军前有长江，后有追兵，怎样才能跳出重兵的包围？毛泽东同志决定避实就虚，避强击弱，声东击西，使敌人造成错觉，做出错误判断，继而调动敌军，乘隙脱险。在他和周恩来、朱德等指挥下，红一方面军于 1935 年 1 月下旬经铜梓、习水，在土城、元厚一带渡赤水河北上，计划经黔北入川，从宜宾过长江，与红四方面军会合。敌人非常恐慌，四川军阀急忙抽调兵力集中于川黔边境，在长江沿岸构筑严密的封锁线。敌军薛岳部的周浑元、吴奇伟两个纵队又从湖南赶来，使红军腹背受敌。在这种情况下，毛泽东等同志灵活机动，随机应变，决定避开敌人的重兵，放弃北渡长江的意图，突然甩开敌人，挥戈东进，于二月中旬在太平渡、二郎滩再渡赤水河，抢占娄山关，重入遵义，并在遵义城外歼敌两个师又八个团。

为了迷惑和调动敌人，毛泽东等同志又指挥红军于三月中旬自遵义西进，占领怀仁，在茅台镇三渡赤水河，再入川南。蒋介石以为红军又要北渡长江，急忙调集大军堵截，并在云贵川边境大修碉堡工事。不料我军却突然折回贵州，在茅台附近四渡赤水河。除留一支小部队牵制敌人外，其余部队南渡乌江后又分成两路，一路向瓮安、黄平方向佯动，摆出要东进与二、六军团会合的态势，主力则直逼贵阳。正在贵阳督战的蒋介石，急令云南龙云调滇军到贵州保驾，又令薛岳和湖南部队东往余庆、石阡等地布防，以阻止红军东进与二、六军团会合。这时，毛泽东同志又指挥红一军团包围贵阳东南的龙里，虚张声势，迷惑敌人。其余主力则舍贵阳西行，一举渡过黔、滇边境的北盘江，经紫云过半员又进入了云南，威胁昆明。龙云胆战心惊，赶忙调集民团守昆明。正当敌军向昆明集中之际，红军又虚晃一枪，巧渡金沙江，远远地甩开了敌人，由被动争取到了主动。

后来，萧华同志在他的《长征组歌》中写道："战士双脚走天下，声东击西出奇兵。""调虎离山袭金沙，主席用兵真如神。"是一点也不过分的。这里的"真如神"，是指他从实际出发做出的正确决策，实行高度机动灵活的战略战术。

这只是毛泽东同志亲自指挥的许许多多战役战斗中的一次。我们就是从许许多多类似这样的战役战斗中学到了指挥打胜仗的本领，按照他的军事思想，打了一些胜仗。

坚持主观指导和客观实际的统一

和做其他事情一样，指挥打仗也必须实事求是，从实际出发，有什么武器打什么仗，对什么敌人打什么仗，在什么时间地点打什么仗。不顾战场的实际，不看发展变化，不看敌情我情，凭想当然打仗，只会失败。"知彼知己，百战不殆"，就是这个道理。

1935年1月2日，我们红一团奉命从余庆赶到乌江的一个渡口龙溪，准备强渡乌江。这个任务很光荣，也很艰巨。因为被我们甩掉的敌主力部队十万人已经追上来了。中央红军的领导机关和所有部队都集结在乌江西岸，我们的任务就是突破乌江，开辟通路。

接受任务后，我们首先弄清了敌情：江对岸是当地军阀侯之担的一个团，企图凭借天险堵截我们。面对的地形是滚滚的乌江，它的江面虽然并不太宽，但水深流急，两岸是刀劈般的悬崖峭壁。为了掌握敌情，我们立即进行火力侦察，弄清敌人火器和兵力配备情况。我们的"三七"小炮对着敌人山顶的制高点开火，只轰几炮，敌人就掉头而跑，纷纷钻到山背后去了。由此，我们知道敌人的战斗力不强。因为既不能泅渡又不能架桥，我们便从江中漂浮的一节竹竿得到启发，决定扎竹筏过江。江边的竹子很多，有长有短，有粗有细，并不困难，大家一齐动手，用麻绳、草绳、竹皮以及绑腿带，扎了个两丈多长、一丈多宽的竹排。

第一次试渡虽然失败了，但说明竹排仍然可以渡江。于是，我们就又组织十几名战士，同时把地点换到下游几十米处水流较缓的地方，在竹排上还增加了几个扶手。这一次，取得了成功。我和政委黎林过江后，看到乌江虽然被我们突破了，但岸边山上的敌人还在，一旦他们反扑下来，我们就将处于背水作战的危险处境。所以就立即组织部队攻山，以猛烈的炮火，快速的动作，占领了全部阵地。

在山城堡战斗中，胡宗南的七十八师全部进到山城堡，上级向我们下达了攻击命令。这是一个下午，冬天虽然黑得早，但积雪仍将山城堡映得十分清晰。我正在山城堡西北面同四团团长罗华生、副团长胡炳云指挥战斗时，通信员来报告，说五团被敌人的火力压在山下，攻不上去。我急忙赶到五团，见那山虽不高，但位置重要，是敌逃跑的必经之路，因此山上的敌人以几座炮楼控制着这个制高点，用轻、重机枪严密封锁了五团进攻的道路。

团长曾国华和政委陈雄都着急地对我说："师长，我们伤亡很重！"

我观察了一下地形和敌人的火力网，对曾国华和陈雄同志说："把大部队收回来，派小分队迂回进攻，先敲掉敌人的炮楼。不过时间要抓紧，不能耽误全军的进攻。"我还告诉他们："你们分头下去，一定要把部队的情绪稳住。告诉大家，谁急躁谁就要吃亏！"

他们两人走后，我又命令配属我师的四师十二团团长邓克明把他们的机枪架起来，从正面封锁敌人火力点，吸引敌人的火力，配合五团行动。

曾国华、陈雄带两个连队，分头从两侧迂回到敌炮楼前，以突袭的动作把炮楼给端了。部队在浓烈的烟雾中往上猛冲的时候，突然受到设在山的下半部的一座碉堡的火力阻击，转眼间十几个战士倒下了。当时我正在部队中间，看那碉堡位置很低，我们的机枪射不到它的要害部位，手榴弹又够不到，只有派人去炸。这时，陈雄从身旁一个战士手里抓起一束手榴弹，飞快地向碉堡滚去，塞进了碉堡射孔。敌堡爆炸，他也牺牲了。

我赶到已经占领了另一个山头的四团，听到山下人喊马叫，判断是敌人，分析他们在漆黑的夜里四面受围，必然混乱不堪。所以，当罗华生同志问我要不要派人下去侦察时，我想了想，说："不要。派两个连冲下去，打！"尽管这个山洼子里集结了敌人整整一个团的兵力，比我估计的要多，但战士们和敌人混在一起，枪不能开，刺刀也拼不起来。他们抓住人先摸帽徽，发现是"青天白日"就用手榴弹砸。一直打到东方发白才见分晓。

聂荣臻同志在《结束第二次国内革命战争的最后一仗——山城堡战斗》一文中指出："这个胜利的战斗是长征的最后一战，也是第二次国内革命战争的最后一战。这一战斗对国内和平和抗日战争的实现，起了重要的促进作用。"回顾我指挥一个师参加这次战斗，深感战场上的情况是变化多端的，只有根据当时当地情况的变化而变化，才能取得战斗的胜利。

在既定的物质基础上发挥人的自觉能动作用

毛泽东同志说过："战争就是两军指挥员以军力财力等物质基础作地盘，互争优势和主观能动的竞赛。"这些话是十分有道理的。在战场上，谁有了主动，谁就有了自由，就能"制人而不制于人"，使战争朝着有利于自己而不利于敌方的结局发展。而这种主动，并不是现成的东西，是要有意识去争取的，是可以经过主观努力去夺取的。造成夺取优势和主动的客观物质条件，要从最坏的方面去着想，向最好的方向努力，同时设计几个方案，使自己立于不败之地，甚至经过自己的努力，把自己的弱点也变成争取主动的条件。我军的许多战例说明，在一定的物质基础上，战争指导者的自觉能动性具有重大作用，它不仅可以弥补自己力量的不足，而且可以指挥调动敌人，从而导演出有声有色、威武雄壮的活剧。

这些，在战役战斗中，又突出表现在准确地把握战机、地点、部队三个关节上。

1947年9月，我们晋察冀军区野战军向大清河以北挺进，打了大清河北战役。这个战役虽然消灭敌人五千多，打击了敌十六军等部，但由于战役之初围敌过多，口子张得太大，未能达到全歼的目的，打成了消耗战。这一仗打得不理想，有的同志说："肉没吃到，倒把门牙给顶掉了。"这就说明，寻找和捕捉战机，确实是战争学中一门重大的指挥艺术。它需要在瞬息万变的情况下，熟悉和掌握敌情状态，并据此做出迅速果断的判断；熟悉和掌握敌方指挥员及部队特点，甚至性格和心理的变化，并据此攻其所短，打其所弱；熟悉和掌握战场的地理、民情等多方面的情报，确立可行的有利于我的部署。据此，我们发动群众总结经验教训，认真研究战役中暴露出来的各种问题，制定了新的作战方案。

九月中旬，我东北野战军发动的秋季攻势越打越猛，蒋介石不得不从晋察冀地区的国民党部队中抽调三个师出关增援。这样，在我们地区的敌我兵力上就发生了有利于我的变化，而且敌人兵力部署上也出现了漏洞。我和罗瑞卿、杨成武、耿飚、潘自力同志决定，抓住这一机会，向敌人展开攻势，在运动中打一个歼灭战。

这时，敌人也有准备，将主力作了相对的集中：十六军驻守大清河以北的雄县、坝县、新城；二十二师守卫平津间的交通线；九十四军一师一旅配置于涿县、涞水、定兴；主力中的主力罗立戎的第三军镇守石家庄。我们从这个敌情出发，决定在保定以北实行中间突破。

战役的第一阶段是围城打援，即围攻既是北平南门又是平汉路咽喉的徐水，吸敌来援，以便在运动中予以歼灭。二纵队四、五两个旅经过彻夜激战，攻占了徐水城的南关和北关，虽未占领，但仍围着。敌人从北面调了五个师十个步兵团和一个战车团来援。我三、四两个纵队奋力阻击，将敌围集于徐水、固城、容城之间的地区。这时，我们立即实行诱敌西进、迫敌分散、运动中予以歼灭的方案。正在我们实施这一方案的过程中，罗立戎率第三军从石家庄出动增援了。

这一突然情况的出现，使整个战局发生了重大变化。我们立即改变了西移的计划，决心歼灭罗立戎部。当时有两个战场可供选择：一是在保定以北打；二是在保定以南打。最后决定将战场选在保定以南的清风店。从接到敌情变化的电报到发出南下清风店的命令，总共用了不到半个小时的时间。

10 月 20 日，清风店战役打响了。由于我们急促赶来，对敌兵力部署的情况了解的不很详细，没有在战役合围的同时在战术上分割敌人。针对这种情况，我们就采取分割战术，把敌人分成若干小块，集中兵力，将罗立戎及其主力第七师所在的西南外围扫清，打破了他的"梅花形"防御体系。

为了加速战役的进程，我们连夜决定集中五个旅的优势兵力，从东、西、南、北四个方向向罗立戎指挥所所在地西南合总攻，另派少量部队、准备阻击保定方向可能出援的敌人。经过激战，生浮敌军长罗立戎，歼敌两万余人，取得了这次清风店战役的胜利。

如果不是在整个战役过程中，充分发挥人的自觉能动性，是很难有这样的胜利结果的。

掌握强弱转化的规律

战争的过程，就是敌我双方力量强弱对比变化消长的过程。战争总是在一定的时间和空间中进行的，作为战争运动持续性的时间和战争活动的空间，二者是互相联系，并在一定条件下互相转化的。弱军可以变强，强军可以变弱。我们在长期革命战争中所用的持久作战的方针，就是把战略上的持久战与战役战斗的速决战结合起来，以空间的争夺或退让来换取时间，或者是通过持久作战来赢得更大的空间，消灭敌人的有生力量，使其由强变弱，壮大我们自己，以由弱变强。可以说，我们所进行的革命战争，就是一个由弱变强的过程。

　　实现强弱转化最有效的办法，是集中力量打歼灭战。孙子兵法上说："故胜兵若以镒称铢，败兵则以铢称镒。"毛泽东同志曾形象地说："对于人，伤其十指不如断其一指；对于敌，击溃其十个师不如歼灭其一个师。"的确，造成战役战斗上的优势，就能积小胜为大胜，从量变发展到质变。解放战争开始时，国民党军队共有430万人，其中正规军248个旅。解放军仅有120多万人。解放军在头三个月歼灭国民党军25个旅，头一年歼灭97.5个旅，第二年又歼灭94个旅。于是，在数量对比上发生了变化。从第三年的九月起，经过辽沈、平津、淮海三大战役，歼灭其144个整师。这样加在一起，就引起了质的飞跃，国民党军队由强变化为弱，我军则由弱变化为强，取得了最后的胜利。

　　这是从大的方面说的，在具体的战役战斗上，也是这样。1940年6月，日军一万多人分十一路对我们进行大"扫荡"。天上是飞机，地上是坦克、大炮、汽车、摩托，来势极为凶猛。不论是武器装备上，还是兵力数量上，敌人都是优势，我们都是劣势。在这种情况下怎样打仗？我们采用的是毛泽东同志所说的"集中优势兵力各个歼灭敌人"的打法。当时，日军也有了对付我们的经验，那就是：一、集中兵力，有准备；二、攻击我主力，而不单纯占点占线；三、战术慎重，分进合击与突然袭击相结合；四、夜行晓袭，走小路，住小村；五、夜间包围村庄，使群众不敢留我；六、与汉奸配合；七、合用毒气；八、夜间如受我攻击则死守到天明以待缓。根据敌人战法的特点，我们向部队提出了四项要求：行动要轻装、秘密、迅速；侦察要日夜进行，情报要确实可靠；部队要多分散、多移动；四处迷惑敌人；不攻城、不占村，随时以有准备的遭遇战的形式消灭其有生力量。在具体战斗中，我们集中多于敌人的兵力，以突然袭击的方式给敌军以打击。这样，在整体上，我们是劣势，但在局部上则是优势。所以，在13天的反"扫荡"中，我们虽然失去了一些地方，但却歼灭了敌人大批有生力量。可以说，整个抗日战争都是这样的，敌人越打越弱，最后失败；我们越打越强，取得了完全的胜利。

灵活运用进攻和防御

进攻和防御，是实现战争目的的两种基本手段，纵观古今中外的一切战争，都概莫能外。怎样在战争中把这两种手段紧密结合，交替使用，是许多军事家都十分重视并为此绞尽脑汁的问题。毛泽东同志从理论和实践上，出色地解决了这个问题。陈毅同志曾说过："一般军事家对进攻问题永远只是进攻问题，看不见其中包括别的因素；对防御问题永远只是防御问题，同样看不见其中包括别的因素。而进攻与防御这两个战争的基本方式，落在毛主席手上，便发现新的内容与新的角度。"

毛泽东同志有着独特的积极防御。他把进攻与防御作为一种统管战争全局、指导战争全过程的战略思想加以系统的分析和研究，并成功地指导了战争的胜利。他的这种积极防御，又叫攻势防御或决战防御，是为了反攻和进攻的防御，不仅强调战略防御中要有战役战斗上的进攻，而且还强调必须适时地把战略防御导向战略反攻和进攻。

在国内战争和抗日战争中"诱敌深入"的打法，就是这样。那时，我们的战略是防御的，但在防御中又有进攻，战役战斗上的进攻，以此消灭敌人有生力量。解放战争的前两年，我们总的战略也是防御的，但就在防御中，也打了许多进攻的战役和战斗，陕北的"三战三捷"，东北、华北、华东的一些胜仗，就是防御中的进攻。

解放战争进入第三个年头，即 1948 年下半年，我军在各个战场上共歼灭国民党军队 264 万人，使其总兵力由 430 万人下降至 365 万人，其中能够用于第一线作战的只有 170 余万人，而且还被分割牵制在西北、中原、华东、华北、东北五个战场。我军则已由 120 万人增加到 280 万人，其中正规军 149 万人。双方兵力对此由初期的 3.5：1 下降到 1.3：1，用于第一线的兵力则是 0.62：1。毛泽东同志正是基于这样的对比适时做出了由战略防御转入战略决战的决策。根据这个决策，我军先在济南战役中歼敌十多万，拉开了决战的序幕。决战的第一个大规模战役选在东北，也是有道理的。从经济和面积看，东北解放区已占东北地区总面积的 97%，后方巩固，经济实力较强，在全国各解放区中位居第一。从兵力对比看，我军占绝对优势，约 100 万人，还有炮兵、铁道兵各一个纵队，国民党军队 55 万人，且被分割包围在长春、沈阳、锦州三个点上。把东北作为决战的首战方向，是稳妥可靠的，也是有利的。

在酝酿辽沈战役时，毛泽东同志一方面要求东北我军打前所未有的大歼灭战，同时又命令华北我军避免打很大规模的歼灭战，每次歼敌不超过一两个整编师，以免引起东北敌人退缩增援，以便抑留敌人在东北加以聚歼。正当辽沈战役方兴未艾之时，毛泽东同志又适时部署淮海战役。针对 80 万敌人采取一点两线重兵密集部署、妄图守住中原、屏障南京的方针，我军"中间突破"，首先围歼黄百韬兵团，以一半以上兵力牵制、阻击和歼敌一部，对付敌人另外两个兵团，保障歼灭黄百韬兵团的胜利，切断了敌人的海上通道，为第二、三阶段分批歼敌创造了有利态势。

淮海战役激战正酣，平津战役即将发起之时，毛泽东同志又电令太原前线徐向前、周士第同志，要他们充分估计到若太原攻克过早，会使傅作义感到孤立，自动放弃平、津、张、唐南撤或分别向西向南撤退，增加尔后歼敌困难这一情况，为此应当立即停止攻击，待东北我军入关攻击平津时再攻克太原。展开平津战役后，为稳住平津之敌，不使蒋介石迅速决策海运平津诸敌南下，淮海前线在歼灭黄维兵团后，留杜聿明指挥下的邱清泉、李弥、孙元良诸兵团之余部，两星期内不作最后歼灭。平津战场上的我军，采取了"隔而不围"和"围而不打"的方针，先使华北敌军完全陷入收不拢、逃无路的绝境，再斩头去尾，分段歼灭，北平得以和平解放。

通过这样的战略决战，先后消灭国民党正规军 144 个师（旅），非正规军 29 个师，共 154 万人，取得了伟大的胜利。

抗美援朝战争后期，中国人民志愿军采用的，是坚守防御中实施战术性反击的打法。当时，美军的武器装备比我们好，有着超过我们的空中优势，再加上正在进行谈判，我们便依托坑道坚守阵地。美军仗着空中优势的配合，企图夺回阵地。我们在固守的同时发动反击，既歼灭了敌人的有生力量，又固守住了阵地。单纯的防御或单纯的进攻，都达不到这个目的。

　　1951 年秋天，美军在"夏季攻势"失利后，于 10 月 10 日以美二师全部，在 50 辆坦克及航空兵配合下，向 851 高地及其以南一线高地发起猛攻的同时，又向临津江西北江湾的马良山攻击。英联邦第一师集中兵力、火器逐点进攻，首先用优势炮火猛轰马良山 371 高地和 216.8 高地，仅四小时就落弹两万多发，地面被削平一米多，八架敌机轮番轰炸，投凝固汽油弹，尔后实施步兵进攻。我们的工事虽遭到破坏，但指战员顽强抗击，白天利用深坑战斗，夜间组织反冲击。当敌人两个营的兵力，在二十多架飞机、四辆战车的配合下向我 216.8 高地发起进攻，妄图迂回到马良山侧后；另在 216.8 高地西侧的金尺洞集中了约一个营的兵力策应其正面进攻，我炮兵配合步兵连续多次打垮冲锋的敌人，并且组织了反冲锋，均取得了好的战果。

　　闻名于世的上甘岭战役，也是防中有攻的战役。第一阶段是抗击敌人和连续反冲击。第一天，敌人对我仅有 3.7 平方公里的阵地投入了七个营的兵力。五圣山前沿一天落弹近 30 万发，单是 597.9 的侧翼阵地，一天就落 4.5 万余发，五圣山主峰每秒钟落弹五六发。我表面阵地工事几乎被全部摧毁，敌以成排成营的部队对我阵地发起冲锋，我坚守部队依据各暗火力点对密集冲锋之敌进行猛烈还击。表面阵地被敌占领近 48 小时之后，前沿部队在我火箭炮二〇九团一次齐射及大量炮火掩护下，一三四团两个连由坑道内突然发起冲锋，一三五团从山脚下跃起突击。这一阶段，敌投入 7 个团 17 个步兵营，我四十五师投入 3 个团 21 个步兵连。敌白天进攻，我入夜反击。我除昼夜不停实施阵前反击外，还有计划实施夜间反击七次，其中三次全部恢复阵地，四次局部恢复阵地，歼敌七千余人。

　　第二阶段更为艰苦，山头一个一个地守，表面阵地一块一块地夺。我坚守坑道的部队继续不断地组织小型反击，通常采用三种手法：一是突然强袭，歼灭敌人于坑道之外；二是潜出强袭，歼敌于行动之中；三是偷袭，歼敌于坑道之内。全线各坑道进入坚守后，对敌进行小型出击 158 次，除 9 次失利外，其余全部成功，歼敌两千余名。

　　第三阶段是实施决定性反击，彻底粉碎敌人进攻的阶段。我坚守坑道的三个连首先对敌发起冲击。接着，坑道外十五军四十五师五个连、二十九师两个连迅速投入战斗，对敌实施两面夹击，经过 5 小时激战，全歼守敌四个连，并打退敌一个营兵力的多次反扑。11 月 11 日，我三十一师九十二团两个连在山、野、榴炮 70 门、迫击炮 20 门和火箭炮 24 门的直接支援下，分两路发起冲击，夺回了 537.7 高地北山阵地，全歼守敌。

在上甘岭战役中，我军共打退敌人营以上兵力的冲击 25 次，营以下兵力的冲击 650 次，同时还进行了数十次的反击，最终粉碎了敌人的进攻。它不但是对我军以坑道为骨干的支撑点式的防御体系的胜利，也是我军坚守防御的胜利。

这个胜利说明，只要能灵活运用防御与进攻两种基本手段，不论在什么样的战场上，面对什么样的作战对象，都能打得赢。

我以上说的这些，只是几个方面。指挥打胜仗，还有许多需要注意解决的问题，就不详细说了。

六

问：请谈谈您所见到的毛泽东、周恩来和刘少奇同志以及给您留下的印象，好吗？

答：中国共产党在几十年领导中国革命战争的过程中，创立了人民军队、人民战争和人民战争的战略战术。我是这支军队中的一名老战士，是人民战争的参加者，曾在这种战略战术的指引下冲锋拼杀，也曾运用这种战略战术，指挥过不少大大小小的战役和战斗。和许多同代人一样，每回忆起过去的烽火经历，我就情不自禁地想到率领我们从胜利走向胜利的老一辈无产阶级革命家，他们的突出代表是毛泽东、周恩来、刘少奇、朱德等同志。不论战争年代，还是和平时期，我和他们都多多少少有过接触，留下了很深的印象，这次主要谈谈毛泽东、周恩来、刘少奇同志，关于朱德同志，和其他元帅一起谈。

风趣幽默的毛泽东

我第一次见到毛泽东同志，是在井冈山上。参加湘南起义后，经过汝城、酃县战斗，跟随朱德、陈毅同志到达砻市，与毛泽东同志领导的秋收起义部队会师。在此之前，我虽然也听过毛泽东的名字和他带领的部队，听过他派人和朱德同志联系，亲率部队掩护我们上山，却没有见过他。为会师举行了一次庆祝大会，毛泽东和朱德、陈毅等同志坐在用青竹和门板临时搭起的主席台上。高高的身材，穿一身灰布军装，头发很长，但很精神，明亮的目光扫视着面前欢腾却并不十分整齐的队伍和群众。会上，陈毅同志首先宣布将所有的部队改编为中国工农红军第四军，朱德任军长，毛泽东任党代表。接着是朱德同志讲话。他讲了国际国内的形势，要求两支部队加强团结，勇敢战斗。朱德同志讲完后，毛泽东同志才站起来，用浓重的湖南口音论述了两军会师的重大意义，指出光明的前途，特别强调要发动群众，依靠群众，建立和发展革命根据地。他打着有力的手势，讲了个孙悟空的故事，说我们要学习孙悟空的本领，上天入地，变化多端，大闹天宫，推翻反动统治和整个旧世界。那时，我是入伍几个月的新兵，还不能完全理解他话中的深刻含义，但他讲的故事和比喻我却记得很牢。在我们军队还弱小的年代，在游击战争的年月里，我曾不止一次用它激励自己和领导的部队。至今，仍如在目前。

会师之后，我在特务营当战士。特务营负责警卫军部，我站岗放哨时常见到毛泽东、朱德和陈毅等领导人。朱德亲切朴实，陈毅开朗活跃，毛泽东则文雅多思。他有时急匆匆从我们面前走过，有时点头致意，有时也停下来和我们说几句话，声音尖细，文质彬彬，风趣幽默，平易中隐含着深刻的道理。我们都知道，就是他和朱德、陈毅等同志一起，指挥不足四个团的兵力，和数倍于我的敌人巧妙周旋，多次打败敌人的进剿，扩大了根据地，壮大了红军和赤卫队。特别是著名的七溪岭、龙源口等战斗，更是鼓舞人心。

不久，我们跟随毛泽东、朱德出赣南、战闽西，反对敌人的"围剿"，取得了一个又一个胜利。这时期，我很少看到毛泽东同志，但心里非常明白，毛泽东就在我们的队列里，指挥着我们的战斗。他"战略上以少胜多"的气魄，坚定了我们的信心；他"战术上以多胜少"的妙计，引导我们打了一个又一个胜仗。如果说，我刚报名参军时还只是出于生活不下去而寻找生路，那么到了这时，已开始懂得要在共产党的领导下，为穷人打天下，为共产主义而奋斗的道理。那时，我们确实是这样的，说毛泽东朱德就是在说红军说共产党，说红军说共产党也就是在说毛泽东朱德，也是在说胜利。

在第五次反"围剿"中，我们虽然打了许多硬仗、恶仗、苦仗，可伤亡却极大。当时，我虽然在团一级的领导岗位上，但对中央路线上的斗争所知甚少，不过也从实际中感受到那种与强敌拼消耗的打法，和毛泽东同志所提倡的打法不一样，再看到根据地一天天缩小，伤员运送、治疗都十分困难，仗也越打越艰苦。我所在的团在高兴圩、狮子岭一线打了一个月左右，牺牲了许多同志，最后还是不得不撤下来，踏上了长征的道路。直到遵义会议后，毛泽东同志重新回到红军的指挥位置，我们才四渡赤水，巧过金沙，翻越雪山，涉过草地，转危为安，胜利到达陕北。每想到这些，我就想到毛泽东"用兵如神"的话。是啊，他的英明和正确，是经过实践检验了的。

长征开始之后，我们团大部分时间作前卫，没有机会见到毛泽东同志，到达通渭城时才看到他。那天，我们刚到住地一会儿，他就骑着一匹马，带着两个警卫员赶到了我们团住的地方。政委萧华同志问我："毛主席来了，搞点什么欢迎他呀？"

在那样的条件下，能有什么东西呢？何况事先又不知道。我看到街上只有卖梨子的，就让机关的同志赶快去买了些。毛泽东同志一到，就拍拍身上的尘土，和我们握手，询问部队情况。我请他坐下吃梨子，他一边抽烟，一边看着铁盆里的梨子，说："梨子呀，好东西，你们有辣椒粉吗？"

我让人去找了一些来，心里又感到很奇怪：他要辣椒粉干什么？

他可能看出了我的疑问，望着我说："杨得志同志呀，你这个湖南人吃没吃过辣椒粉拌梨子呀？"

我说没吃过。

他把辣椒粉撒在削成小块的梨子上，说："嗳，好吃得很呀！不是说有酸甜苦辣四大味吗？我们这一拌是酸甜辣，没有苦了。来，你们尝尝看。"说着颇有兴致地吃了起来。

我也尝了尝，确实别有风味。

吃梨的时候，我请他给部队做指示，讲讲形势，他说："你们这个一大队的前身是红一团，红一团在这次大转移中是立了功的。你们一直走在我的前面，情况了解得比我多，要讲，应该你们讲嘛！不过我今天要超过你们，走到你们前面去。"

的确，他在我们离开通渭之前就走了。望着他远去的背影，我还在想着他说的话。他的话不但充满革命的乐观主义精神，而且含义深长，似乎说我们吃了长征路上的苦，在以后的道路上，既有甜，也有酸和辣。

到了延安，在抗大听他讲演时，这个感觉更深了。他到抗大给我们讲课，总穿一身灰布军装，连帽子也不戴，乌黑浓密的头发，长而且乱，讲起话来风趣幽默。记得在讲到促进国共合作一致抗日时，他说，对付蒋介石，就要像陕北的农民赶着毛驴上山，前面要人拉，后面要人推，还得用鞭子抽两下，不然它就耍赖，捣乱。和平解决"西安事变"，我们用的就是陕北老乡这个办法，迫使蒋介石起码在口头上承认陕甘宁边区政府，接受了一致抗日的主张。

由于抗日战争的全面爆发，我在往三原搬迁的路上举行了抗大学习的结业典礼后，就奔向抗日前线，到了1944年1月回到延安时，才又见到毛泽东同志。他把我找到枣园他住的窑洞里，对警卫员说："我要留这位客人吃饭，给我们加个菜吧。此人是我的家乡人，多搞些辣子就可以了。"

我详细向他汇报了开辟冀鲁豫抗日根据地和在那里工作的情况。他问我长征后是否专门学习过，我对他说，东渡黄河后到抗日军政干部学校学习过，1937年初到抗大学习过，两次都因为打仗，没学完便到前方去了，并说在抗大时听过他的几次讲演。

他使劲抽一口烟，笑着说："你们打仗创造了经验，我来讲演，如此而已！不过，我还是建议你有机会到抗大或者党校去住一段时间。你才三十几岁，来日方长呀！"

1953 年，我作为志愿军国庆观礼代表团团长，在天安门城楼上又一次见到了毛泽东同志。那天，他的精神很好，也胖了一些，见到我就满面笑容地伸出手，连晃了几下，说："欢迎你呀，得志同志！"接着向刘少奇、朱老总和董老说："你们都认识吧，此人大名杨得志，当年强渡大渡河的红一团团长，如今志愿军的副司令，德怀的助手。湖南人氏，我的乡里！"

当周总理说我是志愿军归国代表团的团长时，他又风趣地说："此人一直是志愿军，上井冈山就是志愿去的，就是志愿军！"他又转过脸对我说："这次请你们回来，就是要你们给我们讲讲朝鲜的事。不但给我们讲，还要给群众讲。群众可是欢迎你们的！"

在社会主义革命和建设的和平时期，看到毛泽东同志的次数就多了，在中央和军委召开的会议上，听他讲话；在不少场合，受到过他的接见；有几次，单独向他汇报过工作；1964 年大比武，还陪他看过济南部队的军事表演……总是能看到他的形象，听到他的声音。

1975 年八大军区司令员调动时，我也是其中的一个，从济南军区司令员调任武汉军区司令员。宣布命令后，毛泽东同志接见了我们。尽管当时报纸和电视上说他"神采奕奕，身体非常健康"，实际上他的身体已经相当不好了。他在书房里挨个和每个人握手，肯定过去工作的成绩，指出调动的原因是为了使我们熟悉更多的部队和地形，以便指挥打仗。他讲话不多，也很吃力，但我们仍感到受教育、受鼓舞。

最后一次见到他，是在人民大会堂的松柏和鲜花丛中。我和许多人一样，轮流守候在他的遗体旁边。那一刻，我看着他宁静的面孔，又想到了在井冈山上看到他的情景，想到四十多年在他指挥下的战斗征程，想到他的伟大气魄，他的斗争艺术，他的风趣幽默。

毛泽东同志是一个伟大的人，他留下了辉煌的贡献和伟大的思想。他的贡献是历史所记住了的，他的思想是时间所不能泯灭的。

严谨细致的周恩来

周恩来的名字，在中央苏区也是很响的。我们都知道，他是红军的总政委，又因为他是军委的副主席，人们都习惯地称他周副主席。第四次反"围剿"就是他和朱总司令一起指挥的。虽然"左"倾路线的领导排挤了毛泽东同志对红军的指挥权，决定红军去打敌人防守坚固的南丰城。周总政委和朱总司令见敌人兵力密集，在南丰地区与敌决战对我不利，毅然决定撤围南丰，采取退却步骤，使我军由被动转为主动，随后在黄陂战斗中粉碎了敌人的第四次"围剿"。

那时，我在团一级的岗位上，见到周恩来的机会不多，有时看到，也是在远远的地方。在长征路上，才在近处看到他，而且还带有一点传奇的色彩。

四渡赤水之后，我们进入云南，到了距昆明一百里路左右的嵩明县。这一带的山势不很高，但连绵不断。因为头一天三营先到的嵩明，第二天部队继续北进时，仍由他们担任前卫营的任务。我和黎林一起随部队爬到一座山的半腰，听到山那边三营的方向突然响起枪声和冲锋号声。我们以为三营和敌人遭遇了，便加快脚步往山顶急奔。刚到山顶，随同三营行动的侦察参谋肖思明同志气喘吁吁地跑过来，说："周副主席和刘总参谋长找你们啊！"

周副主席是周恩来，刘总参谋长是刘伯承。

"在哪里？"我忙问。

肖思明擦着满脸汗水，指指对面的山说："就在那座山上。"

"找我们有什么事？"黎林也问。

肖思明神色紧张而不安，说："不好了，三营把周副主席和刘总参谋长带的军委纵队给打了！"

这还了得！我心里想。

黎林急切地问："怎么回事？"

三营下山的时候，正好碰上周副主席、刘总参谋长和中央机关供给部及卫生部的同志一起，沿着山下的一条大路行进。因三营大部分同志穿的是头天在嵩明缴获的敌人的军装，掩护中央机关的部队误认为三营是敌人，便开了枪。三营立刻摆开了阵势，机关枪一架，吹开了冲锋号。供给部、卫生部的老同志多，掩护的部队少，只得往对面山上撤。三营长尹国赤看出对方不像敌人，中央机关的同志也从号声中听出是自己的部队，便连发信号，才避免了一场误会。

听了肖思明讲的情况，我急问："机关的同志有伤亡吗？"

"亏得三营长没下出击的命令。"肖思明摇着头说，"真危险哪！"

"尹国赤呢？"黎林的话里带着明显的火气。

肖思明说："周副主席正和他谈话哩。"

我对黎林说："走，我们去看看周副主席和刘总参谋长吧。"

"尹国赤呀，尹国赤！"黎林边走边说。

我心里想，周副主席的批评是跑不了的了。

没想到，周副主席见到我们急急赶到，就亲切和我们握手，笑着说："杨得志，黎林呀！你们这个红一团可真是天下第一团了，把我们这些伙夫担子赶上了山，还差一点'吃'了我们哪！"

我很尴尬，不知该说什么。尹国赤走到我身边，低声解释说："是机关同志先开的枪，我们才……"

我急忙制止他，那意思是说：你就不要再讲了。

刘总参谋长听到了尹国赤的话，笑着说："看你们那个鬼样子，他们还不开枪呀！"

我们看着尹国赤身上的国民党军装，也笑了。

周副主席把我们让到他坐的石头上，说："你们这个三营满不错。警惕性高，也很灵活。"

黎林同志站起来说："我们去看看机关的同志吧？"

"不用了。自己的同志，误会嘛，过去就算了。"周副主席摆摆手。

刘总参谋长对我和黎林说："对方打枪，三营迅速展开是对的，你们不要批评他们了。"

他们两人又给我们讲了敌我形势，要我们加快军速度，赶往金沙江。周恩来同志诙谐地说："这个蒋介石，总是和我们'难分难舍'，又追来了。"

又一次面对面听周恩来谈话，是 1951 年 2 月在中南海他的办公室里。

那是我们十九兵团赴朝参战路过天津时，接到中央的通知，我和李志民政委赶到中南海。这时已是中华人民共和国总理的周恩来让我们进屋坐下就说："总司令从你们那里回来，把情况向主席汇报过了。我们对你们的工作是满意的。今天请你们来没有更多的事，就是想见见你们，看看你们，你们为了祖国而离开了祖国，我在北京为你们送行——就是这么个意思。"

我想，他的工作做得多么细啊！

李志民说："总理的工作非常忙，还专门抽时间接见我们，我们……"

还没等李志民说完，周恩来同志就说："这就是我的工作嘛！"

"我们把情况汇报一下吧？"我说。

周恩来同志说："你们的情况我了解一些，今天不请你们谈了。你们知道，主席多次对德怀同志说，到了朝鲜要爱护朝鲜的一山一水一草一木，要尊重朝鲜同志，尊重朝鲜人民，要教育部队严格地执行三大纪律八项注意。这一点非常重要，你们要非常重视。"

在交谈中，他还讲了金日成同志和朝鲜人民军的光荣业绩，也讲了彭总指挥的第三次战役的巨大胜利，以及志愿军赴朝参战后在世界上引起的反响，说："这是一场军事斗争，也是一场很严重的政治斗争。全国人民关心着你们，全世界人民也看着你们——实际上是看着我们整个国家。这一点要让全军的同志都了解，都记住。"

在我们即将踏上硝烟迷漫的战场前，他接见我们，既讲要注意的问题，又提出要求，真是周到、细致，表现了他深邃的思想和严谨的作风。

后来的几十年中，我又多次见到周恩来同志，不论是平时还是"文化大革命"那样的特殊时期，时时处处都感受到他的这种思想和作风。

平易谨慎的刘少奇

和毛泽东、周恩来相比，我直接接触刘少奇同志要少一些，因为他主要是管党的建设，新中国成立后当过委员长和国家主席，也很少直接管军队的事情，而我又一直是做军事工作的。

对刘少奇同志我当然是熟悉的。在苏区，在延安，都见到过，但第一次面对面谈话，却是 1942 年 9 月。当时，冀鲁豫地区连年干旱，粮食减产，又加上瘟疫的蔓延，所以环境非常困难，条件非常艰苦。这期间，指战员们每天只能吃些南瓜和少量杂和面，有时甚至连南瓜汤也喝不上。就是在这样的情况下，刘少奇同志从华东回延安路过冀鲁豫军区。

他要来的消息比他到得早。为迎接他的到来，我们作了些准备。由于战势很紧，经军区党委研究，我给部队下了死命令：要用生命保证少奇同志的安全。

那天下午，我和其他几位领导同志刚把反"扫荡"的任务布置下去，就看到远远的有一队人走来。走在最前面的，是一个中等偏上的身材、穿灰布长衫、戴黑色礼帽的人，朴素、健康又神采奕奕，走在他身后的是一队我们的同志。我们对刘少奇同志的到来是非常高兴的。

他也很高兴，瘦削的脸上带着亲切的微笑。我向他介绍了军区的领导同志，他热情地握着每个人的手，不住地向大家问好，表示慰问。

我们都恨不得把满肚子的话立刻说出来，然后再听他的指示。可是又一想，少奇同志走了这么远的路，一路上不仅冒着生命危险，还要克服生活上的困难，的确太辛苦了，于是，就劝他早些休息。少奇同志却精神饱满地说："不累，不累，你们在这里坚持斗争好几年都不累，我走了几十里地，还是在你们的'重兵保护'之下，累什么？能见到同志们不容易，我们还是先谈谈吧"。

他进到屋里，坐下来就拿出笔记本，让我们汇报情况。

我们讲，他一直往笔记本上唰唰地记着，偶尔插几句话，多是询问或与我们商量的意见，他不仅听得认真，记得也认真，当我们汇报完工作时，他已经记下好几页纸了。

我请他做指示，他没有马上讲话，沉思了一会儿，说："我过去没有来过冀鲁豫，对这里的情况了解得很少。听了大家的讲话，我了解了一些情况，可要我做指示，现在还不行，我还说不出什么对你们有用的意见。这样吧，晚上我们再谈谈，然后我再讲点意见好吗？"

吃过饭，少奇同志又继续听我们军区几个主要领导汇报几年来创建冀鲁豫根据地的情况，他尤其对根据地建设中遇到的问题和困难问得非常详细。

夜深了，我们怕他太累，几次催他休息，可他却说："你们多讲一点。把情况讲透，把你们对中央的意见和要求提完。离天亮还早，不要着急嘛！"

在我的记忆中，少奇同志是吸烟的，可是今天一天他一支都没吸，所以我心里非常奇怪，就问："少奇同志，你戒烟了吗？"

他笑着摇了摇头："不是戒了，是没有了。"

那时军区几位领导都不抽烟，所以也从不拿烟招待人，听说少奇同志断了烟，我赶紧派警卫员去找烟。费了好大劲终于找来了半包。少奇同志点上烟吸着，精神似乎更足了。

我们又接着汇报，他又继续记录，最后才作了详细的指示。他从根据地的发展、巩固到地方政权的健全、建设，从统一战线工作到反"扫荡"斗争，讲得详细、具体而且切实可行，还给我们讲了全国、全世界的形势，对我们搞好工作很有帮助。

敌人的大"扫荡"就要开始了，我们为少奇同志的安全担心，于是劝他早些离开冀鲁豫，可他却想多待些日子，和同志们再好好聊聊。我考虑到敌人这次扫荡的规模不会小，战斗一定会很激烈，还是劝他离开。

在我们的再三劝说下，他才同意了。我们就派部队护送他从安阳地区通过日寇沿平汉铁路设置的封锁线，安全地到达了太行山根据地。

在战争年代，我虽然只直接听到他这一次谈话，但他那平易近人、谦虚谨慎和深入细致的作风却给我留下了极深的印象。建国之后见面交谈的次数多了，这种印象更加深刻。"文革"中他受到批判，可他的形象在我的心目中却难以改变。

七

问：您和十位元帅都有什么接触？

答：1955 年，毛泽东主席发布命令，授予朱德、彭德怀、林彪、刘伯承、贺龙、罗荣桓、陈毅、徐向前、聂荣臻、叶剑英 10 人以元帅军衔。

这是至今为止，中国人民解放军中仅有的获得此衔的十个人。我和这十位元帅都有过接触。所以，我熟悉这些元帅，他们有的是我投军从戎的领导人，有的直接指挥过我，有的和我进行过亲切的交谈，虽然有的多些，有的少些，印象还是蛮深的。

朱德元帅

朱德元帅是我们人民军队的缔造者之一，被外国记者称为"红军之父"。我们这些人则喜欢称他总司令，直到他后来当了国家副主席、全国人大常委会委员长，见了面还是这样喊他，他自己也好像最喜爱这个称呼，每一次喊他总司令时，他都眉开眼笑，点头答应。我们这样喊他，因为他长时间里，从红军、八路军到解放军，都是我们的总司令，他自己喜欢这个称呼，是从内心里喜爱我们这支军队。

很少有人知道，我们一些老战士在背后也叫这位赫赫有名的总司令为"老妈妈"。这个外号丝毫没有戏谑的意思，而是表达了我们发自心中的真诚爱戴和尊敬。乍看起来，"老妈妈"和"总司令"这两种叫法是极不协调的，可在朱总身上却和谐地统一了起来。因为他总是那么和蔼可亲，和干部战士打成一片，像朋友一样谈心，像妈妈一样问寒问暖，从来不发脾气，不急不躁。康克清同志说："我认为他的基本特点就是天性极端温和。"这样说是非常确切的。

在前往井冈山的路上，他穿着和士兵一样的军服，和士兵走在一起，完全和士兵一样，只是年龄大一些，所以不知道的人把他当成伙夫和马夫。在茅坪，夏天很热，他经过我站岗的地方，就关心地问我是哪里人，什么时间入伍，习惯不习惯，我一一做了回答，并告诉他我哥哥也在这里，他很高兴，笑着说："那好啊，红军是工农的队伍，工农要求得解放，就要参加红军。"那时他经常给我们讲话，每次讲话都要先说全世界形势，后说全中国形势，再说我们所处的形势，像说家常一样，亲切、朴实、生动，大家都爱听。

记得那是 1928 年湘南失败之后，我们的队伍中许多人对革命产生了怀疑态度，以至有些人逃跑、叛变，就是在这样的关键时刻，朱总集合部队讲话，他先讲国际形势，又讲国内形势，再讲红军形势，那浓重的四川口音，铿锵有力，不仅扫除了人们心中的疑云，也坚定了大家的革命信念，就是从那时起，我坚定了自己跟党走的信念，在以后的许多年中，无论是胜利还是失败，我始终没有动摇过。

1938年的夏天，我奉命由六八五团团长改任三四四旅副旅长、代理旅长职务。赴任途中，我去朱总司令那里接受具体任务。当时总部设在山西故县村，见到朱老总时，他正戴着眼镜读毛泽东同志《论持久战》的讲演稿。见我进来，他扬了扬手中的稿子问："毛主席的这个讲演稿，你读过了吗？"

我说："我从介休赶到旅部后才见到毛主席的讲演稿，读是读过，领会却很肤浅。"

朱老总摘下眼镜，具体地谈了这篇《论持久战》。他说："毛主席这篇讲演稿很重要，很全面，他讲了二十几个问题，各方面都讲到了，特别是持久战的三个阶段，要我们有耐性，千万不要犯性急病，他还强调说，战争嘛，就是政治、经济、兵力和武器装备、指挥艺术的较量，看谁的优势强！我们最大的优势是民心所向，或者叫作政治优势，这是任何敌人都无法比拟的！可见最后胜利一定会属于我们。"

接着，朱老总就谈到我去三四四旅的具体任务。他说，徐海东同志身体不太好，我是代旅长，但也要把所有工作"带"起来，这一片属于冀鲁豫三省边区，自古以来就是兵家必争之地，军事地势很重要。

当我谈到平原作战缺乏经验时，朱老总又说，困难不会少的，但是可以学嘛。

他见我热得汗水直淌，便叫警卫员拿来西瓜，一边让我吃，一边嘱咐我到三四四旅工作要注意方式方法，团结干部战士，开辟抗日根据地，为抗日战争胜利贡献力量。

这次与朱老总谈话，对我的启发、教育很大，使我学到了许多既有理论又很实际的东西，特别是朱老总的谈话方式，在闲聊似的谈话中说古论今，给我留下了深刻的印象。

作为一名总司令，朱老总总能在最关键的时刻，给全体指战员以力量。解放石家庄战役，是我军第一次攻打大城市。我们晋察冀野战军遵照聂荣臻司令员的命令，参加了这次战役。战役的准备阶段，朱老总就风尘仆仆地来到野司，首先听取了情况汇报，接着就和我们一起研究战役布置，分析敌情资料，并且亲自审问俘虏。他还深入基层，同指战员交谈，及时发现和解决问题。当时已是初冬，天气很冷，年已花甲的朱老总亲自给部队做报告，讲形势讲任务，讲战术，讲纪律。他深入浅出，生动形象，大大地激发了干部战士的革命热情，很快做好了临战前的一切准备。

不但如此，他还要住在野司。这时敌机不断地狂轰滥炸，我们都为他的安全担心，劝他到冀中分区所在地河间县（今河间市）去，可他却说："你们不都在这里吗？未必飞机就专来找我朱德。"

我知道他是关心战役的发展情况，便说："您到河涧，我们会随时向你报告的。"听我这么说，他才不情愿地离开了野司。后来，我就每天用电话向他报告，他听得认真，并提出自己的意见。

战役开始后，部队很快扫除敌人外围据点，突破外市沟。午夜，朱老总亲自打电话给我，我简要地报告了战况。就在这时，第二道市沟又被我军突破了，我把这一消息立刻报告了他，他兴奋地说："打得好呀！我祝贺你们！按你们的计划打下去，告诉大家，后边的同志可是都望着你们哪！"

战斗刚结束，朱老总就通过聂司令员转来了嘉奖全军的电报，高度评价解放石家庄"是很大的胜利，也是夺取大城市之创例"。很快，朱老总又来到石家庄，亲自找基层的干部战士进行座谈，调查作战情况，科学地总结攻坚战术，形成了连续爆破坑道作业，对壕作业，集中兵力火力，突破一点，穿插分割等一整套攻坚战术。朱总司令总结的经验很快推广到全国各个战场，加速了解放战争的进程。

1950年10月，我们十九兵团奉命去参加抗美援朝战争。接到军委的通知，我便和政委李志民一起到北京，聆听朱总司令授予任务。他在中南海接见了我们。几年不见，他仍是那么健壮、硬朗。听我们汇报后，他详细询问了部队情况，从武器装备到思想动态，从部队纪律到生活管理，了解得非常具体。接着，他又对着朝鲜地图，向我们讲了彭总入朝后的情况，问我们有什么要求。我和志民只提了一个要求，就是请朱老总到山东兖州去参加兵团即将召开的团以上干部会议，像打石家庄那样给我们做指示。

我们回到部队不到一周，朱老总就来了。十二月的天气冷得很，当时屋里没有暖气，也没有炉子，我们只好给朱老总的屋里烧了一盆木炭。到兖州的当天晚上，朱老总就向我们兵团的几位领导了解情况，征求我们对他讲话有些什么要求，希望他讲些什么。他还特别提出要去部队看看战士们。我们和医生都说部队住地分散、天气寒冷，建议他在生着木炭的屋子里接见一些指战员代表，可朱老总却笑着说："毛主席要我到十九兵团来，可不是只看看杨得志、李志民你们几个人啊！"就这样，他冒着严寒，看望了战士们。

由于疲劳和天冷，朱老总还是感冒了，而且发烧、咳嗽。但他还是带病参加了十九兵团团以上干部大会并做了报告，他向我们表示慰问，为我们送行，同时也给同志们加油鼓劲。他讲了抗美援朝的意义，讲了我们兵团的任务，提出了可能遇到的各种困难，告诫我们不要满足于现在已有的准备，不要满足于部队非常旺盛的求战情绪，要和战士们在一起，摆困难，想办法解决。讲完后，朱老总又在寒风中和大家合影留念，返京前，他又送给兵团师以上干部每人一本刘伯承同志翻译的苏沃洛夫的军事名著《兵团战术概述》，并在每本书上亲笔题了字，在我的那本上写着："得志同志，努力学习。朱德。"我们十九兵团正是牢记朱总司令的教导，奔赴朝鲜战场，完成了抗美援朝的任务。

陈毅元帅

我几乎是与见到朱德的同时见到的陈毅。

陈毅同志是一位豪爽的人，有着大将的风度；同时他又是一位诗人，有着儒雅的气质。他一生指挥过许多重大的战役战斗，也写过许多壮美的诗篇，都非常为人称道。

湘南起义后上井冈山的途中，他和我们走在一起，在最困难的时候，他仍然是乐观的，还鼓动我们，开朗豪爽，讲起话来有情有理，能够打动人心。

那时和他还没接触过，也不了解他，但听熟悉他的人介绍说，他曾在法国留过学，回国后在武汉中央军事政治分校当书记，南昌起义时他带领军校学生赶去参加，他们赶到时起义军已撤出南昌。他日夜兼程追赶，终于在临川、宜黄地区赶上起义部队，在七十三团当指导员。潮汕失败后，他挺身而出，积极协助朱德带领部队。当时，有人悲观，有人逃跑。在信封城西二十多里的一个山冲，朱德主持全体军人开会，说："愿意继续革命的跟我走，不愿革命的可以回家，不勉强。"

朱德的话音刚落，陈毅首先站到朱德一边，诚挚地开导大家说："南昌起义是失败了，南昌起义的失败不等于中国革命的失败。中国革命还是要成功的。我们大家要经得起失败局面的考验，在胜利发展的情况下，做英雄是容易的，在失败退却的局面下，做英雄就困难得多了。只有经过失败考验的英雄，才是真正的英雄。我们要做失败时的英雄。"在最困难的局面下，他和朱德一起，整编队伍，发动湘南起义，上了井冈山。

对陈老总的指挥打仗，做政治工作，见到听到的是比较多的，比如中央苏区第一次反"围剿"时，他指挥部队诱敌深入，把敌张辉瓒引到龙冈，他自己则进入指定位置指挥战斗，取得了胜仗。还有后来的坚持南方三年游击战争，抗战时期他率领新四军驰骋于大江南北，然而，对他的博学多才和诗，则是在一段同行的路上见到的。

那是 1945 年，抗日战争结束之后，蒋介石发动了内战。当时我正在延安。八月的一天，我接到命令赶到延安东关飞机场，到达之后我才看到，陈老总来了，刘帅也来了，还有其他一些同志。我们乘飞机到达长凝临时机场。在长凝停了有一两天，便各自奔赴自己的作战地区。

与我同行的是陈老总，他准备经冀鲁豫到华东地区去。从长凝到冀鲁豫，要通过敌人戒备比较严的平汉路。而这次又只有一支小分队护送我们，互相之间不太熟悉，再加上形势变化很大，所以我很为陈老总的安全担心。于是，我开玩笑地对他说："您可是要听我的指挥哟！"

"那是自然。"陈老总爽快地笑着说，"绝对服从，绝对服从！"

　　我们昼夜不停地赶路，抄小路和僻静的村庄走。接近平汉路时，我要小分队每日提前出发侦察情况。陈老总和我则白天休息，在高粱、玉米地里等待着夜幕的降临。

　　就是在高粱、玉米地里休息时，他给我讲了当年他在外国留学的故事，讲他在赣南坚持三年游击战争的经历。他对我说，他是1919年夏天离开成都、经重庆到上海，再从上海乘"麦浪"号过香港、河内、西贡、穿马六甲海峡，又经孟买、开罗，于九月到达法国马赛的，年底转至巴黎。在那里，他见到了邓小平、徐特立、蔡和森、蔡畅、向警予等同志。他们先入蒙达尔尼工学院学法语，后到克虏伯公司的一个炮厂打工。在里昂大学，为反对学校的无理行径，他和几个同学写传单及呼吁书，遭到法国警察的逮捕，关进了里昂炮台的监狱，二十多天后被驱赶回国。

　　一说起南方三年游击战争，陈老总顺口朗诵道："大军西去气如虹，一局南天战又重。"后来我才知道，这就是他坚持南方三年游击战中，于1936年35岁生日时写的。陈老总说，长征开始时他是不愿留下的，尽管1934年8月他在兴国的一次战斗中大腿坐骨负重伤，正住在医院里，听到红军要转移的消息，就坐上担架去找朱老总，但中央还是决定把他留下了。

　　他告诉我，当时的斗争非常困难，形势复杂险恶，条件艰苦异常，敌人经常清剿。1936年冬天，他们被围在梅山，他自己又伤又病，伏在草丛中二十多天，心想难以脱生，就写了三首诗作为遗言，没想到后来敌人退去了。说着他念道："断头今日意如何？创业艰难百战多。此去泉台招旧部，旌旗十万斩阎罗。"这就是有名的《梅岭三章》中的一章，有一部叫《梅岭星火》的电影，写的就是当时的情景。

　　陈总可能是随意讲来，我却受到启发和教育。

　　靠近平汉路时，情况更加紧张。我们进入河南汤阴县的一天，被敌人发觉了，疯狂地进行扫射，探照灯把夜晚照得很亮。我和陈老总都骑牲口，目标很明显，我刚要提醒陈老总从牲口上下来，护送我们的小分队的同志却说："首长们放心，不要紧的。你们赶紧靠近炮楼，那样探照灯就瞎子点灯白费蜡了。"

我急忙问："炮楼里敌人的情况你们清楚吗？"

他们胸有成竹地说："每个炮楼里顶多两个班，我们熟透了，好对付。"

陈老总看了看我，诙谐地说："如此你我催马前行吧！"

果然，炮楼里的敌人遭到小分队的还击后，只打枪却不敢出来，我和陈老总便放心地骑着牲口往前走了。

走了一段，陈老总望着前边突然问我："这是啥子地方？"

我说："河南汤阴。"

"噢！"陈老总说，"汤阴县，岳飞的家乡嘛！"

"是呀，听说离这里不远还有座岳飞庙呢！"

"不错。这座庙大概是在汤阴西南隅吧！"陈老总骑在牲口上，若有所思地说，"岳飞，可算是杰出的民族英雄！那庙宇是明代初年建的，和杭州的岳王庙一样，也有秦桧、王氏等佞臣的铁铸跪像。那些碑碣之中，就有岳飞著名的《满江红》词。"

听陈老总说得那么详细，我问："您过去来过吗？"

陈老总摇了摇头，说："是在书上看的，没有到过。"说到这他很认真地问我："能不能去看一下呀？"

其实，听他一讲，我也很想去看看，可是又一想，这一带敌人的分布区太多，所以我很干脆地说："不行！这一带是'插花区'，敌伪顽都有，晚上去看不到什么，白天去太危险。"

"遗憾！遗憾！"陈老总显得很失望，却也很无奈，"不过我们终究会来的，一定会来的。"

他很自信地拉了拉缰绳，让牲口快跑了两步，然后又慢下来，靠近我。他没有说话，只是仰望着满天的繁星，一会儿他竟低声吟诵起了岳飞那首著名的《满江红》：

"怒发冲冠，凭栏处、潇潇雨歇……"

吟诵的诗句，夹杂着稀疏的枪声，留给人的感觉却是一种平和与温馨。这时我想，陈老总不仅是一名军人，也是一个诗人！

后来，我读了陈总的许多诗，其中不少篇章就是我们战斗的记录，如 1929 年写的《红四军军次葛坳突围赴东固口占》《反攻下汀州龙岩》

《乐安宜黄道中闻捷》。就是那次和我同行回华东途中，还写了《秋过濮阳，月下与人谈毛主席飞渝事》的诗：

> 我行未已过濮阳，驻马凭吊古战场。
> 能掷孤注寇莱好，退避三舍晋文强。
> 应知政事先军旅，岂有筑室谋道旁？
> 夜谈坐对中天月，白杨千树放光芒。

每读陈总的诗，我的眼前就会出现这位元帅和诗人的形象。

林彪元帅

在 1955 年授衔的 10 位元帅中，林彪是我仅次于朱德、陈毅，第三个认识最早的。

那是 1928 年 8 月湘南失败之后，部队离开郴州，连夜东进，到了汝城的北面。出发的时候，是 28、29 两个团和军部特务营，到这时，29 团被打散了，28 团、特务营也有一些伤亡和开小差的，于是进行了整编，将 29 团的一部分及特务营都编到了 28 团。这时 28 团的团长是由军参谋长王尔琢兼任的，林彪是一营营长。

从汝城北面出发两天后，二营营长袁崇全带着部队叛变逃走。我们奉命追到一个镇子，王尔琢同志命令我们原地待命，自己带领警卫排径直往镇子走去。他们一走进镇子，哨兵就打了两枪，王尔琢同志当即喊道："不要打枪，我是你们团长，来叫你们回去的！"此时天已经黑了，王尔琢同志边往前走边喊："同志们别怕，我是王尔琢，来接你们回去的！""同志们，快回来革命吧！"正在打麻将的袁崇全提起两支顶上子弹的驳壳枪冲出来，见到王尔琢同志就同时开火，把他打倒了。王尔琢同志牺牲后，林彪就当了二十八团团长。当时我还是个入伍只有半年多的战士，从此就在林彪领导的部队里，转战赣南、闽西，参加中央苏区的反"围剿"斗争，走过二万五千里长征，直到抗日战争初期的平型关大战后，才不在他的领导下了。

尽管这样，和林彪的直接交谈仍然不多。这一方面由于我们的职务相差太大。他当团长，我当战士，我当团长时，他已经是军团长，而有什么战斗任务，又是一级一级下达的，他不会直接向我下达命令，我有事也不可能直接向他报告；另一方面因为林彪这个人阴沉，难于接近，大家都有点怕他，所以虽然在他领导的部队里工作了近十年时间，能记得起来的见面却很少，交谈更少。

印象深的一次是中央苏区第五次反"围剿"开始以后，大约在1934年2月，天气还比较冷，已经当了团长的我去参加军团召开的干部会。会上，作为军团长的林彪，恭敬地将李德介绍给到会的干部，并请他讲了战略战术。李德讲的是外语，他讲几句，翻译译成汉语说给我们听。他讲得吃力，我们听得更吃力，只听清了"短促突击"的话，即以碉堡对碉堡，实行"短促突击"，在内线同敌人拼消耗，不是集中优势兵力在运动中消灭敌人。对此，我们这些战场上的指挥员是有疑虑的，因此不少人都说听不懂。这些意见反映到林彪那里，他就说："你们不懂，这种打法我也不懂，但不懂就学嘛！"

当时，我们并没有什么感觉，但到六月，林彪却发表了一篇《论短促突击》的文章，大讲"短促突击"的打法、好处。可是已经打了几个月的第五次反"围剿"非常艰难。我们红一团的战士都说，从来没打过这么憋气的仗，这是"搞么子鬼哟"！事实已经证明李德的那套打法不行嘛，他为什么还写这样的文章呢？聂荣臻元帅在他的回忆录中说林彪在这个时候发表《论短促突击》的文章，"自然不仅是谈战术，实际上是他这时的一个政治上的表态"。确实看到了本质。

当面接受林彪交代任务是平型关战斗之前。我从抗大回到已经改编为一一五师的部队，奉聂荣臻副师长之命，到六八五团任团长。当我渡过黄河在侯马赶上部队，乘着阎锡山派的接兵车沿同蒲路向平型关急进时，在介休车站接到通知，要我到林彪住处去。他当时正住在太原阎锡山的一个招待所里。我通过两个持枪的门卫走进了招待所。林彪见到我后，开门见山地问部队的情况，我如实地报告了他。他就要我加快北上的速度，把部队早一点开到平型关一线，别的什么也没说。

我们部队到达平型关不久，林彪也赶到那里。当时聂荣臻副师长率部队还在后面没有跟上来，林彪就领着参谋人员看了平型关周围的地形，定下初步的作战设想。在上寨召开的全师干部动员会上，林彪对战斗作了部署：独立团和骑兵营插到灵丘与涞源之间和灵丘与广灵之间，截断敌人交通线，阻止敌人增援；以三四三旅两个团为主攻，三四四旅一个团到平型关北面断敌退敌，一个团作师的预备队。攻击部队全部在平型关东侧山地设伏，准备给敌以猛烈打击。我带领的六八五团（属三四三旅），就是按照这个部署投入平型关战斗并取得了胜利的。

从那以后，林彪先是到苏联治病，后是到东北，我先是在冀鲁豫，后在华北、西北，没有直接在他的领导下打过仗。新中国成立后，特别是 1959 年以后，他主持军委日常工作，我在军区当司令员，开会时虽然能见到他，也不少次听过他在不同会议上的讲话，但单独的交谈却很少。

我对历史上林彪的认识，是他能打仗，对战术问题肯动脑筋，指挥打了不少胜仗。从中央苏区到解放战争，其间几十年，他率领部队打的胜仗，当然是毛泽东同志等和党中央的正确指挥，是和他同级指挥员的共同功劳，但这中间也有林彪的一份。有一段时间把他神化了，说成是"天才"是"常胜将军"，那是不符合实际的，但后来又把他说成军事上一无所知，根本不会打仗，也不是历史唯物主义的看法。

林彪又是个性格孤僻阴沉的人，平时很少说话，从不对下级坦开胸怀说什么。在中央苏区时这样，在长征路上也是这样，他不和部队在一起，休息时也单独在一边。好像有什么心事，或时时在思考问题似的。

至于林彪历史上的错误，是在九一三事件后批判他时才听说的。所以 1971 年 9 月 13 日他妄图篡夺党和国家的最高领导权、妄图谋害毛泽东同志的阴谋败露后，驾机叛逃，葬身温都尔汗时，消息传来，我和许多人一样感到很震惊。

罗荣桓元帅

和罗荣桓元帅，在井冈山和中央苏区有些接触，后来就少了。

罗荣桓同志是参加过秋收起义的老同志，我到井冈山时，他就是连队的党代表，要求战士做到的，他自己首先做到，深得战士爱戴，后来当了支队党代表，纵队党代表。

他当纵队党代表的时候，我是通信员，行军打仗时常和他在一起。他的眼不好，戴着眼镜，但沉着大胆。一次打仗时他的眼镜摔坏了，仍然率领战士冲杀。一次行军时我跟在他的后边，子弹嗖嗖地从头上、耳边飞过，我都为他的安全担心，他自己却根本不在乎。

罗荣桓同志一直保存着一块银圆，那是在一次战斗中，他正带领战士与敌人激战，突然感到胸前似乎被人打了一拳，由于战斗紧张他没有在意。战斗结束后，他才发现自己的上衣口袋已经烧破了。他一摸口袋，那块分伙食尾子的银圆居然还在。他把银圆掏出来摊在手心里，才明白子弹打在了银圆上。他摇摇头哑然一笑，说了声"惭愧"。后来他说："要不是这块银圆保驾，那一次我已经去见马克思了！"

我感受最深的还是罗帅做思想政治工作。他不但会做，而且做得好。我军创建初期，也是存在不少思想问题的。毛泽东等老一辈革命家创建了我们这支军队，也创建了这支军队不同于其他军队的政治工作。罗荣桓同志就是做政治工作的好手。从秋收起义后，他就在毛泽东同志的领导下工作，亲自贯彻毛泽东的许多主张，如支部建在连上，实行党代表制，三大纪委八项注意、做群众工作、建立根据地等，对于巩固发展部队，对于保证战斗的胜利，起到了很明显的作用。

当时，红军的主力多是由国民革命军脱胎而来的。这些部队虽然经受了大革命的洗礼，但军官中的军阀主义习气还相当严重，官长打骂士兵，老兵打骂新兵，还很普遍。罗荣桓同志对这种作风十分不满，为扭转这种习气做了艰苦细致的工作。一个俘虏过来的战士抱了老乡一捆柴草烧火，班长让送回去他没送，班长打了他一耳光，罗荣桓同志找这个班长谈话，说："如果你是当兵的，犯一点错误，班长把你打一顿，你的心里好受吗？"

当那位班长低下了头，罗荣桓同志又耐心开导说："同志们有了缺点和错误，要反复向他们讲道理，使他们明白为什么错了。要以理服人，不要以力服人。口服不如心服，只有心服了，才能自觉遵守纪律。你今后无论如何也不要打人了。你回去好好想一想，看看我讲的对不对。"

古田会议之后，罗荣桓同志在部队中贯彻会议决议和精神，加强了部队的建设。以后他又调到另一个纵队，通过深入实际，具体指导，建立制度，也使那个纵队出现了崭新的面貌。

后来，我虽然很长时间没有在他的直接领导下工作，但听到看到的还是不少，留下了很深的印象。

聂荣臻元帅

我认识聂荣臻元帅是在他到红一军团当军团政委以后，当时我在这个军团所属的九十三团当团长。那是 1932 年。

九十三团是一个小团，这个团参加的第一个比较大的仗，就是占领龙岩后的漳州战役。漳州战役取得了很大的胜利，缴获敌人的步枪、机枪，更令人兴奋的是还缴获了敌人的飞机。兴奋之余，我和政委便动身去看这架缴获的飞机。

飞机，对于今天的人们已经不足为奇，可在当时，即使我这个团长，也只能在打仗的时候看到敌机在空中放肆地盘旋，疯狂地轰炸。这是敌人的优势，也是我们的弱势，因为我们没有自己的飞机，只能用机枪、高射炮与他们抗衡，力量毕竟是微弱的，听说缴获了敌人的飞机，能不兴奋吗？

那时，我们团既无汽车也无马匹，于是只好步行。漳州城离我们的驻地有三四十里路，四月的福建，天气已经相当热了，刚走了一半的路，就开始汗流浃背，只好坐在路边休息。就在这时，远远地有一辆大卡车卷着尘土向这边开来，路面很窄，透过尘土，我们看到车厢是空的，驾驶室里坐着两个人，但看不清面孔。我和政委不约而同地跑到公路当中，使劲摆动双手让汽车停下来，我还兴奋地对政委说："我们俩今天真有福气哩！坐着汽车看飞机。"汽车停了下来，驾驶室的门一开，走下一个穿破夹克的人，我和政委一看就愣住了——原来是我们一军团的政治委员聂荣臻同志。

"这不是杨得志吗？"聂荣臻同志一边拍打着身上的尘土，一边关切地问："你们要到哪里去呀？"

我打了个敬礼，有些拘束又有些不好意思地说："我们想到漳州看看缴获的飞机，没看清是首长坐在车上。"

"正好嘛！"聂荣臻同志说："上车！上车！"

我和政委互相看了一眼，有些为难了。因为部队生活养成的习惯，下级要尊重服从上级首长，没想到今天还把首长坐的车截住，想搭车。可是，现在怎么办呢？上车吧，有些不好意思；不上吧，车已经停下来。聂政委看到我们发窘的样子，笑着说："车都敢截还不敢坐呀！我坐这车和你们一样，也是截的，不过比你们早一点就是了。快上！快上！"

经他这么一说，我们也笑了，只得坐上他的车一块去漳州城看了飞机。

长征途中渡过金沙江以后，四川的国民党军队日夜兼程迎着我们赶往大渡河，企图阻止红军过河，后面紧追我们的国民党中央军也已到达金沙江一线，前堵后追，形势危机，红军必须抢在敌人之前渡过大渡河。为了争取时间，中央决定我们红一团（加配军团工兵边）为先遣队，刘伯承为司令员，聂荣臻为政委，亲自率领我们过彝民区，抢渡大渡河，为全军打开通路。在经过彝族区时，刘伯承和聂荣臻同志彻夜与我们一起研究可能遇到的各种情况和应付方法。聂政委嘱咐我们："现在情况很复杂，对我们来说，重要的是管理好部队，无论在怎样艰苦复杂的情况下，也要坚持执行党的民族政策，要顺利地通过彝族区，要在这里留下好的印象。"在他们的领导下，我们和彝族同胞建立同盟，宣传了红军的政策，并且帮助彝族同胞建立了第一支群众武装——"中国彝民红军沽鸡支队"，顺利通过了彝族区。

抢渡大渡河的任务，是刘伯承司令员和聂荣臻政委亲自向我们交代的。在这同时也接到了军委总部的命令，要我们连夜偷袭安顺场守敌，巧取船只，强渡大渡河。他们帮助我们制订作战方案，始终坚持在离大渡河很近的一座小山上。在他们指挥下，最后使强渡大渡河的任务顺利地完成了。

进入陇东的第一仗是攻打曲子镇。

曲子镇是座土城，有十多米高的城墙，城墙外还有很深的堑壕。马鸿宾手下的亲信和干将冶成章带三四百名骑兵守在里面，他是旅长，外号"野骡子"。那时我军没有炮，机枪也很少，全凭步枪、手榴弹攻击土城。从下午两三点钟发起攻击，到傍晚才有一小部分部队打开一个突破口进入镇子，而且还随时有被挤出来的危险。城上城下，镇里镇外，敌我双方混战在一起，形势很紧张。在这紧要关头，代军团长左权、政委聂荣臻来了，他们手拎马鞭，汗水淋淋。左军团长一见面就说："'野骡子'野得很嘛！要不要给你增加点部队？"

"不要。"我说："我们还有预备队。"

"拿上去嘛！"聂政委拿马鞭子指了指前面，"告诉大家，这是回族部队，要特别注意政策，不准胡来哟！"

我知道他们不看到战斗结果是不会离开阵地的，可考虑到离敌人实在太近，又无法隐蔽，我一方面命令吹冲锋号调预备队上去，一方面对左军团长、聂政委说："我们要往前赶，你们往后靠一靠吧。"

他们还是等战斗胜利了才回军团部。这种亲临前线，及时了解情况，帮助解决困难，对我的影响和教育很大。

1937年7月7日，卢沟桥事件发生了。当时我在"抗大"学习，由于抗战的爆发，我们这批学员不得不提前结业。根据国共两党谈判协议，中国工农红军编为国民革命军第八路军。原红一方面军和红十五军团为主，改编为八路军第一一五师，林彪任师长，聂荣臻为副师长（实际是政委）。我被聂荣臻同志要回老部队，到这个师所属的三四三旅六八五团任团长。

离开"抗大"，我去一一五师师部见聂荣臻同志。一见到我，他头一句话就说："喝！我们'窑洞大学'的毕业生回来啦，好，来得正好！你看！"他指着桌子上堆放着一厚叠用五颜六色的纸张写成的东西，抑制不住高兴地说："全是战士们要求上前线的决心书噢！部队情绪好得很呀！"

"我们具体任务呢？"我问。

聂政委说："要你到六八五团有两个原因：一是这个团是你原来工作

过的二师改编的，二是这个团是全师的先头部队。现在部队已经到了黄河西岸韩城、合阳之间的芝川镇，你们的任务是过黄河进入山西。如今山西以及整个华北吃紧得很呐！"接着，他又简要地向我讲述了华北的形势，以及对待阎锡山的态度，那就是"以我为主"，既要拉着他，又不能完全依靠他。

聂荣臻同志总是简单扼要地把任务布置下去，同时又能把总的形势、敌我形势和我们的基本方针讲得十分清楚。同时在执行任务的过程中，又极其关心下级。攻打石家庄前，我和他通了战前最后一次电话，向他汇报了各部队的情况，他关切地说："你们要反复向部队讲清楚，战斗会相当艰苦呀！"我请他放心，并告诉他一切都做好了安排。他又说："我相信你们。战斗进展要力图快速，但指挥上不要太急。要特别提醒部队，入城后要坚决执行党的政策。"他还有"他充满感情地说："你们几个习惯靠前指挥，这我不反对，但是一定都要注意安全！你听见我最后几句话了吗？"

我很感动，嘴里答应看，却没有说出话来。

现在，聂荣臻元帅是我们唯一健在的元帅。前几年，他在那么高龄的年纪，还读了我的回忆录《横戈马上》的初稿，写了序，题写了书名，这表现了他对我的关心和鼓励。我也祝他健康长寿！

刘伯承元帅

刘伯承元帅不但直接指挥过我，而且还是我的老师，我曾两次做过他的学生，正正规规的学生。

第一次见到刘帅，就是长征路上的那次误会，他和周恩来同志在一起，带有点传奇色彩。

过彝族区的时候，刘伯承是我们先遣队的司令员。

彝族是我国西南部的一个少数民族，人民性情强悍，朴实诚恳，由于受到汉族商人的欺骗和国民党军队的抢掠，对汉人猜忌和敌视。我们先遣队虽然调查了彝民的风俗，在部队中进行党的民族政策教育，但由于语言不通，无法宣传，仍不为他们所了解，难以通过。工兵连长王耀南带的人走在前面，枪支、工具被"没收"，连衣服也被扒了去。为了顺利通过，刘司令员挺身而出，亲自和彝族头领小叶丹谈判，还和他结为拜盟兄弟。举行仪式的那天，刘司令员和小叶丹叔侄走到桌子边。刘司令员端起滴过鸡血的水碗，高高举过头顶，大声发出誓言："上有天，下有地……刘伯承愿与小叶丹结为兄弟……"说完最后一句，便把鸡血水一饮而尽。小叶丹也这样做了。随后，我们又赠送了枪支，帮助他们建立了"中国彝民沽鸡支队"。由于彝民的支持，红军很快通过了彝民区。从此，刘伯承和小叶丹结盟就成为一段佳话流传了下来。

我给刘帅当过两次学生。

第一次是1937年，我在"抗大"学习，他是"抗大"的副校长，常给我们讲话。他的讲话像他的人一样，平易而风趣。在开学不久的一次大会上，他说："同志们，我们这个学校的名字叫作'抗日军政大学'。大家知道，我是上过大学的，而且是在外国上的。毛主席问过我，说，我们的这个大学可不可以和人家的大学比呢？我说可以比，硬是可以比！他们有宽敞的教室——大得很——我们没有；他们有漂亮的教学用具——我说的不只是桌椅板凳噢——我们没有；他们有许多教授——大名鼎鼎——我们呢！"说到这，他扫视了一眼会场，扶了扶眼镜，很自豪地说："有！毛主席就是头一位嘛！周恩来同志就是嘛，他可是吃过面包的！徐特立、林伯渠、吴玉章、谢觉哉等同志就是嘛！他们是老教授了。还有朱德同志和好多老同志都是嘛！你们在坐的不少同志指挥过不少漂亮的战斗，也可以当'教授'嘛！怎么不可以呢？完全可以嘛！我们还有他们根本没有的，那就是延安的窑洞。所以那天我对毛主席说，我们这个学校也可以叫'窑洞大学'嘛！你们同意吗？"

我们坐在下边，听着他的讲话，大家都很激动，掌声一次又一次地在会场上响起。

"我们这里还有马克思列宁主义，有中华民族的正气！"刘伯承同志继续说，"同志们，你们打了多年的仗，有丰富的实践经验。现在中央要你们从理论上加以提高，还是为了打好仗。用战士们的话说：学好本领打日本嘛！"

的确，"抗大"的学习对我以后指挥打仗起了很大的作用，无论从战略战术上还是从思想水平、方针政策上，都有了进一步的提高和深刻的理解。

第二次是在南京军事学院，刘伯承元帅任院长兼政委，我是学员，又兼着战役系的主任。

刘伯承同志对办学既有经验又认真。刚入学后，他就找我谈话，讲学习的重要意义，指示我要把战役系的工作做好，自己也要学好，我都照做了。在学习过程中，他亲自给我们讲课，经常询问学习的情况，亲自批阅我们的考卷，找我们谈存在的问题及克服的办法，真是无微不至，呕心沥血啊！

他的夫人汪荣华同志在回忆他的文章中写道："你多次对我讲过，要推进现代化、正规化军队的建设，就要培养一大批德才兼备的高中级指挥员，治军必先治校。在南京期间，你读书译著，孜孜不倦，平均每天工作十多个小时，编译了大量军事著作。为了讲好战役系的课，你连续一星期在办公室里彻夜不眠地准备教案，甚至有一次办公室里电线失火，你竟全然不知。记不清多少个夜里，你睡着睡着，突然披衣起床，打开台灯，批改教案。我知道你的脾气，更理解你为了培养具有现代科学知识的军事干部的急切心情，不阻拦你，偶尔劝说几句，你也只是嘴里答应，身子却不动，还照常干你的事。对此，我只有着急，毫无办法。"

这正是当时的真实写照。也正因为刘伯承同志花费了这么多的心血，我们才学到了知识，提高了毛泽东军事思想和指挥水平。

贺龙元帅

对贺龙元帅，我是先知道他的名字后见到人的。

早在井冈山的时候，就有人讲起贺龙这个名字，说他是一把菜刀起家闹开的革命。秋收起义失利后，部队经过平江、浏阳、铜鼓、萍乡到达莲花东南永新境内的三湾，在改编的大会上，毛泽东同志讲话时还讲到这件事，他说："……同志们，敌人只是在我们后面放冷枪，这有什么了不起？……贺龙同志两把菜刀起家，现在当军长，带了一军人。我们现在不只两把菜刀，我们有两营人，还怕干不起来吗？"

尽管我没能赶上亲自听到毛泽东的这些话，但却记住了这件事和它所表现出来的精神。后来又听说贺龙同志是南昌起义的总指挥，起义失败后，回湘西拉起了一支队伍，成为一个大的方面军。

真正见到贺龙同志，是1944年在延安，并有一段时间直接归他领导。那年一月，我奉命带领冀鲁豫的部分部队到陕北，执行保卫延安的任务。到陕北以后，部队编为教导第一旅，住在清泉沟，归西北联防军指挥，贺龙同志就是联防军司令员。我到达后就去向他报到，他热情地接待了我。

那时他四十来岁，留着小胡子，穿一身灰布军装，黝黑的脸膛上一双炯炯有神的眼睛。我向这位赫赫有名的老总敬礼，报告说："贺司令员，我们部队已经安顿好了，住在清泉沟，请指示。"

他一边同我握手，一边把我让进窑洞说："欢迎你们！欢迎你们！"

进到窑洞里，我又向他详细报告了部队的情况，代表指战员表示决心说："我们一定完成好保卫延安的任务！"

贺老总听完我的话，吸了两口手中点燃的烟斗，说："你们部队到达陕北后，一方面要随时准备战斗，一方面要搞好开荒生产。因为现在这里很困难，不搞生产就没有饭吃，没有衣穿。还是毛主席说的，自己动手，丰衣足食。所以，既要练兵，要准备打仗，也要搞好生产。"

一直到抗日战争胜利，我们部队都是按照贺老总的这个指示做的，积极开荒生产，刻苦进行练兵，既有了吃的穿的，又练出了杀敌本领。

1945年4月到6月，我参加过党的七大后，就根据党中央的安排，到中央党校去学习。可是，刚学习了不到一个月，贺老总就把我叫了去。一见面，他就握住我的手，说："实在对不起呀，杨得志同志。毛主席要你住党校，我是支持的。可是胡宗南这家伙捣乱，要进攻延安，你只好打完仗再学习了。"

他的话说得虽然轻松，但胡宗南"要进攻延安"这几个字的分量我是听得出来的。延安，是革命根据地，是中央所在地，是共产党的心脏，怎能容许胡宗南进攻！我没加任何考虑，脱口便问："我们的位置在哪里？"

贺老总看了看在场的"联司"参谋长张经武，又对我说："我和咱们这位湖南老乡商量过了，你们教一旅不是住甘泉吗？出甘泉，过富县、洛川、黄陵就是胡宗南的老窝西安。我们说这是南线，实际上是第一线。那一带我们只有点地方部队。你先去看一看，胡宗南他要来嘛，我们只能打！"

我嘴里答应着，脑子里想着如何执行这一任务。

告别贺老总，我连党校也没回，直接赶到清泉沟教一旅旅部，把贺龙同志交代的任务详细地传达给其他同志，然后就带着部分团领导星夜赶往南线，昼夜不停地看地形，找地方和部队的同志谈话，拟制作战方案。

大约过了十几天，我带着拟制的作战方案，赶到"联司"向贺龙同志汇报。部队到陕北一年多一直搞生产，不要说战士，就是我们旅、团干部，也像生病一样难受。这次一听说要打仗，战士们一个个精神抖擞，士气非常旺盛，恨不能马上就开往前线。

听完我的汇报，贺龙同志表示满意。他点燃手中的烟斗，轻轻地吸了一口烟，又缓缓地把烟吐出来，透过烟雾，他微笑的眼睛眯成一条线，说："方案是可以的，但是情况有了重大变化。胡宗南突然占领了我们淳化县的爷台山，并且继续向旬邑、耀县等地袭击。"

我有些着急了，忙问："我们什么时候拉上去？"

贺龙同志看着我，不慌不忙地说："你们的部队暂时不要行动了。"

"是日本方面的情况有变化吧？"我很敏感地问。

贺龙同志又点上烟斗，凝视着远方，脸上露出隐隐的喜悦之色，说："我们盼望的那一天就要来到了，更加艰苦的任务也来了，蒋介石这个人我是了解的。看来，你这个党校是彻底住不成了。"

果然，8月17日，我们在清泉沟听到了日本侵略者正式无条件投降的消息，这是令人自豪的，因为我们中国人民用自己的力量打败了日本侵略者。三天后，我奉命又回到了冀鲁豫。

彭德怀元帅

从外表看，彭德怀元帅总是那么严肃。他的浓眉高耸，嘴唇紧闭，不要说下达命令，就是平时说话，也很少能见到笑容。所以，许多人都有点怕他。

记得第一次见到他是 1929 年 3 月，当时我在红四军新编第二纵队当战士，跟随部队由长汀转回赣南，途中经过瑞金附近，见到一支大约三百多人的队伍在一起，队前摆着一张桌子，彭德怀同志正站在桌上讲话。他中上等身材，虽然戴一顶我在安源矿上见过的只有工程师才戴的白筒子帽，但面孔黝黑，仍很像农民。那是刚撤出井冈山，他本着脸，声音低沉而有力，如同雷声一般，有时还打着手势配合，真是严肃而威风啊！

不过，这只是表面。其实，他对下级的要求既严格又体贴，只要你提的要求是合理的，他都竭力予以解决。抗战时，我们的部队在冀鲁豫地区。其时物资奇缺，敌人封锁得很紧，常常吃不上穿不暖。到了严寒的冬天，战士们还穿着单衣，喝的是雪水，但是我们没有被这些困难吓倒，还是打了不少胜仗。有一次，我住在微山湖边的一个小村里组织筹备过冬的物资。这时的冀鲁豫支队已经发展到一万七千多人，还要进一步扩大、发展，当时最突出的困难就是要解决这一万七千多人过冬的粮食和棉衣问题。这的确是一个难题，我考虑了很久，还是决定去内黄找彭总。赶了二三百里路，终于到达内黄。当时彭总住在一户农民的破草屋里，土炕上铺着一条旧席子，炕头上整整齐齐地放着一床薄薄的旧被子。见到我，他立即下了炕，大步走过来，拉住我的手说："啊，一年不见了，大家都好吗？你们那里的情况怎么样？"

他没有戴帽子，大概好久没理发了，短发变成了长发，胡子却刮得很干净，满脸红光，只是额头上多了几道皱纹。我把冀鲁豫边区的情况况做了汇报，他听完后高兴地说："你们搞得不错嘛！"

我说："总的还可以，但也有使人伤脑筋、发愁的事呀！"

"发什么愁？"彭老总关切地问。

"一万七千多人，要吃，要穿，要用，都没有着落。冬天又来了，怎么能不发愁呢？"我说。

彭老总听到这，笑眯眯地看着我说："这么说，你是从微山湖来向我'讨鱼税银子'的了！"

我直截了当地说："你是我们的副总司令嘛。"

彭总没有马上答复我，他默默地走到门口凝视着远方。我看着他那魁伟结实的背影，不知能得到怎样的回答，心里有点惴惴不安。过了一会，他转过身来，对我说："困难哪，得志同志。你困难，我也困难。"他又跟我讲了红军供给部和各个根据地的情况。

我心想，这下完了，一定要空手而回了。不料，彭总拍了拍我的肩膀，笑着说："我也不能让你这个一万多人的支队长白跑一趟，给你一万银圆吧。"

听到这，我的一颗心才算放下，心满意足地笑了。一万银圆，不算多，一个人还摊不到一块，但是在这样困难的情况下，能有这一万银圆就非常不容易了。

最后彭总还风趣地说："战士们那个歌是怎么唱的，没有吃没有穿，敌人给咱送上前嘛！没有枪没有炮，敌人给我们造嘛！"

像这样供给困难的情况，在那时候经常发生，作为一名支队长尚且觉得困难，彭总作为一名副总司令，他的困难更是可想而知呀！

仗打好了，彭老总当然高兴，仗没有打好的时候，他会主动承担责任，帮助找原因，而不是一味地批评、训斥下级。在这方面，彭老总也是榜样。

太原战役后，毛泽东电令我们十九兵团改隶第一野战军编制，由彭总指挥。他对我说："十九兵团这支部队不错。你们要共同把工作抓紧。西北地区有些地方长征时我们走过，少数民族多，土皇帝多，气候和生活条件都比华北差。这些情况要向部队讲清楚，使全军都有充分的思想准备。我从北平要直去西北。毛主席有什么指示，我尽快传达给你们。一句话，一切准备工作都要抓紧、抓细、抓死！"

在兰州战役中，彭总交给我们兵团的任务是，沿西兰公路首先攻占路南的马架山，古城岭、豆家山和路北的十里山，然后向兰州城东关发动进攻。他对攻占兰州做了周密的部署，并决定以九个团的兵力在总攻前进行一次试攻。试攻中我们兵团投入了五个团的兵力，向豆家山、古城岭和十里山攻击。可是攻了两天，也没有夺下敌人一个阵地。第三天，彭总来到我们兵团指挥所。

我和政委李志民、参谋长耿飙、政治部主任潘自力等同志，因仗没打好心情有些沉重，也憋了一肚子气。我见彭总到来就说："十九兵团在历史上还没遇到过这样的情况。军、师、团干部都很憋气，迫切要求继续打，非出这口气不可！"

李志民政委说："毛主席一再指示我们，千万不可轻视二马，否则必然吃亏。我们虽然经常给自己敲警钟，也一再教育部队，但这个问题没有真正解决，显然吃了轻敌的亏。仗没有打好，责任主要在我们兵团领导。"

原想彭总会严厉批评甚至骂娘的，但一向严肃的他，却亲切地说："这次试攻是我决定的。时间仓促，准备不够。不过，受阻的主要原因我看是轻敌，次要原因是敌人顽强，工事坚固。青马匪军是当今敌军中最有战斗力的部队，在全国也是有数的顽敌之一。我们通过这次试攻了解了敌人，这是最大的收获。告诉部队要沉住气，好好地总结经验教训，仔细地研究敌人的防御特点，扎扎实实地做好准备工作，待命发起总攻。"

彭总指出的是事实。由于投入战斗比较仓促，准备的非常不足。同时由于追击途中敌人不战而逃，确实助长了指战员中的轻敌思想。

针对存在的问题，我们又做了几天的准备。正式发起攻击时，我兵团先后攻占了豆家山、古城岭和马架山，和其他兵团同志一起，激战一天多，就完全解放了兰州。

彭总是一个具有战略眼光的人。新中国成立不久，十九兵团由宁夏首府银川南迁古城西安，彭总也住在这里。当时，许多同志都认为和平了，建国了，解放了，没有什么大仗打了，我个人也觉得该进行建设了，但形势却不是很稳定的。在与彭总的接触中，他常常说："总归要有些准备吧，头脑要清醒一些！对于军队来说，我是相信'有备无患'这几个字的。"在这之后不久，朝鲜战争就爆发了。

1950 年 10 月 1 日，是中华人民共和国成立一周年的日子，在北京天安门广场召开了有 40 万人参加的庆祝大会，同时举行了盛大的阅兵典礼。同一天，上海、南京、杭州、西安、青岛、沈阳、武汉、重庆等地也举行了盛大的庆祝活动和阅兵式，我们十九兵团七千多名指战员在西安新城同许多群众一起接受了彭总的检阅。庆祝大会之后，我向彭总汇报了部队的情况：全体指战员都做好了充分的准备，只等一声令下。彭总肯定了这种爱国热情，同时，他告诉我："美国人北边打到了鸭绿江边，东南边占了我们的台湾，在这种情况下我们决不能让步。"后来他又重复了多次讲过的话："我是相信'有备无患'这几个字的。"在当时的形势下，彭总再次强调"有备无患"，给我留下了很深的印象。

10 月 8 日，毛泽东同志就发布命令，组成了中国人民志愿军，彭总任司令员兼政治委员，10 月 19 日就开赴朝鲜战场。没过多久，我们十九兵团也入朝作战了。就在我们入朝的第七天上午，接到"志司"通知，说彭总要来看我们。当晚八点左右，彭总就来了，一下车就和我们一一握手说："让你们久等了，久等了！"走进掩蔽部坐下后，我便急急地问："我们刚住下，你就来了，是有什么重要任务给我们吧？"

彭总摆了摆手说："这次是毛主席要我回国汇报，我拐了个弯来看看你们，代表志愿军党委来欢迎你们。"

接着，我便汇报了部队的情况，彭总告诉我，我们的部队已经三战三捷，第四次战役又快打响了。但是由于我们刚入朝，不太熟悉情况，所以不让我们上。不过第五次战役十九兵团是必须要上的。临走他还特意问到战士们的棉衣怎么样，还说朝鲜是个好地方，就是天气太冷，有些同志就因为棉衣准备的不好吃了大亏。所以有什么问题要早讲，要讲实话，要对战士负责。

我告诉彭总说，我们的棉衣是出国前山东人民用新棉花絮的，很暖和。他才放心地走了。

第五次战役就要开始前，"志司"通知我和李志民政委去开会。我们刚到，彭总就把我们俩接到他的木板房里。这是他的卧室兼办公室，地图几乎占满一面墙壁。一张笨重的大方桌立在房子中间，桌面上摆着炮弹壳做的笔筒、两瓶墨水和一个打开的四方墨盒，桌子四周摆着几条粗壮的长凳。房子的另一头摆着一张帆布行军床,白床单、黄被子平平整整。床头旁几个炮弹箱垒在一起,上边立着半根白蜡烛,还有几本书。这就是志愿军指挥部,彭总就是在这里制订作战计划,研究作战方案,指挥打胜了四次战役。

这次会议主要研究第五次战役的问题,他首先介绍了前四次战役的情况,又分析了敌情我情,参谋长讲了战术,后勤部长讲了物资准备,各兵团领导讲兵团情况,另外还请朝鲜人民军讲了准备情况,最后他根据大家讲的情况进行了部署。在部署中彭总特别强调要团结一致,取长补短,各部队之间要密切配合。最后,他强调后勤工作要保证。如果这次打胜了,全体指战员的功劳算一半,后勤算一半。

根据彭总的部署,第五次战役打得很成功,部队在战争中得到了锻炼,涌现出一大批英雄人物。我们胜利地完成了任务,部队转入伊川地区休整。就在这时,彭总风尘仆仆地赶来了,在兵团部几乎没停就去看从战场上下来的战士们。看着战士们那被火烧的、子弹打穿的破烂的衣服,看着战士们头发长长的,脸上尽是泥土,然而嘴角却挂着微笑,腰杆直直的,立正敬礼还是那么干净利索,他不住地说:"同志们,你们打得好,打得很好!你们辛苦了,祖国和人民忘不了你们,祖国和人民感谢你们!"他抚摸着战士的肩膀,疼爱地望着他们。

最难忘的是在 1959 年的庐山会议上,彭总因所谓"万言书"惹了祸。分组开会时,他分在我当组长的小组里接受揭发批判。我坐在他的旁边,看到他紧闭嘴唇,听别人的发言,自己极少说话。每次小组会结束时,我都说:"彭总,您有什么要说的吗?"他多是摇头,有时也表几句态,显然是应付。庐山会议结束后,我和他坐同一架飞机离开的庐山。他在济南过了一夜。我陪他吃了两顿饭,在室外走步。他不说话,我也不好说什么。第二天把他送上回北京的飞机。从那以后,我再也没有单独和他在一起过。

徐向前元帅

长征途中一、四方面军会合时,我就听到过他的名字,没见面。1945

年在延安参加党的七大时见到过他。我虽然只在他的直接指挥下打过一个战役，但留给我的感受仍很深。

平津战役后，我们十九兵团遵照军委的命令参加太原战役，于1949年3月下旬到达太原南面的榆次。住下以后，我就赶到徐向前司令员住的地方——太原东南的一个小村子里，一是去看望他，他的身体不怎么好，二是向他汇报，听取他的指示。

"欢迎你呀，得志同志！"徐司令员一看到我就热情地说，"欢迎你来，欢迎十九兵团的全体同志来！"

我进到屋里坐下，他又诙谐地说："我是山西人，阎锡山也是山西人，而且我们都是五台县的。可我这个人没有地方观念，咱们一起来打阎锡山这个山西人，而且还要打好！"说完，他先哈哈大笑起来，我也跟着笑了。

我向他汇报了十九兵团的情况，最后强调说："十九兵团过去打大仗不多，攻坚更少，缺乏打大城市的经验，希望你多做些指示。"

他笑了笑，说："你们那个石家庄（战役）打得不错嘛！总司令讲了话，是一个'创例'嘛！还有新保安，也打得很好嘛。"说到这儿，他停了一下，沉思片刻又说，"不过，石家庄和太原不完全一样。打石家庄的时候，我们在整个华北战场还没有取得完全的优势。现在呢？辽沈、淮海、平津三个大仗已经胜利结束。伯承、小平、陈毅、粟裕同志就要率领大军渡长江了。蒋介石先是'求和'，后又'引退'，总的形势大变了。这是一个不同吧！另一个不同就是，石家庄是'城下城'，太原呢？太原可是'城上城''城中城'哩！它的防御体系，经过阎锡山、日本人多年反反复复地修整，应该说是相当坚固的。阎锡山说太原城有'百里防线'。我们有的同志说这是吹牛。依我看，阎锡山在这一点上并不完全是吹牛。"

接着，他又介绍了一些具体情况，提醒我回去后一定要把情况给战士们讲清楚，千万不要轻敌。

我一一答应着。

"你们有个炮兵团吗？装备怎么样？"他又问我。我说："有一个炮兵团。装备嘛，都是蒋介石'送'来的。炮的型号不太一样，不过总的看还可以。"

"那就好。"他高兴地说,"攻太原这样的城市,还有我们今后的作战,光靠炸药包是不行的了。要有大炮,还要有坦克,要有杀伤力更强大的武器才行哩!"

正谈着,有位同志送来了药。我看着徐向前同志有些疲劳,忙问:"您的身体……"

"还好。"他吃完药说,"就是看材料,或搞别的什么事情,时间长一些头就疼。"

"那打起仗来你可要注意呀!"我说。

徐司令员十分乐观地说:"头疼脑热,问题不大!这次毛主席要我做总前委的书记和司令员,其实仗还是要靠你们大家去打。另外,毛主席决定彭德怀同志到我们这里来,他是我们的副总司令,'谁敢横马立刀,唯我彭大将军'!他来了,胜利就更有把握了嘛。"

这之后,徐向前司令员组织军师干部反复侦察敌情,熟悉地形,部队进行演习。4月5日至7日,以徐向前同志为首的总前委召开扩大会议,部署总攻太原,制订了计划,得到中央军委和毛泽东同志的批准。在路过这里的彭总和徐总的指挥下,只用五个多小时就解放了太原这座坚固设防的城市。

太原战役后,我们部队就告别徐向前司令员向西北进军了。

叶剑英元帅

在战争年代,我和叶剑英同志接触却不多。现在能记得起来的,就是打甘泉那一次。

1935年10月,我们红军长征进入陕北。为了对付红军,蒋介石撤销鄂豫皖"剿总",改在西安设立"西北剿匪总司令部",他自兼总司令,张学良任副总司令,代行总司令职务。10月5日,东北军一一〇师被红军歼灭于甘泉县的劳山,师长何立中阵亡;半月后,红军夜袭甘泉以南榆林桥的一〇七师六一九团,歼其四个营,团长高福源被红军俘虏。高福源是东北军中最能干、最受张学良器重和赏识的一个年轻团长,他被俘后经过教育愿意向张学良将军转达我们党联合抗日的主张。大约就在这期间，我们部队包围着甘泉县城。

甘泉城驻守的是东北军六十七军一二九师的两个营，该师参谋长张文清住甘泉直接指挥。开始我们是想攻下这座县城的，但由于东北军的武器比我们好，而且工事坚固，防守很严，我们只得采用土办法，在城墙根挖洞放炸药，可是却没有炸着。尽管这样，还是把敌人炸蒙了。

就在这时，叶剑英同志来到了我们部队。那时他只有三十多岁，身穿灰布军衣，也不戴眼镜，和蔼的目光里透出平易和亲切。他和我一起蹲在城墙下，向我询问战斗的情形。

早在中央苏区的时候，我就知道叶剑英这个名字，也知道他参加过广州起义，在瑞金担任过中国工农红军学校校长兼政委、方面军参谋长和中央军委总参谋长，是一位文武兼备的"儒将"，不过我和他不熟悉，所以开始在一起时还有些拘束。可叶剑英同志却很随便地问着，还向我讲了一些东北军的情况，说我们党正在做争取东北军的工作，要我们一方面继续做好战斗准备，一方面开展政治攻势，争取东北军和红军联合起来一致抗日。

叶剑英同志走后，东北军还被围在甘泉城里。他们缺吃缺用，几近断炊。我们适时宣传中国共产党和红军抗日民族统一战线的方针和政策，后又根据领导指示，为他们让开道路。东北军的官兵非常受感动，表示不再和红军打仗。现在回想起来，叶剑英同志当时可能就是专门到我们部队做这方面工作的。

接触多一点的是 1964 年。那时他是军委副主席，对军事训练抓得很紧，时刻关心训练的改革。他看到有关郭兴福教学法的材料，先是派工作组，后又亲自到南京和镇江等地，听取汇报，观看表演，加以推广，从而在全军掀起一个大比武的热潮。我当时在济南军区当司令员，也按照叶剑英同志的要求大抓军事训练，后来还到北京向毛泽东等中央领导同志表演过。叶剑英同志根据毛泽东同志的指示提出了新的要求，我们也决心遵照他的指示，进一步开展练兵运动。可惜的是，林彪的《关于当前部队工作的指示》把这个练兵热潮给打了下去。

真正见到叶剑英同志比较多的是在 1979 年以后。我到北京来任总参谋长，经常能够见到他，更深地感受到他阅历丰富，学识渊博，无论是政治上、军事上还是文学上，都造诣很深，而且站得高，看得远，对党和军队的建设提出了很多很好的意见。这里就不细说了。总之，他的光辉业绩，伟大精神和崇高气质，永远值得我怀念和学习。

七

问：您一直做军事工作，是怎样处理好和政委关系的，有什么奥秘吗？

（在人民解放军中，军事工作与政治工作之间往往容易出现一些矛盾和争论。曾经有过"单纯军事观点"的时候，也曾经有过"政治可以冲击军事"的时候。因而也就影响到做军事工作和做政治工作的人之间的关系，他们或者互相看不起，或者配合不协调，会造成一些不团结的现象。杨得志同志一直是做军事工作的，他和历任政治委员都相互配合得很好，关系密切。这中间有什么奥秘呢？）

答：没有什么奥秘。军事和政治，都是军队战斗力的主要组成部分。不论做军事工作的人还是做政治工作的人，都是为了提高战斗力，取得战斗的胜利。因此，军事工作者和政治工作者是并肩战友，是阶级兄弟，应该同心同德，团结协作，为共同的目标而奋斗。这就是我和政治委员们合作的基本准则。

为了一个目标

我走上连的领导岗位后，就与政治工作人员共事了。那时是战争年代，一切为战斗的胜利。对这一点，我的心里很明确，他们的心里同样很明确。因此，平时有了事就互相商量，找出解决的办法；打仗时就一起分析敌情我情，制定作战方案。当然，由于分工的不同，思想政治工作方面的事，他们多管一些，打仗的事，我多管一些。但是分工不等于分家，不是他管的事我就不管，我管的事他就不问，更不是互相设置障碍，甚至拆对方的台。

我遵照师长寻淮洲同志的命令到九十三团当团长后，就和全团一起参加漳州战役。怎样完成上级交给的任务？怎样打法？都是和政委一起共同商量的，甚至连战后去看缴获的飞机，也是商量一起去的。在第四次反"围剿"的蛟湖中战斗中，我们团和师指挥所失去了联系，周围敌人向我们包抄过来，我就和政委在一间草棚子里研究情况，分析处境，讨论怎样消灭敌人，保存自己。第五次反"围剿"时，我们团接受了占领和守住三甲掌的战斗任务，回到团里我就和政委符竹庭同志商量，决定我带二、三两个营先行，他带一营殿后。当时，天色漆黑，下着毛毛雨，路滑难走，我们两个各自带着部队先后赶到三甲掌，接着就修筑工事。战斗中，敌人的步兵向我们逼近，七八架敌人飞机在头上疯狂吼叫，炸弹成串地落在阵地上，巨石迸裂，断木横飞，我和符竹庭同志始终在一起，都是军事指挥员，也都是政治指挥员，几次被断木打倒，身上盖满了树枝泥土，也没有分开。部队虽然伤亡很大，但还是完成了任务。

在战争年代，不论我担任什么职务，和政委之间始终是这样配合的：为了一个共同的目标。

分工不同，都是阶级兄弟

第五次反"围剿"后期，我仍在红一团，黎林同志调来，代替符竹庭同志当了团政委。他是湖南平江人，虽然出身于穷苦人家，但有些文化，参军前当过小学教员。他的年龄比我大，文化程度比我高，而且性格沉稳，作风老练，是一位有经验有能力的政治工作干部。在我的心目中，他还是可敬的兄长，是无话不谈的知心朋友。

当时正是错误路线领导，我虽然对中央的路线斗争不了解，但从实际中感到那种与强敌硬拼消耗的打法不能战胜强大的敌人。黎林同志来任政委后，我们进行过多次交谈，从部队情况谈到整个战局，从某些令人疑惑的动态谈到难以预见的未来，都感到形势很严重。同时也决心把红一团带好，做深入细致的思想政治工作，使全体官兵牢固树立起对敌斗争必胜的信念。

　　我和黎林同志在一起工作的一年多时间，是红军历史上最复杂最艰难的时期。第五次反"围剿"失败了，被迫踏上长征路。过于都河，突破乌江，四渡赤水，巧过金沙，雪山草地，我们始终战斗在一起，共同指挥部队，互相关心，互相爱护，建立了深后的感情。

　　从过大渡河后，黎林同志的身体一直不好，常常脸色蜡黄，声音微弱，特别是过雪山的时候缺氧，就更厉害，但他自己很少说不舒服，既要坚持行军，又要做部队的思想工作，我想照顾他，他却不肯。我知道劝他休息很难，每天晚上就和他一起睡，想借此督促他休息，等他睡着了我再起来到连队去。哪知我下半夜回来的时候，他那个铺上已经没有人了。他把夹被和油布铺在我的铺上，还留下一张纸条，上面正正规规地写着：你这个同志又骗了我，睡一会儿吧，多盖些东西……我拿着纸条，情不自禁地流下了热泪。

　　翻雪山时，团领导进行分工，黎林同志坚持走在前面，负责伤病员和炊事班的队伍，我则走在中间照顾部队，胡发坚参谋长带担架队在后面收容。等我和部队翻过山顶到了山下，炊事员已经架起了灶，黎林却躺在灶旁边。我急步赶上去，俯下身问："怎么样？"他笑一笑，揉搓着右胸说："还好，还好。就是胸部有点疼。不要紧，一会儿就好了。"

　　黎林同志总是挺着，坚持和部队一起翻过雪山，走入草地。在草地上，他让小薄同志组织大家唱《三大纪律八项注意》《红军歌》《上前线去》《少年先锋队歌》《共产主义进行曲》等歌曲，鼓舞大家的士气。走出草地到达哈达铺后，他首先从街上买回来白纸，还从一个"跑邮政的"人那里搞了几张旧报纸，从这些东西上，我看到了他的有心。白纸可以写字，从旧报纸上可以看到外边的消息。

　　就是在这里，我与黎林同志分别了。为了适应北上抗日的新形势和战争需要，中央决定将右路军改编为中国工农红军陕甘支队，彭德怀任司令员，毛泽东任政委。下设三个纵队，我们红一团和红三团的一部分编为一纵队第一大队，我任大队长，肖华同志调来任政委。黎林同志离开了。头天晚上，我俩躺在各自的床上，谈了很久，最后我说："你要走，部队舍不得呀！"

　　"你呢？"黎林反问。

我坐起来，背靠着墙，故意说了一句反话："舍得。我巴不得你早些走哩。"

他忽然披了上衣来到我的床上，和我打着通腿，对面而坐。我说："要分手了，应该送你点纪念品才好。"

他笑了："你有什么？送我一支枪吗？我也有。我倒是想送你一点……"

"什么好东西？"我打断他的话："写几个字？还是给我一本书吗？"

"我那字不值得送你。说到书，可惜连本破的也没有。"他笑了起来，"我比你大一些，算是老大哥了。等将来条件许可，我给你找个老婆吧！"

我踹了他一脚，笑着说："要找老婆也要先给你找。你比我大，身体也不如我，需要人照顾。"

他爽朗地笑着，乐观地说："你还记着过雪山的事呀。其实我知道，那几天你也疲劳得很。现在好了，将来会更好。"

我们一直谈到东方发白……

相互支持，互相帮助

我曾三次与萧华同志在一起合作，我当大队长、团长、师长，他都是政委。在共同领导部队的日子里，总能够互相支持，互相帮助，完成了上级交给的任务。

第一次从哈达铺开始。黎林同志走后，萧华同志就来了。我虽然是第一次见到他，但对他早有耳闻。他 12 岁参加革命，17 岁担任苏区少共国际师政委。这个师以英勇善战、敢打敢拼而闻名，因此很受重视，萧华这个名字也随之传开了。

的确，萧华同志无论在战斗中还是在政治思想方面，都是非常出色的。在长征途中，第一次打骑兵就是我和他一起指挥的。1935 年 9 月，我们一大队进入宁夏固原地区，那些天部队天天行军，几乎昼夜不停。因为我们的目的地陕北快到了，所以战士们情绪非常高。有一天，突然接到情报，发现青石嘴村驻有敌人一个团的骑兵。我和萧华同志爬上小山观察敌情，见敌人戒备不严，我就想打掉他，征询萧华的意见，他完全支持我。我们一道研究确定了打法，并做了紧急的部署：把几挺重机枪架在这个山头上，另外派两个步兵连，全部打开刺刀往村子里冲去。按着这个部署，我们迅速歼灭了敌人，还缴获了一批牲口，为红军进入陕北扫除了一个障碍。青石嘴战斗是我和萧华同志的第一次合作。在这次战斗中，我感到了他对军事工作的强有力支持，使我们之间增加了了解和信任。

长征到达陕北后，部队重新整编，我们一大队恢复了红一团的番号，我任团长，萧华任政委，仍在一起工作。1935年11月我们团参加了直罗镇战役，这是红军经过整编后一次大的战役。总攻前，我和萧华带领部队爬上了直罗镇北面的山峰。时值11月下旬，天空中一直飘着小雪，寒风夹着雪花，吹在脸上像刀刮一样，萧华一直和我在一起。他和战士们一样仅仅穿着单衣，冷风不住地吹着，而他还在不停地为战士们着想。总攻是在拂晓前打响的。我们部队和兄弟部队一起消灭了镇内的敌人，打了一个漂亮的胜仗。

红军东征时，由于工作需要，我调到恢复组建的红一师任副师长，萧华任红二师政委，我们暂时分手了。西征时，我调二师任师长，又和萧华在一起了。1936年5月，在宁夏的曲子镇我们又打了一个漂亮仗，歼灭了马鸿宾部四万多骑兵。

萧华作战中有勇有谋，指挥果断，更善于掌握部队的思想状况，及时做思想政治工作，使部队保持高昂的战斗情绪。西征途中，部队紧急出发，为了隐蔽和迅速，连续夜行军和强行军，宿营地和具体任务都不向下传达，战士产生了许多猜测和疑问，萧华对我说，他准备带领各级政治工作干部到部队去，我全力支持他。于是，他和一些政工干部一起，不顾疲劳，边行军边检查战斗准备，进行宣传鼓动，迅速稳定了部队情绪。曲子镇战斗后，我们师西进至土营川、清水河一带，和东北军何柱国的骑兵军对峙，萧华和我研究后，组织部队以多种形式向敌军展开抗日救国宣传活动，终于化敌为友，取得了显著的效果。西安事变时，我们二师正在陕北井家沟一带休整。当蒋介石被扣的消息传到部队后，一时间群情激愤，都要求把蒋介石杀掉。我也和萧华同志一样到部队去，耐心向干部战士做宣传解释工作，使干部战士的思想迅速统一到党中央的决策上来。

真心尊重，诚恳学习

这种情况，不但战争年代有，和平时期也有：比你年龄大，资历老或者原来是你上级的人，成了你的同级。黄克诚和罗瑞卿同志与我就是这样的。在这种情况下，我的态度就是真心尊重他们，诚恳向他们学习。

1938年春天，三四四旅旅长徐海东同志身体不好，朱总司令就命令我由六八五团去当副旅长，代理旅长职务，这个旅的政委就是黄克诚同志。

我在中央苏区时就知道，黄克诚是彭老总领导的红三军团的一位师政委，对政治和军事上的一些重大问题，都有认真的思考和独立的见解，并且敢于直言。他不同意"左"倾冒险主义攻打中心城市的冒险行动，力陈己见；他抵制肃清 AB 团扩大化，反对乱捕乱杀，被说成 AB 团分子，甚至差一点被杀了脑袋。怎样与他合作好呢？这是我考虑很久的问题。

但当我从介休赶到旅部所在地高平县安昌村时，他热情、诚恳、坦率地欢迎我，耐心、周到、细致地介绍部队情况，像大哥哥对待小弟弟一样。他和我一起研究朱总司令关于把冀鲁豫三省边界地区牢牢掌握在我们手中的指示，确定他留在原地，我和旅政治部主任崔田民同志带一百人去河南滑县、濮阳地区，与先到那里的韩先楚同志率领的六八九团汇合。当时，我虽然知道三四四旅是红十五军团的底子，战斗力很强，但不熟悉，对如何带领这支部队完成上级交给的任务心里没数。我把我的想法告诉黄克诚，他扬起手先在自己的头上画了个圈，笑着说："你有这些想法不奇怪。平型关战斗后上级派我来的时候，我也有过类似的思想。这次朱德同志亲自找你谈了话，任务交谈得很明确。老杨，这种时刻派你来接替海东同志的工作，担子蛮重的啊！关于这支部队的情况嘛，一是去了以后就慢慢了解了；二嘛，崔田民同志是老陕北，他可以协助你；第三，大家都信任和支持你，你就放心大胆地干吧！"离开的时候，他又把我送出村子老远，长时间握住我的手说："你们先去打前站，说不定那一天我们都得去。有什么情况我们及时联系，好在离得不算远嘛！"

所有这些，都使我十分感动，也更增加了我对他的敬重。从这以后，我有了什么问题都注意和他商量，向他请教，总能从他的言行中学到好多东西。

1939年2月初，我和崔田民又一次奉命东进冀鲁豫边区，带一个工兵排一个炮兵排总共不足一百人，到那里去扩大部队，开辟游击区。黄克诚政委担心我带的人太少，工作难开展，一再要我多带点部队去。当时我们的部队不多，他首先想到的是我。我虽然考虑到斗争环境，没有多带部队，但他这种只替别人着想的品质，给我留下了极深的印象。

如果说黄克诚是一位比我老的同志，那么罗瑞卿则确实是我的老领导。1929年秋天，在广东和江西交界的虎头山下，我是红四军五支队的战士，他就调来这个支队当党代表。第二次反"围剿"时，我是师警卫连连长，他是师政委。到1947年春末，我从二纵队调到晋察冀新组建的野战军任司令员，罗瑞卿也来当政委。他经常深入部队和机关，了解训练、作战等情况。在前线，我们常常住在一间房子里，床挨着床，谈起话来非常知心。他谈干部，谈战士，谈部队的思想动态，具体详尽，使我从他身上学到了好的作风和方法。

北平和平解放后，我们兵团住在颐和园后边的大有庄。因为刚进城，参加的宴会很多，也看了不少地方。我的警卫员小宋是个农民出身的小战士，逛了一次王府井和东安市场回来，用惊讶、困惑和不解的口气对我和罗瑞卿政委说："我的天爷，一块肥皂要四五万块边币，够我们几个月的津贴费了。铺子里杂七杂八、花花绿绿的东西倒不少，可怎么那么多外国货？听说连袜子也是美国的。怎么，咱们中国人连袜子都不会织呀？怪事！还有，什么钢洋、金子也拿到大街上卖。有些贼眉鼠眼的家伙，一看就知道不是好人。"罗瑞卿耐心地对小宋说："这就叫通货膨胀，外国资本充斥市场和社会治安不佳。懂吗？""那怎么办？"小宋问。罗政委说："靠我们去做工作呀！你以为敌人放下了武器，城市归我们就完成任务了？不，还早呢？"

刚进城，他就想到治理城市的问题，同时，他还善于从一些看来是细小的问题入手，脚踏实地又生动活泼地进行教育，予以解决。进入北平前，毛泽东就下达命令，要我们去参加太原战役。进城后，部队的主流是好的，战斗情绪很旺盛，但也有不少同志特别是干部，认为三大战役后中国的大局已定，虽然仗还是要打下去，但不会像过去那样艰难了。罗政委敏锐地觉察到了这一点，有一天晚上和我交谈时说："攻太原，是我们在华北地区的最后一个大仗了。要打好这一仗，困难要想得多一些。另外，潘自力和政治部的同志告诉我，目前部队里有不少思想问题哩！"

我说："没有胜利想胜利，取得了大的胜利，又有可能成为包袱。"

"问题就在这里。"罗瑞卿说："我和老潘商量，请政治部的同志搞一个闯王李自成的材料发给部队。李自成这位农民起义领袖的失败，原因固然很多，但攻下北平后就骄傲起来，不能不说是重要的一条。"

后来，部队组织学习了毛泽东同志《将革命进行到底》《把军队变为工作队》以及揭露国民党利用和平谈判保存实力的一系列评论文章，解决部队中存在的突出问题，对于后来参加解放太原的战役起到了很大的作用。

太原战役后，罗瑞卿奉调进京就任人民共和国第一任公安部部长，临分手的时候，我们谈了很多，他留下关于部队的材料，还提醒我说："我去北平，你们去西北，两个'北'字，大不相同？！我们这个部队，打硬仗恶仗是不怕的，进入西北后我估计硬仗、恶仗不一定很多，而政治仗——少数民族政策，少数民族上层人士的政策，管理城市，组织人民群众，建立政权，对我们不少同志，包括一些军、师干部都是新问题。另外，基层干部和战士中华北人多，调到西北，生活不一定能很快适应。"

他这些话，对我以后处理问题，都起到了很好的作用，特别是他想得深远长远，都值得我学习。

以诚相待，完全信任

在战争年代，我和李志民同志两次"搭档"，时间是最长的。

1946 年 12 月，我从晋察冀军区一纵队，他从三纵队同时调到二纵队任司令员和政委。我们共坐一辆吉普车赴任，都感到肩上的担子不轻，一路上谈的全是怎样不辜负领导的信任，如何带好部队多打胜仗。到二纵队后，我们先一起调查分析部队情况，随后他抓党的领导和思想工作，我抓行政管理和军事训练，分工合作，互相支持，很快便有了成效。在不久后的一次战斗中，以极少的伤亡俘敌二千多人，缴获不少武器，大大振奋了士气，接着又攻克了定县，取得歼敌一个团的胜利。正太战役后我就离开了二纵队。这次我们一起合作了七个月的时间。

太原战役后，他又接替罗瑞卿同志当十九兵团政委。我们并肩进军西北，战扶眉，攻平凉，克兰州，打宁夏，又携手率部跨过鸭绿江，进入战火弥漫的朝鲜战场，一张桌上吃饭，一铺炕上打滚，一个猫耳洞里交谈，一个阵地上看望干部战士……多少次，我们为同一个作战方案绞尽脑汁，夜不成眠；多少次，我们为同一个胜利热泪盈眶，举杯同庆。可以说是心心相印，配合默契。

和他共事，互相信任，心情舒畅。有许多次，在研究作战计划时，他都认真思考，提出他的看法，可当我归纳大家意见下了决心，哪怕我的决心和他的意见不一致，他也总是真心诚意地支持我，然后扎扎实实、兢兢业业地做好政治思想工作，保证战斗决心和部署变成现实。

对于政委所做的工作，我当然也是支持的。在现实中，常常有这样的情况，做军事工作的同志总怕当政委的越过自己，工作以至威信。我自己没有这样想过，相反，我倒觉得，政委的工作做得越好，我这个司令员越好当。因为他们的工作，使官兵的觉悟得到了提高，变得勇敢起来，这本身就是一种战斗力。我和李志民同志刚到二纵队时，他所抓的党的建设，所做的思想政治工作，就为以后的战斗胜利打下了坚实的思想基础。在朝鲜战场，我们兵团所属的一个部队打得很艰难，损失很严重，我和李志民前去看望。深夜，在半山腰掩蔽洞的指挥所里，他通过电话向前沿的同志慰问，希望他们英勇战斗，不怕牺牲，群策群力，减少伤亡。对他这种不失时机的政治鼓动，我既佩服又支持。事实证明，这样做，极大地鼓舞了士气，我这个司令员就好当了。

当然，战争中没有常胜将军，有胜利的时候，也有失利的时候。胜利时好说，失利时往往容易出问题。要处理好这种事，就得主动分担责任，不能推诿。打兰州试攻时，我们兵团的伤亡较大。本来，我是司令员，分管军事指挥，应该更多地负责，但在彭总面前，李志民却主动承担责任，并一针见血地指出是轻敌思想招致吃亏。我当然也对彭总作了检讨。这样，我们的关系就更密切了，合作得也更好了。

在战争年代，我还和苏振华等同志合作过。新中国成立之后，我很长时间当军区司令员，袁升平、王六生等同志都当过政委，我觉得合作得也很好。

八

问：请您谈谈怎样才能带好兵？

答：应该说，带兵也是一门学问，这学问就是平时能把士兵凝聚成一个坚强的集体，战时能冲上去打胜仗。总之，就是能够带领战士完成国家和人民所赋予的任务。

我担任过部队中的各级领导职务，是个带兵的人。我从长期的实践中体会到，要带好兵，起码应该具备这样几条：

对战士有深厚的感情

在我们的军队里，不论军官还是士兵，也不论职位高低，都是亲兄弟，有着共同的目标，所以能团结一心，互相关心，互相帮助，士兵尊敬军官，军官爱护士兵，形成了区别一切其他军队的光荣传统。我从当战士时起，接受的就是这样的教育，感受到的就是这样的温暖。因此，我当了干部以后，也像老同志对待我一样地对待战士，把他们看成我的亲兄弟，从生活上、政治上关心他们，带领他们练好打仗的本领，到了战场上敢打必胜。正因为平时形成了这样的关系，所以每当有战士牺牲，我的心里都十分难受，以至现在想起来，还非常难过。

的确，我们的战士太可爱了！每一个献出生命的人，对革命都是损失，对我都是一次永远难以平复的悲痛。

离开中央苏区开始长征，在遵义会议前的一次战斗中，我们一个团就牺牲了299人。这个数字，我一直牢牢地记在心里，什么时候也不能忘记。因为那是我们亲爱的同志呀！一次，我向一位记者谈到这个数字，他去查了史料，并写进他的文章里，说："慢慢地我才发现，这绝不仅仅是记忆。再强的记忆力，也会在时间的流逝里减弱的。只有铭刻在心头，才永远鲜明。"我是同意这种说法的。

过乌江第一次试渡时，是八名同志乘的竹排。我望着竹排缓缓离开浅滩时，感到心也被他们带走了。我的目光始终追随着竹排，看它艰难地冲过一个险浪又一个险浪。竹排时而被抛出水面，时而被江水吞没，我的心总是悬在嗓子眼，背上出汗，那时，我担心的并不完全是完成开路任务，也为八名战士的安全而揪心。现在还能感到，那每一个浪花，每一次颠簸，都沉重地撞击在我的心上。最后，竹排还是在江心倾覆了，连同八名战士被埋进了漩涡。那一刻，我和黎林政委并肩凝视，一句话也说不出来。过江之后，我专派一营去沿江寻找那八位同志，可是连尸体也没有找到……

进入草地后，我们红一团基本上是担任前卫任务。快走出草地的一天清晨，正要集合出发，参谋长胡发坚同志赶来向我报告："昨晚，一营有一个班全部牺牲。"

"怎么搞的？"我一听就急了。

胡参谋长说："他们背靠背在草地上露营，今天部队起来开饭的时候，连长见他们没有来，就扯着嗓子喊，他们也不答应。走过去一看，原来他们一个个像睡熟似的，停止了呼吸。"

"什么原因？"我又问。

"现在还搞不清。"胡发坚同志摇摇头，"我问过他们连长。他说半夜下雨时还好好的，有的同志说，可能是瘴气中毒。"

"走，看看同志们去。"我说。

胡发坚同志看到我有点支持不住的样子，扶住了我，嘴唇颤抖，小声地说："我已经通知部队把牺牲的同志就地埋葬了。"

我沉默了一会，问："每个同志的坟前能作个标记吗？最好把他们的姓名、籍贯和所在单位都写上。"

"他们的军帽都放在墓前。战士们还弄了些野花，至于其他的标记……"胡发坚同志说到这里停住了。

我知道，在茫茫的草地上，找不到什么东西祭奠我们的烈士，但我还是顽强地想着要用一种什么方法记住他们，便说："这样吧，在他们的拐棍上刻上名字，立在墓前，走，我们一起去做这件事。"

我们这样做了，虽然心里明白，一根细细的拐棍在茫茫草地里保留不了多长时间。大家在走过烈士墓的时候，脚步都放得很慢，有的甚至站下不走了，两眼注视着拐棍上的名字，一位老炊事员说出了我们心里共同的话："同志们哪，好好休息吧。我们谁也忘不了你们。等革命胜利了，再来看你们吧！"

那都是多么好的战士啊！每次想到他们，说到他们，我眼中的泪水就禁不住下滚落。

（一次，在召开纪念长征胜利的座谈会上。不大的会议室里，坐满了人。鬓发斑白的老红军和朝气蓬勃的新战士一起，讨论长征的伟大意义，共同缅怀先烈的精神。当时任总参谋长的杨得志同志在发言中说到过乌江时的情景……他的眼睛湿润了，话语也停住了。看得出来，他在极力控制自己的感情。过了好一会儿，他才又说起了草地上的一幕……这时，他再也控制不住自己的感情，眼中的泪水滚落了下来，喉头发紧，嘴唇颤抖，无法说下去了。

他擦着擦不干的泪水，一块手绢全湿了。女服务员快步送上毛巾，他接过来擦拭着泪眼，抽抽咽咽的声音持续了很久，很久……）

相信和依靠战士

人们往往以为，打了胜仗都是指挥员的功劳，其实并不完全是这样。且不要说冲锋陷阵、攻城夺地，处在第一线的是战士，就是在一些决策的问题上，也有着战士的一份才智，一份功劳。我们军队有个政治、军事、经济三大民主的优良传统，其中的军事民主，指的就是在军事上要充分调动和发挥蕴藏在战士中的聪明智慧。

这个传统，我是在长期的战争中领悟到的。过去的战争年代，每次打仗，都要进行战前准备，这准备既有政治上的动员，军事上的本领，后勤上的保障，也包括发动战士献计献策，提出打好仗的见解和意见，领导把部队的意见归纳综合，吸取其中可行的意见，并加以丰富和补充，制定出可行的方案。作为战士和基层干部，我参加过上级召开的会议，发表过自己的看法和想法；作为指挥员，我也真心诚意倾听过战士和基层干部的意见，从中吸取我没有想到的东西，补充自己的不足。

就说冲破天险乌江吧。我这个团长虽然从江面上漂着的一节粗竹竿上受到了启发，说给政委黎林同志，他也同意，但这个扎竹排的办法究竟能不能行得通，并没有很大的把握。因此，我们跑向部队集结的村子，把这个想法说给干部战士听，和他们一起商量。他们经过分析比较，认为这个办法好，还说出了将竹排扎成什么样子。在扎竹排的过程中，找不到麻绳，也是战士们想出了用草绳和竹皮代替的办法。第一次试渡失败后，我们又是和干部战士一起，找出失败的原因，对竹排进行了改进，在上面增加几个扶手，渡江的地点也换到下游几十米处水流较缓的地方。这第二次就成功了。这个成功，难道仅仅是我们指挥员的作用吗？绝对不是！

1941年，是抗日战争最艰苦的年头，日本侵略军对我冀鲁豫地区实行极其残酷的"强化治安运动"和毁灭性的大"扫荡"，我们和日伪军巧妙周旋，绕开敌主力，以一部攻城，其余打据点，端炮楼，炸碉堡，夺物资，不让敌人安宁，于运动中杀伤他们。在战斗和整训中，干部战士总结出了日军与以往不同的特点：1. 大分进合击与小分进相结合；2. 集中全力扫荡一点；3. 夜行晓袭，寻我主力决战；4. 反复派人或用火力进行严密的搜索，夜晚用探照灯照射，企图使我无处存身；5. 在次要方向大造"扫荡"舆论，以便主要方向采取秘密的突然的行动；6. 伪装我军，制造混乱；7. 先占领我边沿村落，后以主力合围，层层包围，向内收缩，造成我难以突围的局面；8. 实行灭绝人性的"三光政策"。针对敌人的特点，还总结了我们的经验和教训。经验是：1. 根据敌侵华兵力不足，"扫荡"队伍由各地拼凑而成的特点，抓准时机打其"老窝"，但发现其主力集中后应迅速转移；2. 要学会在两路（或多路）敌人之间隐蔽自己的本领和抓住战机侧袭他们的方法；3. 组织地方武装和人民群众牵制敌人，配合我主力行动；4. 后方人员应分散，高级机关应经常流动；5. 尖兵连应有两个向导，尖兵带一，连长带一，以免走错路，迷失方向；6. 骑兵夜间不可走沟内，以免与敌遭遇时难以机动；7. 要有带夜光的指北针；8. 我全体指挥员英勇顽强。教训、缺点甚至错误是：1. 侦察网不好，在敌人内部（主要是指挥机关）没有可靠的秘密工作人员，以致大"扫荡"前我们没有掌握准确的情报，准备不足，有些地方和部队甚至毫无准备；2. 部队极少数人中不仅有严重的右倾情绪，甚至发生过埋枪逃亡现象。

这些特点、经验和教训，浸透了干部战士的生命、鲜血和智慧，在以后的抗日战争中，起到了很好的作用。

解放战争中的夺取石家庄也是这样。这里是平汉、正太、石德三条铁路的枢纽，西去太原，东接山东，南连鄂豫，北通北平，是敌人经营多年的战略要地，防务比较强。就我们来说，虽有多年打游击战和运动战的经验，可攻取大城市还是第一次。但我们打好了这一战役。胜利的原因，一是朱总司令亲临前线，听我们的情况汇报，分析敌情，研究部署，解决疑难；二是基层指战员提出了好的意见。他们根据敌情，出主意，提办法，为怎样用隐蔽、突然的动作，以爆破、突击与政治攻势相结合的方法，进攻外围之敌；怎样急袭发电厂，断绝全市电源，使敌外、内沟壕的电网全部失效；怎样占领飞机场，断敌可能的空援，特别是炮兵和工兵部队的干部战士，详尽解决技术问题，如炮打得准，土工作业改造地形，坑道挖到敌外市沟外沿。我们指挥员，只不过遵照朱总的指示，把基层干部战士的意见、建议归纳起来，形成了切实可行的方案，取得了战役的胜利。

以身作则，身先士卒

对于带兵人来说，最根本的一条，就是任何时候都走在士兵的前面，用自己的行动为战士做出榜样。榜样的感召力量是巨大的，是无穷的。

在我们的部队里，长期以来流传着一句话："跟我上！"这个"跟我上！"可不是一句空话，在困难面前，它是奋勇当先；在战场上，它是率先冲锋。这样的带兵人，会得到战士的佩服和信任，他们才能跟着你一往无前，从而也就能化成克敌制胜的无比威力。

中央苏区第二次反"围剿"的观音崖战斗，我们打的是第五路军王金钰指挥的公秉藩师。这虽不是蒋介石的嫡系部队，但武器装备还是比红军强得多。特别是重武器，山炮、野炮、轻重机枪占明显的优势。他们靠着这个优势，向我占领的山头猛烈轰击、扫射，妄图夺路前进，一口吃掉我们。在强大炮火的掩护下，敌一路向我右后方的山头攻击。

就在这时，敌人一阵密集的机枪、步枪子弹朝我们飞来，一颗子弹从师政委罗瑞卿同志脸颊的一边射进，穿过口腔飞出。我刚跑到他的身旁，就听到师长曾士峨的喊声："杨得志！"

"到！"我立即跑到曾师长的面前。

他手指着进攻的敌人，说："看到了吗？敌人要抢占那个山头。你带特务连上去，一定把那个山头先抢到！抢不到我杀你的头！"

我是特务连的连长，我们连的张指导员不在身边，无法和他商量。我想，在这样的紧急时刻，如果不带头冲，我的任何话都没有号召力。于是，我拔出腰间的驳壳枪一举，大声喊道："特务连的，跟我上！"一边喊一边带头冲了过去。

我在前面一冲，不用讲话，不用动员，战士们就自动地跟上了我，我带着他们冲下山。这时，敌人黑压压的一片，从我们连左侧也往小山头运动，最靠前的离山头只有一百多米了。我回头对刚跟上来的指导员喊道："老张，组织火力打敌人的半腰，我带三班先上去！"

这时敌人也加快了速度。待我和三班抢占了山顶时，敌人的前哨离山顶也只有三四十米了。我立即钻进一丛茅草里边，举枪向敌打出一排子弹，压住了接近山顶的敌人。我一边压子弹一边对三班长说："开火！"顿时，十几支步枪同时开火，敌人被打得措手不及，趴在原地不敢动了。我趁敌人还没摸清我们的实力，赶紧对山下的同志喊："快呀，快上来！"为了站住脚，我组织所有火力进行反击，甩出手榴弹，从山顶往下冲，打得敌人晕头转向，抬不起头，不得不转身逃窜。很快整个观音崖一带响起了我们追击逃敌的声音。仅仅用了几个小时的时间，我们就歼灭正面的敌人，取得了胜利。

当然，在战场上，不能要求每个指挥员都冲在第一线，特别是高级一点的指挥员，他的主要职责是指挥，不是去杀几个敌人，炸一个据点。但是，指挥员的沉着冷静，对战士们有着直接的影响。

在攻打一个城市的战斗中，发起对敌核心工事总攻前，我带几个参谋赶到离敌核心工事只有 600 米的指挥所。当攻到火车站一带时，遇到了敌人坦克和铁甲车的阻击。当时我们对付坦克没有经验，几次爆破都没有成功，指战员们乘爆破的烟雾，勇猛迅速地登上敌坦克，命令坦克手调转炮口向火车站轰击。由于我在第一线，离敌人近，了解情况清楚，也对鼓舞士气起到了作用。

我们十九兵团刚入朝时，为避免遭到空袭，火车头把我们机关乘坐的四节车厢送到了定边南边的山洞里，又把后边装载车辆物资的几节平板车送到对面山洞里，准备傍晚再走。不想车头拉车厢时没有挂上钩，反倒撞了一下，于是我们乘坐的车厢就顺着山势缓缓而动，渐渐驶出了山洞，接着车速慢慢加快，车厢向前倾斜，小桌上的茶缸、军用水壶等直往下滑，相互撞击，叮当乱响，人抓住座位也难以站稳。作战科副科长余震急促地跑到我和李志民政委面前，说："糟了，我们的车厢没有车头了！"

车厢顺着山势，由高向低，速度越来越快，李志民同志说："拉制动！"

几个人同时拥向车厢一头的制动闸。但是因为坡度大，车速快，制动闸已经无济于事了。车外的丘陵、山崖、树木，闪电般地后退。

由于李志民政委、郑维山副司令和我几个人始终很镇静，所以车厢里的人开始时的片刻忙乱过后，很愉快就安静下来了。

十多分钟后，车厢驶进了定州车站。迎面停着一辆货车，正当我们担心的千钧一发之际，月台上箭一般跑出一个小男孩迅速扳开道岔，我们的车厢才停到另一条铁轨上。后来，李志民还顺口赋了几句诗：

想起此事头发懵，
无头火车擅自行，
出师未捷先遇险，
一险引得百人惊。

郑维山同志加了两句：

板道工人好机警，
指点列车定州停。

他们要我也添两句，在他们情绪的感染下，我也顺口诌道：

遇险非险凶化吉，
战场协力建奇功。

事后想起来，如果当时我们首先慌乱起来，造成的损失可就大了。

带兵之道确实很多，我这里说的只是有普遍性的几个方面。如同指挥打仗和做其他事情一样，带好兵也需要自己通过亲身的实践，不断总结，才会有不断提高，光停留在口头上说一说，或者仅仅懂得一些道理，要带好兵是根本不可能的。更何况，对一个好的带兵人的要求是多方面的，这也得在实践中去体会和提高。

九

问：您怎样看军人的感情？

答：不少人往往有一种误解：军人不重感情。其实不然，我们军人不但重感情，而且懂得怎样表达自己的感情，只是方式不同罢了。比如，在战场上，看到并肩作战的同志倒在敌人的枪弹之下，他首先不是伏尸恸哭，不是泪流满面，久久沉浸在悲痛之中，甚至连一滴泪水都没有，而是两眼冒火，牙齿紧咬，双手握成拳头，誓为战友报仇。这样的感情，难道不高尚不珍贵吗？没有这种经历的人，是很难体会到军人的这种感情的。

军人也是人，有父母兄弟姐妹，有妻子儿女，这种感情也充满在军人的心灵世界中。

我爱我的父亲，尽管他是一个穷铁匠。他用打铁养家糊口。他送我离家时的情景是那样动情。出了村子，他背着我的行李，和我一起走在小路上，一句话也不说，只是默默地走着。我知道他和我一样，有满肚子的话要讲，却又不知从哪里讲起。我看着他清瘦的面孔，已明显弯曲了的腰背，心里感到很凄凉。我想劝慰他几句，但嘴巴好像张不开似的，想了好一阵子才说："爸，你等着吧，日子好过一点，我马上就回来。挣了钱也会带给你的。"

"孩子，"父亲听了我的话猛然站住，满含泪水的眼睛疼爱地看着我，说，"这世界我看透了，出了力也挣不到钱。你就去闯闯吧！我担心的是你在外面吃亏，你那性子我晓得……"

我打断父亲的话说："爸，你放心吧，我自己会小心。再说有哥哥和我在一起，不会出事的。"

走到一个岔路口，父亲在一棵老榆树下站住脚，成串成串的泪珠沿着他那被炉火烤成酱紫色的脸膛往下滚，他也不去擦，把行李递给我，又帮我扣好扣子，长长叹了一口气，嘱咐说："孩子，要做个有志气的人！记住爹，有空就回来！"

我站着没动，一个劲地点头。

父亲沉默了一会，像下了狠心似地推我一把："你，走吧！"

我慢慢转过身，走出很远，回过头一看，父亲还直愣愣地站在那棵老榆树下。那情景，好像就发生在昨天。

我爱我的母亲，她也是个受苦人，嫁给我父亲之后，一无房，二无地，受尽了艰难困苦，由于劳累，她早早地去世了。

在兄弟姐妹中，活下来的只有海堂哥哥、桂泗姐姐和我。海堂哥哥比我大五岁，身体长得挺结实，人很聪明，无论做什么事情都非常认真。因为父母生他时孩子还少，他读过几年私塾。平日，他常自编一些歌词，用湖南花鼓戏的曲调唱给家人听，逗得我们直笑。他待我极好，家里分给他吃的东西，他总是省下来给我。他又是我的领路人，我跟着他去挑煤，跟着他去修路，跟着他参加了红军。这在前面已经说了，不再重复。

桂泗姐姐虽然只比我大两岁多，但我一直把她当成长辈。她给我做鞋，给我缝衣，夏夜给我赶蚊子，冬天给我暖床头，像我印象中的母亲。她知道我离家远行，整夜在月亮地里赶着给我做鞋，孩子哭闹也不管。她拉着细长的麻线纳鞋底，像要把她的心意都纳进鞋里似的。临走的那天，她把鞋子给我打进小包袱里，挎到我的肩膀上，一句话也没说，紧闭着苍白的嘴唇，光是流泪，送了我很远，最后叫着我在家里的名字嘱咐道："敬堂兄弟，早些回来啊！"

在井冈山上，在赣南闽西，在中央苏区，在长征路上，我的耳边常响起桂泗姐姐的这句话。长征到达陕北后，我曾写过一封信，寄过一张照片给桂泗姐姐。信上说我在延安做生意。但照片却是穿着红军军装照的，她收到后没让任何人看，偷偷放在茅草房的夹缝墙里。1950年我探家时，她把那已经发了黄的照片拿给我，说：

"这样的相片，让坏人看见，是要杀头的。"

我说："现在不怕了，坏人让共产党打倒了！"

桂泗姐姐笑了："是呀，可是日子甚长，甚难熬。从你离家至今，整整22年了呀！"

后来，她又专程到西安看我，总有说不完的话，可是由于朝鲜战争的爆发，我要去抗美援朝，她提前回了老家。

当了红军，离开亲人，又增加了战友情，同志情，这是另一种感情，同生死、共患难的感情。

几十年来，我的领导，我的战友，我的下级，确实太多了，他们有的在战争年代就牺牲了，如最早的指导员颜有光，师长曾士峨、寻淮舟，有的去世了，如萧劲光、罗瑞卿、许世友、韩先楚、潘自力，健在的人已经越来越少了。对这些人，我确实难以一一地说出来，只能选择其中的几位讲讲我们之间的交往，从中也可见军人之间的感情。

李聚奎同志是我的领导。1934年春，原红一团团长周震国同志因病休养，我接替了他的职务，一师的师长就是李聚奎同志，当时第五次反"围剿"已经开始。一天傍晚时分，李聚奎师长向我交待任务。他平时讲话就比较快，打机枪似的，这次说话就更快，显得有些急。他说："现在敌人有三个师在三甲掌一带活动，你马上带部队行动，要抢在敌人前面占领三甲掌，并且要坚决守住。"

我问："守到什么时候？"

他下意识地看看表，为难地摇摇头："上级只是让我们守住，时间没有具体交代。你们先行动，我随时和你们联系吧。"

我看到他有难处，知道有些情况他也并不十分清楚，就说："你放心吧！"

这一仗打得很艰难，我们占领山顶处，敌人先用飞机轰炸，同时配合炮击。一刹那，整个山顶断木碎石横飞直泻，土块、泥浆劈头盖脸地打来，连我们指挥所的小棚子也着了火。尽管最后我们完成了任务，但付出的代价太大。

狮子岭战斗后，红一团减员不少，我们趁休整的机会，通过地方政府补充了一部分新同志。正在我们向部队进行教育的时候，李聚奎师长又来到了我们团。当听说我们补充了人和弹药，战士们情绪比较旺盛时，他很高兴。可是我们一问到部队下一步的任务，他的表情就变得异常严肃，沉默好一阵，才以"听有的同志讲"为引子告诉我们：敌人已经占领瑞金的邻县石城，中央政府的"金库"已经转移，中央医院在动员轻伤员归队，重伤员则被安置到群众家里，最后压低声音，对我和黎林同志说："看样子，部队可能要有大的行动。"

"要打出去吗？方向是哪里？"我禁不住激动地问。

他摇摇头，苦笑着说："这只是我个人的分析，上级还没有明确的指示哪！"

"那就不好对部队动员了。"黎林自言自语说。

"这些情况你们两个知道一下，思想上有个准备就行了，先不要对下面讲——总的情况我也不怎么清楚！"李聚奎同志神色严肃地说，"革命即使遇到了暂时的困难，我们党员干部也要挺住，要把部队带好！"

不久，我们就开始了长征。长征路上，我们在李聚奎同志的直接指挥下，进行艰苦的长途跋涉。渡金沙江时，我们团的位置在白马口。这一带江面看似平静，但江面宽，水深流急，没有的船只，附近也无群众。开始时我们抽调五名水性好的战士，由九连长吴光辉带领泅渡，准备带钢丝过江，先固定好位置，然后在钢丝上架浮桥，可是试几次都失败了。这时，李聚奎师长又来了，和我们一起研究渡江的办法。我想用我骑的那匹红骡子把钢丝带过去，仍然没有成功。

李聚奎同志回师部后，很快就传来命令，要部队火速赶到绞平渡过江。以后才知道，是他不顾军团长林彪在电话里催着架桥、甚至骂娘，反复讲明架不起桥的原因，林彪才向军委请示，改变了原来的决定。他这种从实际出发，据实反映情况的做法，是十分可贵的。

正是这些，增加了我对他的尊重。虽然一、四方面军会合后，他调到三十一军去工作了，但我们之间建立起来的情谊，却一直保持了下来，直到如今。现在，我们虽然都退了下来，仍能常常见面，一起回忆过去的峥嵘岁月，谈论现在的军队建设，展望美好的未来，十分融洽欢乐。

我与萧劲光同志也是五十多年前在中央苏区认识的。那是在一次团以上干部会上，周恩来同志结束了他长达六个小时的讲话后，把一个身材高大的人介绍给我们，说他叫萧劲光，先后两次到苏联学习过，特别第二次专门学习的军事。同时，又把参加会议的人一一介绍给萧劲光同志，当介绍到我时，说："这是杨得志，九十三团团长。"我刚说一句话，他就高兴地紧紧握住我的手："啊，是湖南老乡！"随后，他也讲了话，赞扬我们中国工农红军的英勇顽强及取得的伟大胜利，还讲述了苏联军队的情况，浓重的湖南口音，使我感到亲切。晚上举行晚会时，他穿着一双皮鞋跳苏联的水兵舞，踏得台子嘎嘎直响。那轻捷的舞姿，那有力的脚步，吸引着所有人的目光。

第二次见到萧劲光同志是在反对敌人"围剿"的一次战斗中，我们奉命临时归他指挥。当我和全团赶到广昌附近一个山头上去接受他的命令时，他正和董振堂同志在一起。原来，萧劲光同志当了一个多月红军学校校长后，又到由宁都起义部队编成的红五军团当军团政委，此时他就是和军团长董振堂一起率领红五军团参加反"围剿"战斗的。我看到董振堂同志背着一个小包袱,拿着一把雨伞。萧劲光同志脚上穿的不再是皮鞋,而是一双草鞋。两个人正商量着什么。我走过去敬礼报告,说是来领受战斗任务的。他们向我简要地介绍了战斗部署后,萧劲光同志交代任务说:"你把你那个团带到西北方向的那个山上去,先隐蔽起来,等待命令后再行动。"

我按照他的指示迅速将全团带到指定地点,集结隐蔽起来,注意敌情变化,等待新的命令。战场上的形势是瞬息万变的,夜里又接到指示,让我们团归彭总指挥,我们即按照彭总的指示投入了战斗。虽然只有几个小时归萧劲光同志指挥,但他的沉着乐观,对胜利满怀的信心,还是在我的心中留下了一个卓越的军事指挥员的形象。当时心想,说不定什么时候,真会在他的指挥下战斗呢。

在这之后不久,就传来了令我震惊的消息,说萧劲光同志是"罗明路线在军队中的代表",被撤职审查了。随后,就出现了"反萧劲光机会主义""打倒蒋介石的走狗萧劲光"等标语、口号及漫画。有一幅丑化的漫画,画着一只拳头打在他的头上,溅起一颗颗火星,意思是说,萧劲光将被无产阶级铁拳打得粉身碎骨。由最高法庭组织的临时军事裁判法庭对他进行了公审,以后被送到"红大"去当了教员。那时,我没见到萧劲光同志,更不明白是怎么回事。

萧劲光同志就是背着这样沉重的政治包袱踏上二万五千里长征的艰难困苦之路的。偶尔也听人说到他连牲口也没有,自己背着个小背包,提一盏马灯,跟着干部团徒步行军。过了大渡河之后我才见到他一次。尽管遵义会议后为他平了反,也配发了牲口,但他却用来给大家驮行李,自己仍是背着背包徒步行军。交谈中,他询问我和部队的情况,赞扬我们抢渡大渡河打开了一条通路,关于他自己,则一句话也没说,我也没有多问。

这一别又是近十年的时间。抗日战争期间,他在延安,我在冀鲁豫,烽火连绵,山阻水隔,没有见面的机会。1944年1月,我奉命率一个旅由冀鲁豫到延安,执行保卫陕甘宁、保卫党中央的任务,住在清泉沟一带。我到延安后，就受到毛主席的接见。他在谈话中向我强调，要一方面随时准备作战，一方面要开荒生产。怎样做？我去拜望请教萧劲光同志，此时他正担任留守兵团司令员。他见到我非常高兴，详细地向我讲述了陕北的情况，说这些年国民党反动派一直对边区实行经济封锁，边区军民在党中央和毛主席的领导下，通过自己动手，达到了丰衣足食。最后说：你们来了，也得搞生产，不然就没得吃没得穿。还告诉了我一些具体做法，对我领导部队完成任务，有很大的启发作用。这使我感到，萧劲光同志对党中央和毛主席的路线、方针领会得十分深刻，对同志非常真诚。

抗战胜利后，我们从延安同乘一架飞机上前线。我到冀鲁豫，他原定去山东，中途又改去了东北，再见面已是新中国成立之后了。萧劲光同志长时间任海军司令员，让人想到他跳的水兵舞，真是有意思的巧合。我们每次相见，他总是谈工作，谈学习，和蔼可亲，平易近人。即使80岁生日时请我到他家里去吃饭，话题仍是对国家、对军队建设的关注。就是他去世前我几次到医院去看望，他谈到的还是军队。而对于他个人的问题，尤其是曾经受到过的不公正对待，则只字不提，可见其胸怀的宽阔。后来，我阅读了他的回忆录，才知道他所走过的奋斗道路，进一步看到了一个共产党人对革命事业的忠贞不渝和耿耿丹心。

我和韩先楚同志相识以后，就关系密切，相知很深。1936年东征之后的西征，我从一军团调到十五军团，我们都是当师长，开会时碰到一起，才知道这位中等个头、20岁左右的青年师长就是韩先楚。他在东征时曾以两个营配合山西游击队包围石楼，控制黄河渡口，以一个营的兵力牵制敌人五个团，并掩护了毛泽东、彭德怀同志的指挥部。西征途中，他主动请战，连克定边、盐池两座县城，歼灭马鸿逵两个骑兵营和一个保安团，缴获战马七百余匹，受到红军总部的表扬。从此，先楚同志就给我留下了能打仗、善指挥的印象。

我目睹先楚的组织指挥才能，是在抗日战争初期。卢沟桥事变后，我们一同开赴前线，他在三四四旅六八九团当团长，我在三四三旅六八五团当团长。1938年9月，三四四旅徐海东旅长患病，我奉命接替他的工作，任副旅长代理旅长职务。当我到达六八九团驻地时，看到那里的群众抗日情绪高涨，给八路军送茶送饭，就对先楚同志说，这里群众工作搞得好，问他有什么经验。他操着湖北红安话说："什么经验？还不是咱们那老一套——事事严格纪律，处处爱护群众，尽力帮助他们解决些实际困难。再加上一条，就是对敌、伪、顽和土匪不客气。打几个胜仗，解除群众的'后顾之忧'。这就行了！"他还向我介绍了当地党组织和对敌斗争情况。先楚的话说得很简单很轻松，但谁都知道，在当时条件下，能做到这样，是要付出巨大心血和代价的。有这样的战友，我对担负的责任和面临的任务，充满了胜利的信心。

我和先楚见面后不几天，总部指示我们堵截向南逃窜的一股伪军扈全禄部。先楚首当其冲。他周密了解情况，精心部署兵力，然后指挥他的团勇猛冲杀，机动灵活地打击敌人，与其他部队一起，全歼了扈全禄部，俘虏伪军一千四百多人，其中还有两个旅长和一个团长。在这一顺利、漂亮的大胜仗中，先楚显示了他卓越的军事指挥才能。

不久，我们就分别了。先楚回到延安，先后在军政学校、中央党校学习，在抗大总校工作，后率抗大一大队去了东北。我则一直战斗在华北前线，虽然了解一些他的行踪，但却不知道具体情况。1950 年 5 月，我们部队解放兰州、宁夏后回到西安时，听到先楚参与指挥我军解放海南岛的消息。我当时十分兴奋，也十分钦佩。这个先楚真有本事！他指挥木船打兵舰，成功地进行了一次跨海作战。我非常相信他，也想知道战争的详细经过。后来，读到他那篇《跨海之战》的回忆文章，才知道了这次作战的情形，更加佩服他把陆军变成海战队，完全用木船航海战胜拥有现代海空军的敌人，谱写了我军战争史上从来没有过、世界战争史上也找不到的光辉篇章。

和先楚的又一次见面，是在朝鲜前线。当我们的部队雄赳赳气昂昂跨过鸭绿江到达朝鲜战场时，先楚同志已经在这里战斗了近一年。他任志愿军副司令员，协助彭老总成功地指挥了一、二、三次战役的胜利。听说在二次战役中，他组成前进指挥所，指挥两个军担负反击作战的主要任务。在向敌后实施迂回时，他亲自跟随担负主攻任务的一个军，并掌握主攻师，以 14 小时前进 70 公里的速度，按时插到三所里，切断退路，打乱了敌军的整个部署。接着他又指挥部队堵住南逃和北援之敌，对这次战役胜利起到了极为重要的作用。我当志愿军副司令员后，先楚曾到我原来所在的十九兵团当过一段时间的司令员，直接指挥部队打了不少好仗。他的军事才能，在异国的土地上，又放射出了灿烂的光彩。

和先楚接触时间最多的，是在军事学院的三年里。朝鲜停战后，我们于 1954 年同时进入军事学院学习。我虽然担任战役系主任，系党支部书记，但仍是学员，和先楚编在一个小组。他的身体不好，胃常常痛得吃不下饭，可他仍然用一只手顶住疼痛的部位坚持听课，他爱人不得不在课间休息时给他送来一杯牛奶或藕粉。我们有时实在看不过去，就劝他休息一天半天。他总是摇头，说没有关系，来学习不容易，一定要坚持下去。

对他的心情，我完全能够理解。因为我们都是从战士逐级成长起来的军事指挥员，有着很多相同的经历。先楚出生于一个穷苦的农民家庭，不到三岁时母亲就离开人间，14 岁时父亲也去世了。他是跟着当童养媳的姐姐长大的，从小就放牛，学篾匠，做泥瓦工。在黄麻起义的影响下，他参加农民协会，当乡苏维埃土地委员，没有上过什么学。参加红军后又是行军打仗，驰骋沙场，没有时间坐下来读书。同时，在长期的工作实践中，也深切地体会到知识的重要，现在有了学习的机会，怎么不珍惜呢？所以先楚同志学得认真，学得刻苦，不管疾病怎样干扰，他都毫不放松。靠着顽强的毅力，他终于掌握了文化和军事理论知识，为以后的工作打下了良好的基础。

多次并肩战斗，三年同室学习，以及后来的交往，使我更深地认识到先楚同志不但是一位有勇有谋的战将，也是一位敢于坚持真理，胸怀坦荡的战士。他有胆略，有魄力，敢作敢为，光明磊落，从不遮遮掩掩，吞吞吐吐。新中国成立之后，他就对"左"的做法十分反感。我们有时开会见面，相聚交谈，他总是直言不讳地谈出对一些问题的意见。1959年的庐山会议，先楚、世友和我都是后来赶去的。等我们到达时，会议上的气氛已经很紧张了。有几个晚饭后，我们三人在一起散步，交换对一些问题的看法，心里很忧虑。先楚的话语尖锐，心中的不平溢于言表。有一天晚上，他去看望了彭老总。这种举动，在当时的情况下，是多么难能可贵！不论是在那次会议上，还是在后来批判彭老总的会上，先楚都很少讲话，当不得不发言时，也没有说过头的话，表现了一个共产党员坚持真理、实事求是的品格。

先楚的这种品格，在十年浩劫中表现得更为突出。当林彪、"四人帮"插手福建时，他对那些倒行逆施十分气愤，与他们的阴谋篡权活动展开针锋相对的斗争。1967年2月，正当所谓"一月风暴"之后不久，担任福州军区司令员的先楚，主持发布了《福建前线部队公告》。这个公告得到了中央军委的转发，对回击极"左"思潮，保持部队稳定，安定社会秩序，都起到了很好的作用。我看到这个公告时，心里特别兴奋，像1950年在西安听到他率部解放海南岛时一样受到巨大的鼓舞。记得当时在北京见到许世友同志时，他跷起大拇指说："老韩有胆量！"这个赞扬，对一生忠诚于党和人民事业的先楚来说，是一点也不过分的。

后来和先楚同在北京，每次见面交谈，都能听到他对国家的民主、法制建设，对军队改革的有益意见。没想到病魔把他拉进了医院。我多次到医院去看望他，他虽然卧病在床，身体虚弱，仍然向我谈了许多好的想法，表现了对党的事业和军队建设的关注。我每听到这些时，心里都非常激动，默默地在心里说，我的老韩啊，你曾勤勤恳恳地战斗了一生，你曾不辞劳苦地深入海边防第一线，调查研究，为我军的革命化、正规化和现代化建设呕心沥血、积劳成疾，现在就好好休息吧。可是这些话怎么也说不出口。面对这样的同志，这样的战友，一切劝慰话是多余的。

我和潘自力同志一起工作的时间虽然不长，但留下的印象却很深。

他在晋察冀军区政治部当宣传部长、副主任、主任期间，我到军区开会时常能见到他，知道他是一位老党员、老同志，有很高的文化水平，丰富的工作经验，在他的直接领导下，部队的宣传、文化工作搞得很活跃，军区的《子弟兵》报（后改为《华北解放军》）办得生动活泼，"抗敌剧社"总有反映实际、鼓舞士气的新节目，受到了部队的欢迎。有时他在会上讲话，语气平和，有理有据，让人口服心服，人们都称他是"武将文官"，我是很敬佩他的。

1947 年 7 月，晋察冀野战军成立，潘自力同志奉命担任野战军政治部主任，作为野战军司令员，我是十分满意和欢迎的。记得在第一次见面会上，我们一些领导人罗瑞卿、杨成武，耿飙参谋长、潘自力主任等相见聚谈，高兴而又热烈。大家谈我军在全国转入战略反攻的大好形势，谈晋察冀野战军面临的艰巨任务，谈存在的困难和有利条件，谈怎样不负党和人民的重托，寻找捕捉战机，多打胜仗，多消灭敌人。潘自力同志说话不多，但态度诚恳，很有分量。他说来到野战军工作很愉快，表示要全力做好思想政治工作，保证战役、战斗的胜利。

后来的事实证明，潘自力同志做的比说的还好。那时的主要任务是打仗，野战军成立后就投入了战斗。每次任务下来，我们首先召开党委会，分析敌情我情，作出判断，预测可能出现的情况和应付的办法，最后集体定下决心和部署，然后分头去做。会上，潘自力同志发表很多很好的意见。会后，他立即召集各大单位政治部主任开会，不但讲战斗任务，对政治工作的要求，还讲怎样做好战场政治工作的方法，既清楚又实在。因此，打起仗来，政治工作都非常切实、活跃、有力，保证了战斗决心的实现。当时，我们的兵力不如国民党军队多，武器不如国民党军队好，而且进行的又多是没有经验的攻坚战，能够取得一个又一个胜利，靠的就是政治工作，就是政治工作所激发出来的坚定信念和巨大勇气，而这其中，浸透潘自力同志多少心血及汗水，是无法计算出来的。

攻打清风店，解放石家庄，激战新保安，进军北京城，都是这样。特别使我难忘的是在攻打太原的时候。这是一座阎锡山和日本人长期反复修筑、有坚固防御体系的城市。为打下它，彭总、徐帅和即将离任的罗瑞卿同志亲临指挥，部队做了很充分的准备。身为兵团政治部主任的潘自力同志，战前亲自起草关于遵守城市工作纪律的文件，战斗尚未完全结束，他就冒着炮火穿过地雷区，进城认真检查部队执行纪律的情况。战斗结束后，他又亲自动手，写了太原战役中执行纪律的总结，真可谓勤勤恳恳，任劳任怨，默默无闻，毫不争功。相反，当工作中出现了某些问题时，他总是主动承担责任，首先说自己的工作没干好，既不埋怨上级，也不向下级推卸责任。

太原战役后，罗瑞卿、杨成武政委相继调离兵团，新任政委李志民同志，原是潘自力同志的下级，但他不计较个人的名位，不摆老资格，自觉尊重、支持李志民同志的工作，并要求政治部机关的同志，凡政治部的文件，必须送给李志民政委审阅、批准后再发出。当然不止李志民同志一人，当时兵团的几位领导人中，论年龄，潘自力同志最大；论参加革命和入党时间，潘自力同志最长；论历史上担任过的职务，潘自力同志最高，但是对我们，潘自力同志都十分尊重、支持，不论在工作上还是生活中，他既有兄长般的风度，又有很强的组织纪律观念。对此，我是非常感动的。他不计个人得失，经得起任何委屈，顾全大局，一心为革命的品质，在潘自力同志身上，有着突出的表现。

1949 年 9 月，我们十九兵团进军宁夏，解放了银川。在那里，我们欢庆了中华人民共和国的诞生。这之后不久，接到上级的指示，要我们兵团的一位领导担任宁夏省政府主席、省委书记。党委会上，大家认为自力同志文化水平高，又有做地方工作的经验，就提出由他去挑这个担子，得到了上级的批准。自力同志没有讲任何价钱，就勇敢地肩起了重任。以后我虽然离开了宁夏，但也听到了他在那里坚定贯彻中央的路线和政策，搞土地改革，镇压反革命，最广泛团结各族人民群众，安定社会秩序，促进了生产的发展。

从分别以后，不但没有机会再在一起工作，就是见面的机会也很少，只知道他又调任陕西省委书记，调到外交部工作，当我国驻朝鲜、印度、尼泊尔、苏联等国的全权大使，奔波劳碌在外交战线上。每当在报纸上看到有他在场的报道，我就为他高兴，这个老潘，他的水平和能力得到了施展的机会。没想到，在那场"文化大革命"中，他又被加上"叛徒""特务"的罪名，受到残酷迫害，最后死在山西霍县的一个山沟里。很久以后才知道他的去世，1979 年 2 月，组织上为他彻底平反举行追悼会时，我正在边境指挥作战。从广播和报纸上得知这个消息时，我只能久久凝望，遥致哀思，心里默默地说：老潘啊，你可以瞑目了！是啊，革命的道路本来就不平坦，而投身其中的每个革命者，由于各种各样的原因，有的顺利一些，有的坎坷一些，也不算奇怪。难得的是，顺利时不骄不躁，坎坷时不自暴自弃，对于选择的道路和从事的事业，始终如一，信守不渝。潘自力同志属于这样的人。因而，从他身上所体现出来的那种热爱党，热爱人民，勤勤恳恳，大公无私，顾全大局的高尚品德，确实是一个榜样，永远值得敬仰和学习。

就说这些吧。一句话，军人自有军人的感情，不论亲情还是友情，都有着他自己的表达方式。对此，有的人能够理解，有的人不太理解。不过这也不要紧，军人真情永远在嘛！

十

问：你的兴趣、爱好是什么？现在的生活怎么样？

答：我是一个军人，打了几十年仗，搞了几十年部队建设，可以说是一个老军人，现在虽然从第一线退了下来，可我还是这样看待自己，要求自己。

说到爱好，我对读书有很浓厚的兴趣，特别是军事方面的书。马列和毛泽东的军事著作我都认真地读过，还有中国古代的兵书，如《孙子》《吴子》《六韬》《三十六计》等。因为这些书，都是战争实践的总结，是做军事工作、指挥打仗的人不能不读的。特别是毛泽东军事著作，就是中国共产党在领导武装斗争的过程中胜利和失败的总结，我亲自参加过其中的不少战役战斗，所以读起来感到格外亲切。反映战争题材的文学作品我也喜欢读。还有一些同志回忆的书或文章，凡见到的，我也认真阅读。熟悉的人，熟悉的经历，读的时候总能引发回忆和思考。

原来在工作岗位上，要做的事太多，读书只能用业余时间，有时甚至连业余时间也得参加会议、看文件，因此时间少得可怜，但我还是抽时间挤时间读了一些书。要工作就得有本钱，有知识，这本钱和知识从那儿来？一是在实践中学习，二是靠读书学习。退下来以后，时间就比较充裕了。我每天除看文件、参加一些活动外，其余时间大部分用来读书。有人说，年龄大了，读书也没有用了。我不这样认为。古人说："活到老，学到老。"我们更应该如此。

关于我写《横戈马上》《为了和平》两本书，既有必然性，也有偶然性。

最初，是一些战友提议，许多青年朋友也来信要求。我曾把自己的经历片断地讲给孩子们听过，他们也要我写出来。这几个方面的原因加在一起，就促使我下了决心。

我写的是自己亲历的往事，既有兴味，也不容易，既有甜美幸福的欢欣，又有无限的缅怀和酸痛。欢欣的是，那些艰难悲壮的历程，有许多辉煌和值得骄傲的胜利；酸痛的是，有许多战友献出了他们的宝贵生命。作为幸存者，我的责任是把他们可歌可泣的事迹如实地记述下来，这个责任也不轻啊！那时我还在总参谋长的任上，日常的工作很多很忙，只能利用极少的时间或节假日和星期天，讲述自己的经历，由赵鹜、刘顺庆、康成仁几位同志帮助记录和整理出来。

我的主要目的，是以个人的有限经历为线索，写出所见所闻所感，让人从中看到一些我们军队从小到大、从弱到强的斗争历程，看到一些为此而献出生命的战友和人民群众，看到一些毛泽东和他的战友们领导革命战争的实践活动。前后用了三四年的时间才完成。后来的结果证明，这个目的是达到了。

早在初稿写成之后，正式出版之前，我送给老首长聂荣臻元帅看，当时已84岁的他，审阅书稿，题写书名，还写了一篇序言，其中有这样的话：

"杨得志同志的回忆录《横戈马上》就要付印了。他要我为此书的出版写几句话。我约略地看了该书的手稿，深感文如其人。得志同志很朴实地写了自己的童年身世，写了他参加井冈山的斗争，中央革命根据地的斗争，二万五千里长征，抗日战争和解放战争等革命活动的主要经历。写得比较简明扼要又比较系统完整，生动地记述了一个横戈马上的革命军人的生涯，反映了我国新民主主义革命阶段的许多重大历史事件，把读者带进了烽火连天，艰苦创业的战争年代。""本书以较多的篇幅写部队、写战士、写战友、写人民群众、写党和毛泽东同志等老一辈无产阶级革命家对人民军队的领导。我很赞同这样的写法。因为就每个人来说，不论他的职位高低，都是人民革命伟大洪流中的普通一员。"

出版之后，得到了不少读者尤其是年轻读者的好评，他们或写信或打电话，给予很高的评价，还在全国的图书评选中得了奖，这真是我始料不及的。

也就在这时，一些老战友、老同志，一些故去的老战友、老同志的亲属，还有一些青年同志，希望我把抗美援朝战争中的经历再写出来。

对此，我有些动心，也有些犹豫。抗美援朝是一场伟大的正义的战争，很值得大书特书。中朝两国人民及其军队的国际友谊，中国人民志愿军广大指战员所创造的光辉业绩，确实值得歌颂。作为参加过这场战争的一个指挥员，有责任把它真实地记录下来，以告慰牺牲的同志，并留给后人。但是我所在的十九兵团入朝时，彭总直接指挥的、扭转战局的第一、二、三次战役已胜利结束，第四次战役也已胜利在握。后来我虽然到志愿军司令部工作，但主要负责作战，其他方面的情况不十分熟悉。可一些老同志说：当年志司的同志彭总不在了，邓华、陈赓、甘泗淇、杨勇、韩先楚和解方等同志也先后离开了我们，作战方面的情况，我相对地了解还多一些。我一想也有道理，就尽自己的回忆写了。现在关于这方面的书又出了一些，如洪学智同志的《抗美援朝战争回忆》、杜平同志的《在志愿军总部》、江拥辉同志的《三十八军在朝鲜》，他们书中的许多材料，都是我所不知道的，我读后感到非常高兴。

我把自己的两本回忆录分别命名为《横戈马上》和《为了和平》，确是有其意蕴的。军人的责任就是"横戈马上"，但其目的又是"为了和平"，这也就是我们反对战争，又必须进行战争，以战争消灭战争的道理。我敢说，没有什么人能比军人更理解"和平"两个字的含义和其珍贵的价值了。

现在，我的时间比过去多了，如果有条件，我可能还会写点回忆性的文章，告诉人们一些我想告诉他们的东西。

我的身体还比较好。前些年，美国驻太平洋舰队司令海斯见到我说："光看你的外形举止，真不敢相信你已有76岁高龄。"访问日本时，中曾根首相也问我有什么养生诀窍。我告诉他，我没有什么诀窍，只是生活有序，坚持锻炼。

确实是这样。我小时候在家劳动，练就了一副结实的好身板，后来参军，行军打仗，一直比较好，这可能与小时候打下的底子有关。战争年代，我曾多次负过伤，有好几次，敌人的子弹把我的帽子都给打飞了，有一次身披的斗篷打烂了，身上也挨了几次枪弹，但是身体还是可以的。1958 年我下连当兵，当时已 58 岁，跟战士们一起站岗、放哨、拉车、抬筐、浇水、种地，都还坚持下来了。有一次出早操，连长对我说："今天你可以不参加，因训练课目是 5000 米长跑。"我没有同意，当兵就得像个当兵的样子嘛，我立正回答："保证不掉队！"结果，我还是跑完了全程。还有一次射击比赛，我打了个优秀，连长给我胸前戴了一朵大红花。所有这些，都靠着有个好身体，而好身体又有赖于锻炼。

锻炼身体，不是三天两天的事情，得坚持，要不懈地、有意识地去练。坚持愈久，收益就愈大。我是这样做的。每天早晨，只要没有特殊情况，我总是做早操、打太极拳。

我学的是简化太极拳，不过我打的时候，又根据自己的体会和需要，增删了不少动作，像"云手"，对腰、脑、手都能运动，我就多来几下，因而我打的已不是完全的简化太极拳了。有人看了后问我："你这是哪一式呀？"我就开玩笑地说："杨氏太极拳，即杨得志太极拳。"

我每天早晨的锻炼可分为五段：第一段是全身运动，绕手、弯腰各十下；第二段是太极拳；第三段是活动头部和颈部，各做一二十下，配合按摩和呼吸；第四段是下蹲，活动腿脚十几二十下，再双脚开立、弯腰，作双手从胯下尽量向后甩十几下；第五段是甩手几十下。

有人常说没有时间，我体会，只要安排得好，还是能挤出来的。我每天早上五时半起床后到院子里做操，把半导体收音机挂在旁边的树上，一边做操一边听新闻广播，有时也伴着乐曲做。整个操做下来要 40 分钟，能出个满身大汗。晚上，坚持散一会步。天天如此，长年不断，连出差、出国都不放松。若是碰到下雨天，不能到室外活动，我就在室内打太极拳，爬楼梯，也起到了锻炼的作用。

除此之外，我也练别的。过去，我每天练用三个或五个手指着地的俯卧撑，一气做十几个。后来我右侧锁骨因意外事故撞断，愈后医生建议别再练这个项目，我才停止了。

我也很爱游泳。在济南工作时，到青岛去总要游泳；在武汉工作时，常到东湖去游。现在夏天到海滨去，还要下海。

许多人都很注意我的头发。不少人见面问我："你是用什么方法保养的？"出国时，也有人打听："你的头发是染的吧？""是吃了什么补药？"其实都不是，在这方面我也没什么特别的方法。我想，可能是整体好了，各个部件也随之好了吧。我们湖南老家有句俗话，叫作"常鱼常肉皮包骨，米汤淘饭壮累累"。我平常吃东西很随便，吃得杂一点，就什么营养都有了，也就无须吃什么补药。

1987年，我正式退了下来，没有繁杂的事务缠身，时间完全由自己安排了，读书和锻炼身体都很从容，生活也过得很充实。

在《横戈马上》的结尾，我写下了这样一段话："要努力奋斗！为了过去，为了今天，更为了将来而努力奋斗！而这一点，对于老一代，对于新一代，甚至未来的一代，我想都应该是完全一样的！"

现在，我已过了80岁生日，仍这样认为，也时时努力这样做！

杨得志同志的谈话结束了。他所谈到的问题，虽然是他自己的所历所感，但却有着典型的意义。因为他是中国共产党领导武装斗争的烈火锻炼出来的许多将领中的一位，是标准的军人。时代造就了他，他也为时代做出了他所能够做出的贡献，那些和中国共产党、中国共产党领导的革命斗争紧密联系在一起的血汗、脚印和勋业，令人瞩目，令人敬仰，也令人思考。

当年的筑路工，当年的新战士，如今已经过了80岁生日。在人生的旅途上，他还在继续前行着，挺胸昂首，步履有力，用他走过的路，用他的身影，向人们昭示着，昭示过去，昭示现在，昭示未来。

1991年7月

后 记

有几年时间，我在解放军报社主要负责回忆性文章的编辑工作。这些文章的作者大都是穿越过枪林弹雨、履险踏危之人。在阅读和交谈中，情不自禁地就走进了过去的岁月，听到见到许多人和事，斑斓多姿，鲜活生动，甚至带有传奇色彩。还常有这样的情况，有的人要我为其代笔记录、整理成文，因此听到的就更多更具体。为此，我也读过不少类似的史书。本书中的素材，都是这样得来的。

写作书中的文字，大体有三种情况，一是因报纸宣传需要，奉命前去采写的，如《最后的十年》，是为纪念朱德元帅百年诞辰采访康克清大姐的；《历史见证人》《回顾为了前瞻》，是为纪念南昌起义、长征胜利分别采访的聂帅、徐帅等。二是应一些报刊之邀而写，如《人民不会忘记》《责任》《际遇》等。三是受到感动而写，如《胡子和手杖》《他仍在路上》等。

这些文字，最初写成后，都经过受访者本人或有关部门审阅，发表在《解放军报》等不同的报刊上，又收进不同的书中。如《战将的心声》，1997年1月写成，杨得志将军本人亲自审读过。其中他对毛泽东、周恩来、刘少奇等领导的印象，他与朱德等十大元帅以及和他搭档过的政委的关系，分别收进吉林人民出版社等出版的《中国名人访问记》《记忆如石》等书中。

　　这次，把散在各处的文字，集中到一起出版，将其命名为《将帅纪事》，也是想给读者提供集中阅读的方便，从过去的人和事中，汲取自己可资的思考和借鉴。

　　我曾说过："任何采访都是事后的，也是有限的。由于我不是那个时代的亲身经历者，又有许多难以避免的不足，所以可能有出入。尽管这都是在所难免的事，但是我愿意真诚地聆听赐教和指正。"

　　现在，我仍然是这样的态度。

纪学

2018 年 1 月